Schriften zum Religionsrecht

Herausgegeben von

Prof. Dr. Stefan Korioth,
Ludwig-Maximilians-Universität München
Prof. Dr. Heinrich de Wall,
Friedrich-Alexander-Universität Erlangen-Nürnberg
Prof. Dr. Christian Walter,
Ludwig-Maximilians-Universität München

Band 12

Sophie Schierning

Mit- und Selbstbestimmung von Religionsgemeinschaften in der Zusammenarbeit mit dem Staat

Eine rechtsvergleichende Untersuchung von Religionsunterricht und Anstaltsseelsorge in England und Deutschland

Nomos

Erster Berichterstatter:	Prof. Dr. Fabian Wittreck
Zweiter Berichterstatter:	Prof. Dr. Gernot Sydow
Dekan:	Prof. Dr. Matthias Caspar
Tag der mündlichen Prüfung:	2. November 2021

Die Deutsche Nationalbibliothek verzeichnet diese Publikation in der Deutschen Nationalbibliografie; detaillierte bibliografische Daten sind im Internet über http://dnb.d-nb.de abrufbar.

Zugl.: Münster (Westf.), Univ., Diss. der Rechtswissenschaftlichen Fakultät, 2021

ISBN 978-3-8487-7495-1 (Print)

ISBN 978-3-7489-3286-4 (ePDF)

Onlineversion
Nomos eLibrary

D6

1. Auflage 2022

Meiner Familie

Vorwort

Mein besonderer Dank gilt meinem Doktorvater Herrn Professor Dr. Fabian Wittreck für die stete und engagierte Unterstützung meiner Arbeit. Herrn Professor Dr. Gernot Sydow bin ich dankbar für die schnelle Erstellung des Zweitgutachtens. Daneben danke ich der Stiftung der deutschen Wirtschaft für die Förderung meines Promotionsvorhabens. Sehr herzlich möchte ich mich auch bei Herrn Professor Dr. Julian Rivers von der Universität Bristol für den ungemein bereichernden Austausch bedanken. Den Mitgliedern und Gästen der Ecclesiastical Law Society danke ich für die vielen offenen und interessierten Begegnungen auf ihrer ausgesprochen inspirierenden Konferenz „Church and State in the 21st Century" im Jahr 2019 in Cumberland Lodge, Windsor. Den Herausgebern, Herrn Professor Dr. Stefan Korioth, Herrn Professor Dr. Heinrich de Wall und Herrn Professor Dr. Christian Walter, bin ich für die Aufnahme in die Reihe Schriften zum Religionsrecht sehr verbunden. Das Manuskript ist vor der Veröffentlichung in dieser Reihe noch einmal geringfügig überarbeitet worden.

Hamburg, im Juni 2022

Inhaltsverzeichnis

Einleitung

Das deutsche und das englische Religionsverfassungsrecht stehen in vielerlei Hinsicht in Kontrast. Gemeinhin bekannt ist, dass England mit der *Church of England* eine mit dem Staat besonders verwobene Kirche hat, während der deutsche Staat zu religiös-weltanschaulicher Neutralität verpflichtet ist. Auf den ersten Blick herrscht also ein scharfer Gegensatz zwischen beiden Ordnungen – auf der einen Seite gibt es eine *established church*, auf der anderen ein Verbot der Staatskirche. Tatsächlich sind die Unterschiede zwischen beiden Ländern unbestreitbar groß. Allerdings ist dies deutlich weniger unmittelbar durch die Existenz der *established church* in England bedingt, als man zunächst vermuten würde. Der Anspruch dieser Arbeit ist denn auch, vom Augenfälligen abzurücken und „vorurteilsfrei“ die Funktionsweise des englischen Religionsverfassungsrechts aus der Perspektive eines ganz zentralen Akteurs, nämlich der Religionsgemeinschaften, im Kontrast mit dem deutschen Religionsverfassungsrecht anhand zweier Referenzgebiete zu erarbeiten. In der Anstaltsseelsorge und im Religionsunterricht rückt Religion in ein staatliches Umfeld vor. Sowohl der englische als auch der deutsche Staat greifen in diesen Feldern auf religiöse Vertreter zurück. Staatliche und religiöse Einrichtungen müssen in der Folge kooperieren. In dieser Arbeit soll erstens untersucht werden, wie sich diese Kooperation konkret gestaltet, und zweitens welche rechtliche Position die Religionsgemeinschaften und religiösen Vertreter dabei einnehmen. Insbesondere stellt sich die Frage, welche Mitwirkungs- und Selbstbestimmungsrechte sie haben und inwieweit diese justiziabel sind. Da die englische Verfassung nicht kodifiziert, sondern in wesentlichen Teilen ungeschrieben ist, lässt sich das englische Religionsverfassungsrecht nur mittels einer Analyse des bereichsspezifischen Rechts eingehend und umfassend untersuchen. Die Befassung mit den Referenzgebieten ist daher auch eine Möglichkeit, mehr über das generelle Verhältnis zwischen dem englischen Staat und Religion bzw. Religionsgemeinschaften zu erfahren, wobei angesichts der eher undogmatischen Natur des englischen Rechts stets Vorsicht vor allzu verallgemeinernden Rückschlüssen geboten ist.

Häufig wird die Rechtsvergleichung belächelt. Vermeintlich beschränkt sie sich darauf, bereits Bekanntes aus mehreren Jurisdiktionen nebeneinander zu stellen und Unterschiede zu benennen. Die Methode der Rechtsvergleichung kann aber viel mehr leisten. Sie führt zum einen auf den ungewohnten Pfad, das eigene Rechtssystem aus der Außenperspektive zu betrachten. Durch den Vergleich mit anderen Systemen kann man zu der überraschenden Erkenntnis gelangen, dass Elemente, die man bisher für selbstverständlich gehalten hat, so selbstverständlich nicht sind und ihre Stärken und Schwächen haben. Zum anderen aber analysiert man mittels der Rechtsvergleichung Aspekte eines fremden Rechtssystems aus der Perspektive eines Außenseiters, der aus einer anderen Rechtstradition kommend andere Aspekte hinterfragt und andere Schwerpunkte setzt als die dortige Rechtswissenschaft. Hierdurch werden im Idealfall Fragen adressiert, die bisher vernachlässigt geblieben sind. Die Gefahr ist natürlich, dass man, bildlich formuliert, der staunende Fremde bleibt und sich in seinem „Reisebericht" auf die pittoresken Besonderheiten des Gastlandes beschränkt. Will man tatsächlich neue Erkenntnisse zu Tage fördern, muss man das fremde Recht als selbstständigen und vor allem gleichwertigen Entwurf des jeweils zu regelnden Lebensbereichs begreifen und sich soweit in es hinein vertiefen, dass man seine Funktionsweise versteht und erklären kann. Für den Erkenntnisgewinn ist hier von Vorteil, dass in der Auseinandersetzung mit dem Religionsverfassungsrecht ein nicht zu leugnendes Gefälle zwischen der deutschen und der englischen Rechtswissenschaft besteht. Die deutsche Rechtswissenschaft hat aus einem recht überschaubaren Kreis von Verfassungsartikeln eine bis in subtilste Details ausdifferenzierte Dogmatik des Religionsverfassungsrechts entwickelt, bei der schon die Verwendung des einen statt des anderen Begriffs die Einordnung in eine Denkschule impliziert. Demgegenüber sind weite Teile des in verschiedensten Regelungswerken enthaltenen englischen Rechts, das die Beziehungen zwischen Staat und Religionsgemeinschaften bestimmt, noch recht unerforscht. Dies gilt nicht für das Kirchenrecht der *Church of England*, das naturgemäß einen wesentlichen, aber keineswegs den einzig bestimmenden Teil des englischen Religionsverfassungsrechts ausmacht. Nur eine Handvoll von Rechtswissenschaftlern widmet sich aber den über die Fragen der *established church* hinausreichenden Themen des Religionsrechts. Viele rechtliche Fragen werden erst als solche wahrgenommen, wenn sie sich in einem konkreten Fall stellen. Die deutsche Rechtswissenschaft ist sehr viel problembewusster und vorsichtiger oder, anders formuliert, weniger pragmatisch. Kommt man aus der deutschen Tradition und blickt auf das englische Religionsverfassungsrecht, kann man viele noch wenig untersuchte Themen ausmachen. Hinzu kommt, dass der Human Rights Act ein noch recht neuer Faktor im englischen Recht ist, dessen Auswirkungen noch nicht für alle Bereiche klar erkennbar sind, während individuelle, kollektive und korporative Grundrechte schon seit geraumer Zeit ein ganz wesentliches Element des deutschen Religionsverfassungsrechts darstellen. Bei der Erforschung des englischen Religionsverfassungsrechts ist die Methode der Rechtsvergleichung daher eine vielversprechende Möglichkeit, um Erkenntnisse zu gewinnen, die über das bloße Finden von Unterschieden zwischen zwei Rechtssystemen hinausgehen und stattdessen bisher kaum untersuchte Aspekte des englischen Religionsverfassungsrechts beleuchten.

Hierzu ist die eingangs erwähnte Vertiefung in die praktischen Details der Referenzgebiete erforderlich. Die Wissenschaft hat sich bisher kaum mit der genauen Ausgestaltung des Religionsunterrichts und der Anstaltsseelsorge in England beschäftigt. Die Vorschriften sind über verschiedene Regelungswerke verteilt, ohne dass es eine beherrschende Übernorm gäbe. Nicht alle Vorschriften werden tatsächlich angewandt; soweit möglich, soll in dieser Arbeit daher auch die Rechtspraxis beachtet werden. Grund hierfür ist oftmals, dass sich seit Inkrafttreten der Vorschriften die Zusammensetzung der Gesellschaft stark verändert hat. Sie ist in religiös-weltanschaulicher Hinsicht immer pluraler geworden. Diese Entwicklung findet in anderer Form und in anderem Tempo auch in Deutschland statt, was auch hier dazu führt, dass Wege abseits des ursprünglich vorgesehenen Konzeptes gegangen werden. Dies gilt vor allem für den Religionsunterricht. Die Rechtspraxis in den Referenzgebieten soll daher nicht außer Acht gelassen werden, um für beide Länder ein realistisches Bild zu zeichnen.

Die Details sind es also, die für die Untersuchung besonders wichtig sein werden. Bedeutsam ist aber immer auch, welcher Rahmen vorgegeben ist. Daher beginnen wir mit einer Betrachtung des europäischen Rechts, um die Umgebung zu skizzieren, in der das deutsche und englische Religionsverfassungsrecht angesiedelt sind. Wir widmen uns insbesondere der Frage, welche Vorgaben das Recht der Europäischen Union und die Europäische Menschenrechtskonvention ihren jeweiligen Mitgliedsstaaten für die Kooperation und das rechtliche Verhältnis von Staat und Religionsgemeinschaften machen. Danach werden die Grundstrukturen des deutschen und englischen Religionsverfassungsrechts vorgestellt, die wir benötigen, um im Anschluss das bereichsspezifische Recht der Anstaltsseelsorge und des Religionsunterrichts auf die Position von Religionsgemeinschaften hin zu analysieren. Wir beginnen mit dem Allgemeinen und werden immer spezieller, was uns am Ende aber wieder befähigen kann und soll, Rückschlüsse zu grundsätzlichen Fragen der Rechtsstellung von Religionsgemeinschaften in beiden Staaten zu ziehen.

Erster Teil: Der Rahmen

1. Kapitel: Religionsverfassungsrecht in Europa

Die Staaten Europas sind keine gänzlich isolierten Gebilde, sondern in vielschichter Weise durch gegenseitige und gemeinsame Einflüsse sowie verschiedenste Verbindungen in ihrer Entwicklung untereinander verwoben. Europa in rechtlicher und tatsächlicher Hinsicht bildet daher einen nicht zu vernachlässigenden Rahmen, in dem das Religionsverfassungsrecht auch Deutschlands und Englands angesiedelt sind. Im Folgenden richtet sich der Blick zunächst auf die europarechtlichen Rahmenbedingungen für das deutsche und englische Religionsverfassungsrecht, um dann auf die aktuell in Europa vorzufindenden, historisch gewachsenen religionsverfassungsrechtlichen Systeme weiter zu wandern. Auf diese Weise soll eine geistige Landkarte entstehen, auf der das deutsche und englische Religionsverfassungsrecht verortet werden können.

A. Rechtliche Einflüsse von europäischer Ebene

Es gibt zwei supranationale Akteure, die das Religionsverfassungsrecht in Europa beeinflussen können: Die Europäische Union mit ihren Organen und der EGMR[1]. Deutschland ist Mitglied der Europäischen Union, das Vereinigte Königreich hat sie jedoch am 31. Januar 2020 verlassen. Das Recht der Europäischen Union ist somit unmittelbar nur noch für Deutschland relevant. Beide Länder sind allerdings der EMRK beigetreten und erkennen die Rechtsprechung des EGMR an, sodass insoweit Einflüsse auf die religionsverfassungsrechtlichen Systeme beider Länder möglich sind.

---

1 Der Aufbau des folgenden Abschnitts orientiert sich an dem von *H. Weber* gewählten: *ders.*, Religionsrecht und Religionspolitik der EU, in: NVwZ 2011, 1485 ff.

I. Die Europäische Union

Für die Zuständigkeit der Europäischen Union gilt das Prinzip der begrenzten Einzelermächtigung, Art. 5 Abs. 1 S. 1 und Abs. 2 EUV: Die Europäische Union darf nur in den Bereichen gesetzgeberisch tätig werden, in denen ihr die Mitgliedstaaten die Regelungskompetenz übertragen haben. Jede Maßnahme der EU muss auf einer konkreten Kompetenznorm beruhen. Nach dieser bestimmen sich auch das zuständige Organ, die zulässigen Handlungsformen und das einzuhaltende Verfahren[2]. Im Bereich des Religionsverfassungsrechts gibt es jedoch keine primärrechtliche Norm, die der Europäischen Union ausdrücklich eine Regelungsbefugnis zuweist[3]. Auch mittelbar ergibt sich keine Zuständigkeit der Europäischen Union aus den ihr ausdrücklich zugestandenen Kompetenzen[4]. In der Folge bleibt das Religionsverfassungsrecht mangels Ermächtigung grundsätzlich Sache der Mitgliedsstaaten[5].

Aus der fehlenden Kompetenz zur Regelung des mitgliedsstaatlichen Religionsverfassungsrechts darf aber nicht geschlossen werden, dass die

---

2 *C. Calliess,* in: ders./M. Ruffert (Hrsg.), EUV/AEUV. Das Verfassungsrecht der Europäischen Union mit Europäischer Grundrechtecharta, 5. Aufl. 2016, Art. 5 EUV Rn. 9; *M. Nettesheim,* Kompetenzen, in: A. v. Bogdandy/J. Bast (Hrsg.), Europäisches Verfassungsrecht. Theoretische und dogmatische Grundzüge, 2. Aufl. 2009, S. 389 (435).

3 *S. Mückl,* Grundlagen des Staatskirchenrechts, in: J. Isensee/P. Kirchhof (Hrsg.), Handbuch des Staatsrechts der Bundesrepublik Deutschland, Bd. VII, 3. Aufl. 2009, § 159 Rn. 47; *P. Unruh,* Religionsverfassungsrecht, 4. Aufl. 2018, S. 351 f.; *Weber,* Religionsrecht (Fn. 1), S. 1486.

4 Siehe nur *Weber,* Religionsrecht (Fn. 1), S. 1486, der darauf hinweist, dass auch aus Art. 167 AEUV [Kultur] keine derartige Kompetenz erwächst.

5 Dies ist in der Literatur unumstritten, siehe nur: *N. Doe,* Law and Religion in Europe, Oxford 2011, S. 244; *S. Mückl,* Europäisierung des Staatskirchenrechts, 2005, S. 411; *Weber,* Religionsrecht (Fn. 1), S. 1486; *C. Waldhoff,* in: Calliess/Ruffert, EUV/AEUV (Fn. 2), Art. 17 AEUV Rn. 10. *Doe* erscheint es a.a.O., S. 249 vor diesem Hintergrund bemerkenswert, was der Europäische Rat im Rahmen des Beitrittsverfahren von der Türkei forderte: Um einen Schutz der Religionsgemeinschaften entsprechend der EMRK sicherzustellen, solle die Türkei neben diversen anderen Schutzvehikeln den Religionsgemeinschaften ermöglichen, die Rechtspersönlichkeit zu erlangen, Beschluss des Rates über die Grundsätze, Prioritäten und Bedingungen der Beitrittspartnerschaft mit der Türkei vom 23.1.2006 (2006/35/EG), veröffentlicht im ABl. EU L 22/34 (38) vom 26.1.2006. Die Möglichkeit, Rechtspersönlichkeit zu erlangen, gilt allerdings nach der EMRK und damit auch nach der GRCh als „Mindeststandard" der korporativen Religionsfreiheit, statt aller *C. Grabenwarter/K. Pabel,* Europäische Menschenrechtskonvention, 6. Aufl. 2016, § 22 Rn. 133.

Union alldem ausweichen müsste, was sich auf die Religionen und Religionsgemeinschaften in Europa auswirken könnte[6]. Die Europäische Union kann zunächst die Beziehungen ihrer eigenen Organe zu den Religionsgemeinschaften gestalten. In diesen Bereich fällt zum einen der Dialog mit den Religionsgemeinschaften, der in Art. 17 AEUV vorgesehen ist. Zum anderen sind durch die Aufnahme der Grundrechtecharta in das Primärrecht die europäischen Organe ebenso wie die Mitgliedsstaaten bei der Umsetzung von Unionsrecht der Religionsfreiheit verpflichtet. Außerdem ist im europäischen Recht keine generelle Ausnahme für Religionsgemeinschaften vorgesehen: Die Gesetzgebung der Europäischen Union wirkt sich auf Religionsgemeinschaften wie auf jede andere natürliche oder juristische Person aus, soweit sich diese in unionsrechtlich geprägten Gebieten bewegen[7]. Über diese Ansatzpunkte kann die Europäische Union das Religionsverfassungsrecht der Mitgliedsstaaten also mittelbar beeinflussen. Sie darf allerdings nicht zielgerichtet diesen Bereich regeln[8]. Im Folgenden soll kurz dargestellt werden, wieweit der Einfluss tatsächlich reicht.

1. Einwirkung über die Grundrechtecharta und ihren Schutz durch den EuGH

Die Grundrechte-Charta ist durch den Vertrag von Lissabon in den Rang des europäischen Primärrechts gehoben worden. Nicht nur ein, sondern mehrere Artikel befassen sich mit religiösen Angelegenheiten: Art. 10 GRCh schützt die Gedanken-, Gewissens- und Religionsfreiheit. Weiterhin finden sich in Art. 14 Abs. 3 GRCh das Recht zur Gründung von Privatschulen sowie das Recht der Eltern, die Erziehung und den Unterricht ihrer Kinder entsprechend der eigenen religiösen Überzeugungen sicherzustellen. Diskriminierung aus religiösen Gründen wird in Art. 21 Abs. 1 GRCh verboten. Damit gibt es ein Bündel von Rechten, die die Religionsfreiheit in der Europäischen Union sichern.

---

6 *Mückl,* Europäisierung (Fn. 5), S. 411 *R. Streinz* in: ders. (Hrsg.), EUV/AEUV, 3. Aufl. 2018, Art. 17 AEUV Rn. 7; *Weber,* Religionsrecht (Fn. 1), S. 1486.

7 *Mückl,* Europäisierung (Fn. 5), S. 411 ff.; *Unruh,* Religionsverfassungsrecht, (Fn. 3), S. 354; *Waldhoff* (Fn. 5), Art. 17 AEUV Rn. 10; *Weber,* Religionsrecht (Fn. 1), S. 1486. Zu den komplexen Problemen, die daraus entstehen: *C. Classen* in: E. Grabitz/M. Hilf/M. Nettesheim (Hrsg.), Das Recht der Europäischen Union, Bd. I, Art. 17 AEUV Rn. 7 (2019).

8 Statt aller *Mückl,* Grundlagen (Fn. 3), § 159 Rn. 48.

Die Aufnahme der Grundrechte-Charta in das europäische Primärrecht führt allerdings nicht zur Begründung einer Kompetenz der EU in religionsverfassungsrechtlichen Fragen. Dies ergibt sich noch einmal ausdrücklich, wenn auch rein deklaratorisch, aus Art. 51 Abs. 2 GRCh, wonach keine neuen Zuständigkeiten und Aufgaben der Europäischen Union durch die Charta begründet und die bestehenden nicht verändert werden. Kraft entfaltet die Grundrechtecharta allerdings insofern, als gemäß Art. 51 Abs. 1 GRCh die in ihr garantierten Rechte durch die Organe der Europäischen Union generell und bei der Umsetzung des EU-Rechts, das immer mehr Bereiche betrifft, auch durch die Mitgliedsstaaten gewahrt werden müssen.

Die tatsächliche Tragweite der die Religionsfreiheit garantierenden Rechte ist durch die Verfahrensmöglichkeiten begrenzt: Generell ist ein isoliertes Vorgehen in Form einer Individualbeschwerde gehen Verletzungen der Grundrechte-Charta vor dem EuGH nicht möglich[9]. Überprüft werden die Verstöße von Mitgliedsstaaten bei der Umsetzung von EU-Recht durch den EuGH im Rahmen von Vorabentscheidungsverfahren und Vertragsverletzungsverfahren[10]. Allerdings darf auch der EuGH nicht über die Kompetenzen der Europäischen Union insgesamt hinausgehen. Damit ist es ihm zwar möglich, gezielte religiöse Diskriminierung zu ahnden. Status-Unterschiede, die durch das mitgliedsstaatliche Religionsverfassungsrecht bedingt sind, kann der EuGH hingegen ebenso wenig wie die Europäische Union insgesamt beseitigen[11]. Jeder Versuch, den Status von Religionsgemeinschaften in den Mitgliedstaaten der Europäischen Union insgesamt zu vereinheitlichen, muss damit unzulässig bleiben[12]. Dementsprechend können die Gewährleistungen der Grundrechte-Charta keine grundsätzlichen Veränderungen bewirken[13].

2. Achtung des nationalen Religionsverfassungsrechts: Art. 17 AEUV

Die im Primärrecht angelegte Zurückhaltung der Europäischen Union in religionsverfassungsrechtlichen Fragen wird in Art. 17 AEUV noch ein-

---

9 Hierauf weist u.a. hin *Weber,* Religionsrecht (Fn. 1), S. 1491.

10 *H. D. Jarass,* Charta der Grundrechte der Europäischen Union. Kommentar, 3. Aufl. 2016, Einleitung, Rn. 76 f.

11 *Weber,* Religionsrecht (Fn. 1), S. 1491.

12 *A. v. Campenhausen/H. de Wall,* Staatskirchenrecht, 4. Aufl. 2006, S. 359; *Weber,* Religionsrecht (Fn. 1), S. 1491.

13 *Mückl,* Europäisierung des Religionsverfassungsrechts (Fn. 5), S. 528 f.

mal ausdrücklich festgehalten. Doppelt, positiv und negativ, wird dies in Art. 17 Abs. 1 AEUV formuliert[14]: „Die Europäische Union achtet den Status, den Kirchen und religiöse Vereinigungen oder Gemeinschaften in den Mitgliedstaaten nach deren Rechtsvorschriften genießen, und beeinträchtigt ihn nicht." Es wird deutlich gemacht, dass allein die Mitgliedsstaaten befugt sind, diesen Status zu gestalten[15]. Die Norm formt ein allgemeineres, von der Union einzuhaltendes Prinzip noch einmal speziell für das Religionsverfassungsrecht aus: die Achtung der Identität der Mitgliedsstaaten gemäß Art. 4 Abs. 2 S. 1 EUV[16]. Konsequenterweise gewährt Art. 17 AEUV den Religionsgemeinschaften in den einzelnen Mitgliedsstaaten auch keine subjektiven Rechte[17]. Vielmehr soll die Norm „struktursichernde Wirkung zugunsten des *jeweiligen* mitgliedsstaatlichen Systems" haben, also objektiv-rechtlich wirken[18]. Insbesondere nach der Rechtsprechung des EuGH ist die tatsächliche Schlagkraft des Art. 17 Abs. 1 AEUV begrenzt. Zum einen legt der EuGH den Art. 17 Abs. 1 AEUV nicht so aus, dass er das gesamte mitgliedsstaatliche Religionsverfassungsrecht umfassen und der gerichtlichen Kontrolle entziehen würde[19]. Er bezieht die Norm nur auf die Beziehungen zwischen Staat und Religionsgemeinschaften im engeren Sinne, nicht aber auf alle Bereiche, die nach dem mitgliedsstaatlichen Religionsverfassungsrecht zum Status der Religionsgemeinschaften

---

14 Der Wortlaut der ersten beiden Absätze folgt der „Amsterdamer Kirchenerklärung", die als 11. Erklärung dem Amsterdamer Vertrag beigefügt wurde, siehe Vertrag von Amsterdam zur Änderung des Vertrags über die Europäische Union, der Verträge zur Gründung der Europäischen Gemeinschaften sowie einiger damit zusammenhängender Rechtsakte vom 2.10.1997, veröffentlicht im ABl. EG Nr. C 340/1 ff (133). v. 10.11.1997. Die Formulierung des dritten Absatzes beruht auf Überlegungen zur Europäischen Verfassung, siehe *Classen* (Fn. 7), Art. 17 AEUV Rn. 1 (2019).

15 Laut *K.-H. Kästner* handelt es sich um eine echte Kompetenzausübungsschranke, *ders.*, in: W. Kahl/C. Waldhoff/C. Walter (Hrsg.), Bonner Kommentar zum Grundgesetz, Art. 140 Rn. 184 (März 2010).

16 *Streinz* (Fn. 6), Art. 17 AEUV Rn. 2; *Unruh,* Religionsverfassungsrecht (Rn. 3), S. 353; *Weber,* Religionsrecht (Fn. 1), S. 1486.

17 *C. Classen,* Religionsrecht, 2. Aufl. 2015, Rn. 57; *Waldhoff* (Fn. 5), Art. 17 AEUV Rn. 17.

18 So *C. Classen,* Europarecht und Staatskirchenrecht, in D. Pirson/W. Rüfner/M. Germann/S. Muckel (Hrsg.), Handbuch des Staatskirchenrechts der Bundesrepublik Deutschland, Bd. I, 3. Aufl. 2020, § 11 Rn. 17; *Mückl,* Grundlagen (Fn. 3), § 159 Rn. 47. Siehe auch *Streinz* (Fn. 6), Art. 17 AEUV Rn. 9 ff.

19 EuGH v. 17.4.2018, Rs. C-414/16 [ECLI:EU:C:2018:257], Rn. 58.

gezählt werden könnten[20]. Zum anderen setzt der EuGH Art. 17 Abs. 1 AEUV nicht als substanzielles Gegengewicht in der Abwägung mit dem jeweils zu beurteilenden Unionsrecht ein[21]. Diese Auslegung ist als „dogmatisch nicht haltbar“ im deutschen Schrifttum auf erhebliche Kritik gestoßen[22]. Die weitere Entwicklung bleibt abzuwarten.

Art. 17 Abs. 2 und 3 AEUV erkennt Religionsgemeinschaften als Institutionen an, mit denen die Europäische Union den Dialog pflegen soll[23]. Mit der Aufnahme von Artikel 17 AEUV haben die Kirchen und anderen Religionsgemeinschaften das erste Mal eine ausdrückliche Beachtung als gesellschaftliche Akteure im Primärrecht gefunden[24]. Die Einfügung des Artikels verdeutlicht einen Wandel im Selbstverständnis der Europäischen Union bzw. der Europäischen Gemeinschaften. Ausgehend von den ursprünglichen, der wirtschaftlichen Integration dienenden Zweckgemeinschaften hat die Entwicklung hin zu einer Vertiefung der Einigung auch in kultureller und sozialer Hinsicht stattgefunden[25]. Vor diesem Hintergrund wurden die Kirchen und anderen Religionsgemeinschaften mit ihrer Expertise in sozialen und moralischen Fragen und ihrem weitreichenden öffentlichen Engagement als Kooperationspartner zunehmend relevant[26].

---

20 Siehe etwa das Urteil des EuGH vom 22.1.2019, Rs. C-193/17 [ECLI:EU:C:2019:43], Rn. 33.

21 So auch *Heinig* in seinem Vortrag bei den 55. Essener Gesprächen 2020, Leitsatz 8. Bezeichnend ist etwa eine öfter vorgebrachte Begründung des EuGH, mit der er die weitere Auseinandersetzung mit Art. 17 AEUV verweigert: Die Bezugnahme des Europäischen Parlaments auf die wortlautgleiche Amsterdamer Kirchenerklärung in den Erwägungsgründen zu der zu behandelnden Richtlinie drücke aus, „dass der Unionsgesetzgeber sie beim Erlass dieser Richtlinie berücksichtigt haben muss“, so in EuGH v. 22.1.2019, Rs. C-193/17 [ECLI:EU:C:2019:43], Rn. 32; auch schon in EuGH v. 17.4.2018, Rs. C-414/16 [ECLI:EU:C:2018:257], Rn. 57; EuGH v. 11.9.2018, Rs. C-68/17 [ECLI:EU:C:2018:696], Rn. 48.

22 So *W. Kahl*, Die Integrationsfestigkeit des deutschen Staatskirchenrechts – am Beispiel des kirchlichen Individualarbeitsrechts, in: ZevKR 65 (2020), 107 (123 ff.); kritisch betrachtet die Rechtsprechung des EuGH auch *S. Greiner*, Neuausrichtung des Kirchenarbeitsrechts durch den EuGH? Die Rechtssache Egenberger, in: jM 2018, 233 (234 ff.).

23 *Streinz* (Fn. 6), Art. 17 AEUV Rn. 1.

24 *Waldhoff* (Fn. 5), Art. 17 AEUV Rn. 1.

25 *Classen* (Fn. 7), Art. 17 AEUV Rn. 12 (2019); *H. M. Heinig*, Zwischen Tradition und Transformation. Das deutsche Staatskirchenrecht auf der Schwelle zum Europäischen Religionsverfassungsrecht, in: Zeitschrift für Evangelische Ethik 43 (1999), 294 (298); *G. Robbers*, Staat und Kirche, in: ders. (Hrsg.), Staat und Kirche, 2. Aufl. 2005, S. 629 (633); *Waldhoff* (Fn. 5), Art. 17 AEUV Rn. 1.

26 *Classen* (Fn. 18), § 11 Rn. 30; *ders.*, (Fn. 7), Art. 17 AEUV Rn. 12 (2019); *Doe*, Law and Religion (Fn. 5), S. 252.

Art. 17 Abs. 3 AEUV geht über das Verfassungsrecht der meisten Mitgliedsstaaten hinaus, wenn er den Dialog der europäischen Institutionen mit den Religionsgemeinschaften nicht nur erlaubt, sondern gebietet[27]. Einklagbar sind solche Gespräche aber nicht[28]. Gleichzeitig spiegelt sich darin die mitgliedsstaatliche Praxis, mit den Religionsgemeinschaften auf der Basis von Konkordaten und anderen Verträgen zu kooperieren[29]. In der Ausgestaltung ihres eigenen Verhältnisses zu den Religionsgemeinschaften meinen einige eine Absage der Europäischen Union an den strikten Laizismus bzw. eine Annäherung an das Kooperationsmodell erkennen zu können[30]. Wiederum liegt darin mangels Kompetenz aber keine Festlegung der Europäischen Union, die Wirkung auch für das mitgliedsstaatliche Religionsverfassungsrecht hätte[31].

3. Einwirkung durch sekundäres Unionsrecht

Da es keine Bereichsausnahmen für Religionsgemeinschaften im Recht der Europäischen Union gibt, wirken sich Richtlinien, Verordnungen etc. durchaus auch auf diese aus. Zu nennen sind hier insbesondere die Datenschutz-Grundverordnung[32] und die Gleichbehandlungsrichtlinien[33]. In Bereichen, in denen die Religionsgemeinschaften unverhältnismäßig stark getroffen wären, sind aber explizit für diese Ausnahmen bzw. Ausnahmemöglichkeiten bei der Umsetzung durch die Mitgliedsstaaten geschaffen worden, die die gebotene Zurückhaltung der Europäischen Union spie-

---

27 *Doe,* Law and Religion (Fn. 5), S. 254.

28 Darauf weist hin *Waldhoff* (Fn. 5), Art. 17 AEUV Rn. 19.

29 *Doe,* Law and Religion (Fn. 5), S. 254.

30 So *Classen,* Religionsrecht (Fn. 17), Rn. 57; *Waldhoff* (Fn. 5), Art. 17 AEUV Rn. 19, *Doe,* Law and Religion (Fn. 5), S. 257.

31 So auch *Mückl,* Europäisierung (Fn. 5), S. 528.

32 Verordnung (EU) 2016/679 des Europäischen Parlaments und des Rates vom 27.4.2016 zum Schutz natürlicher Personen bei der Verarbeitung personenbezogener Daten, zum freien Datenverkehr und zur Aufhebung der Richtlinie 95/46/EG, veröffentlicht im ABl. EU Nr. L 119/1 ff. v. 4.5.2016.

33 Richtlinie 2000/78/EG des Rates vom 27.11.2000 zur Festlegung eines allgemeinen Rahmens für die Verwirklichung der Gleichbehandlung in Beschäftigung und Beruf, veröffentlich in Abl. EG Nr. L 303/16 ff. vom 2.12.2000; Richtlinie 2006/54/EG des Europäischen Parlaments und des Rates vom 5.7.2006 zur Verwirklichung des Grundsatzes der Chancengleichheit und Gleichbehandlung von Männern und Frauen in Arbeits- und Beschäftigungsfragen (Neufassung), veröffentlicht im ABl. EU Nr. L 204/23 ff. vom 26.7.2006.

geln[34]. Dies gilt beispielsweise bei der religiösen Diskriminierung von Arbeitnehmern sogenannter Tendenzbetriebe[35]. Neben dieser und weiteren Ausnahmen z.B. im Umsatzsteuerrecht gibt es eine Reihe von Sonderregelungen im Unionsrecht, die Religionsgemeinschaften und Religion positiv besonders schützen. Sie gestalten meist recht spezielle Fragen, so darf etwa die Rundfunkübertragung von Gottesdiensten mit einer Dauer von weniger als 30 Minuten nicht durch Werbung unterbrochen werden[36] und ist der Export von Kulturgütern verboten, die einen wesentlichen Bestandteil eines religiösen Bauwerks darstellen, um nur zwei Beispiele zu nennen[37].

Im Bereich der institutionellen Kooperation zwischen Staat und Religionsgemeinschaften ist die Wirkung des Unionsrechts begrenzt. Dennoch gibt es auch hier einige Felder, die zumindest zeitweise Gegenstand besorgter Diskussionen waren. Bei Einführung der Gleichbehandlungsrichtlinie 2000/78/EG[38] stand das Fortbestehen der konfessionellen Staatsämter auf dem Spiel. Hiermit ist die Auswahl von Religionslehrern, Militärseelsorgern und Theologieprofessoren anhand ihrer Konfession gemeint, die nunmehr ein verbotenes Differenzierungskriterium darstellte. Tatsächlich waren dank entsprechender Ausnahmemöglichkeiten für die Mitgliedsstaaten nur wenige spezielle Konstellationen betroffen[39]. Den Bereich der

---

34 Siehe hierzu *Kästner* (Fn. 15), Art. 140 Rn. 195 ff. (März 2010); *Unruh*, Religionsverfassungsrecht (Fn. 3), S. 354 f.

35 Art. 4 Abs. 2 der Richtlinie 2000/78/EG des Rates vom 27.11.2000 zur Festlegung eines allgemeinen Rahmens für die Verwirklichung der Gleichbehandlung in Beschäftigung und Beruf, veröffentlicht im ABl. EG Nr. L 303/16 ff. (19) v. 2.12.2000: „Die Mitgliedstaaten können in Bezug auf berufliche Tätigkeiten innerhalb von Kirchen und anderen öffentlichen oder privaten Organisationen, deren Ethos auf religiösen Grundsätzen oder Weltanschauungen beruht, Bestimmungen [...] vorsehen, [...] wonach eine Ungleichbehandlung wegen der Religion oder Weltanschauung einer Person keine Diskriminierung darstellt, wenn die Religion oder die Weltanschauung dieser Person nach der Art dieser Tätigkeiten oder der Umstände ihrer Ausübung eine wesentliche, rechtmäßige und gerechtfertigte berufliche Anforderung angesichts des Ethos der Organisation darstellt."

36 Art. 11 Abs. 5 der Richtlinie 97/36/EG des Europäischen Parlaments und des Rates vom 30.6.1997 zur Änderung der Richtlinie 89/ 552/ EWG des Rates zur Koordinierung bestimmter Rechts- und Verwaltungsvorschriften der Mitgliedstaaten über die Ausübung der Fernsehtätigkeit, veröffentlicht im ABl. EG Nr. L 202/60 ff. v. 30.7.1997.

37 Diese und weitere Beispiele finden sich bei *Doe*, Law and Religion (Fn. 5).

38 Siehe Fn. 33.

39 Instruktiv *H. Weber*, Geltungsbereiche des primären und sekundären Europarechts für die Kirchen, in: ZevKR 47 (2002), 221 (240). Aufgegiffen durch *Mückl*, Europäisierung (Fn. 5), S. 530. Bei den sog. Konkordats-Lehrstühlen außerhalb theologischer Fakultäten lässt sich die Voraussetzung einer bestimmten Konfes-

Seelsorge in staatlichen Einrichtungen, wie Krankenhäusern, Gefängnissen oder beim Militär, vermag das Unionsrecht mangels Kompetenz nicht gezielt zu formen, es sind aber Berührungspunkte denkbar[40]. Demgegenüber ist im Bereich der Finanzierung von Religionsgemeinschaften durchaus ein besonderes Augenmerk auf das Unionsrecht zu richten, wenn in diesem Bereich der Staat mitwirkt[41]. Dies gilt allerdings weniger für das System der Finanzierung über Kirchensteuern als solches, die ebenso wie Staatsleistungen an Kirchen (außerhalb ihres karitativen Bereichs) keine verbotene Beihilfe nach Art. 108 ff. AEUV darstellen, als vielmehr für die erforderlichen Begleithandlungen, wie die Erhebung und den Austausch der Meldedaten zur Religionszugehörigkeit[42]. Die Anfangsentwürfe der Datenschutzrichtlinie 95/46/EG waren so absolut gehalten, dass die Datenverwendung unmöglich geworden wäre[43]. Nach der endgültigen Fassung blieb allerdings die Verarbeitung auf kirchlicher Ebene durch eine eigens geschaffene Ausnahme und auf staatlicher Ebene durch die Begründung eines wichtigen öffentlichen Interesses auf der Basis eines Erwägungsgrundes weiter unionsrechtlich zulässig[44].

Die Entwicklungen auf der Ebene des sekundären Unionsrechts sind weiter zu beobachten. Mittelbar können sich Auswirkungen auf bestimmte Strukturen im deutschen Religionsverfassungsrecht ergeben. Aktuell gibt es insbesondere im kirchlichen Arbeitsrecht Grund, die Rechtsprechung des EuGH genau im Auge zu behalten. Dies gilt umso mehr, da Art. 17 AEUV nach der Rechtsprechung des EuGH eben kein starkes Gegengewicht zum sekundären Unionsrecht darstellt.

---

sion als „angemessen" deutlich schlechter rechtfertigen, *Weber,* a.a.O., S. 241 m.w.N.

40 *Mückl,* Europäisierung (Fn. 5), S. 530 f.

41 *Mückl,* Europäisierung (Fn. 5), S. 532 ff.; *Weber,* Religionsrecht (Fn. 1), S. 1488.

42 So *v. Campenhausen/de Wall,* Staatskirchenrecht (Fn. 12), S. 362; *Mückl,* Europäisierung (Fn. 5), S. 534 ff.; *Unruh,* Religionsverfassungsrecht (Fn. 3), S. 356; *Weber,* Geltungsbereiche (Fn. 39), S. 234.

43 *Heinig,* Zwischen Tradition und Transformation (Fn. 25), S. 298 f.; *Mückl,* Europäisierung (Fn. 5), S. 549 f.

44 Erwägungsgrund Nr. 35 und Art. 8 Abs. 2 lit. d und Abs. 4 der Richtlinie 96/46/EG des Europäischen Parlaments und des Rates vom 24.10.1995 zum Schutz natürlicher Personen bei der Verarbeitung personenbezogener Daten und zum freien Datenverkehr, veröffentlicht im ABl. EG, Nr. L 281/31 ff v. 23.11.1995. *A. Hense* in: G. Sydow, Europäische Datenschutzgrundverordnung, 2. Aufl. 2018, Art. 91 Rn. 3; *Mückl,* Europäisierung (Fn. 5), S. 466 f., 534 ff. Skeptisch: *Weber,* Geltungsbereiche (Fn. 39), S. 230 ff.

II. Europäischer Gerichtshof für Menschenrechte

Nicht nur durch die Grundrechte-Charta, sondern auch durch den Beitritt zur EMRK sind die europäischen Staaten auf supranationaler Ebene an gerichtlich durchsetzbare Menschenrechte gebunden. Der EGMR hat trotz des bisher nicht erfolgten Beitritts der Europäischen Union auch für sie und nicht nur für die Signatarstaaten dadurch eine besondere Bedeutung erlangt, dass sich die Auslegung der Grundrechte-Charta gemäß Art. 52 Abs. 3 GRCh nach der Anwendung der EMRK durch den EGMR richtet. Art. 9 EMRK gewährleistet die Religionsfreiheit. Außerdem schützt Art. 14 EMRK vor Diskriminierung aus religiösen Gründen, allerdings nur hinsichtlich der Gewährung der Konventionsrechte[45].

In politischer Hinsicht war man sich in den Anfängen des EGMR nicht ganz einig, welche Funktion er erfüllen sollte. Einigen Staaten war es mit Blick auf die ehemals totalitären Staaten in der Mitte Europas wichtig, einen supranationalen Menschenrechtsschutz zu schaffen. Andere wollten vielmehr ein außenpolitisches Signal setzen und gingen davon aus, dass der EGMR das innerstaatliche Recht nicht weiter beeinflussen würde[46]. Korrespondierend damit findet sich in der Rechtsprechung des EGMR die Figur der *margin of appreciation,* die den Mitgliedsstaaten einen beträchtlichen Beurteilungsspielraum bei der Auslegung der Konvention lässt[47].

Nach Ansicht des EGMR hängt von der Religionsfreiheit der mit einer demokratischen Gesellschaft untrennbar verbundene Pluralismus ab. Die Religionsfreiheit ist damit eine Säule demokratischer Gesellschaften[48].

45 *J. Meyer-Ladewig/R. Lehner,* in: J. Meyer-Ladewig/M. Nettesheim/S. v. Raumer (Hrsg.), EMRK. Handkommentar, 4. Aufl. 2017, Art. 14 Rn. 5 ff. Der weitreichendere Schutz vor Diskriminierung, den das Zwölfte Zusatzprotokoll zur EMRK gewährt, findet für Deutschland und das Vereinigte Königreich keine Anwendung. Beide Staaten haben das Zusatzprotokoll nicht ratifiziert, Deutschland es allerdings mitunterzeichnet. Siehe den aktuellen Stand unter https://www.coe.int/en/web/conventions/full-list/-/conventions/treaty/177/signatures?module=signatures-by-treaty&treatynum=177 (zuletzt eingesehen am 17.8.2021).

46 *M. Koenig,* Dynamiken institutioneller Säkularisierung. Die Rechtsprechung des EGMR in Fragen religiöser Diversität, in: H. M. Heinig/C. Walter (Hrsg.), Religionsverfassungsrechtliche Spannungsfelder, 2015, S. 147 (153).

47 *Koenig,* Dynamiken (Fn. 46), S. 154; anschaulich *C. Walter,* Nationales, europäisches und internationales Religionsrecht in der Wechselwirkung, in: Heinig /ders., Spannungsfelder (Fn. 46), S. 189 (194 ff.).

48 EGMR, Urteil vom 25.5.1993, Nr. 14307/88 [ECLI:CE:ECHR:1993:0525JUD001430788], Kokkinakis v. Greece, Rn. 31: *„As enshrined in Article 9, freedom of thought, conscience and religion is one of the foundations of a ‚democratic society' within the*

Gleichzeitig ist die Zurückhaltung des EGMR bei der Beurteilung des grundsätzlichen religionsverfassungsrechtlichen Systems der Mitgliedsstaaten besonders groß, somit bleibt den Mitgliedstaaten bei der Gestaltung der Beziehungen zwischen Staat und Religionsgemeinschaften ein weiter Spielraum[49]. Auch das Bestehen einer Staatskirche wird nicht als unvereinbar mit der EMRK angesehen[50]. Dies hängt damit zusammen, dass Art. 9 EMRK zunächst auf den Schutz der individuellen Religionsfreiheit gerichtet ist[51]. Zwar findet in der Formulierung des Art. 9 EMRK auch die kollektive Religionsfreiheit, das heißt das Recht auf gemeinschaftliche Religionsausübung, vermittelt über die Rechte der Einzelnen Erwähnung. Ein korporatives Element der Religionsfreiheit, das heißt ein originäres Recht der Religionsgemeinschaften, wird aber nicht ausdrücklich erwähnt[52]. Bei der Ausarbeitung der EMRK war die korporative Dimension der Religionsfreiheit kein Thema[53]. Erst später wurde der Gedanke entwickelt, dass Art. 9 EMRK neben der individuellen und kollektiven auch eine korporative Dimension hat, dass also Rechte der Religionsgemeinschaft verletzt sein können, ohne dass zugleich eine Verletzung von Individualrechten vorliegt[54]. Weiterhin taucht aber in der Entscheidungspraxis der Gedanke

---

meaning of the Convention. It is, in its religious dimension, one of the most vital elements [...]. The pluralism indissociable from a democratic society, which has been dearly won over the centuries, depends on it."

49 *A. v. Ungern-Sternberg* in: U. Karpenstein/F. Mayer (Hrsg.), EMRK. Konvention zum Schutz der Menschenrechte und Grundfreiheiten. Kommentar, 2012, Art. 9 Rn. 43.

50 So *v. Campenhausen/de Wall*, Staatskirchenrecht (Fn. 12), S. 366; *M. Germann*, Das System des Staatskirchenrechts in Deutschland, in: Pirson/Rüfner/ders./Muckel, HSKR I (Fn. 18), § 7 Rn. 28; *S. Moyn*, Too much Secularism? Religious Freedom in European History and the European Court of Human Rights, in: N. Bhuta (Hrsg.), Freedom of Religion, Secularism and Human Rights, Oxford 2019, S. 95 (104); *Ungern-Sternberg* (Fn. 49), Art. 9 Rn. 44; m.w.N.; *C. Waldhoff*, in: Calliess/Ruffert, EUV/AEUV (Fn. 2), Art. 10 GRCh Rn. 4; skeptisch: *Unruh*, Religionsverfassungsrecht (Fn. 3), S. 349.

51 Aufschlussreich *C. Walter*, Religionsverfassungsrecht in vergleichender und internationaler Perspektive, 2006, S. 332 ff.

52 *Walter* begründet dies damit, dass die Formulierung des Art. 9 EMRK maßgeblich von der Allgemeinen Erklärung der Menschenrechte beeinflusst worden ist. Auf dieser weiten Ebene war es aber kaum möglich, eine akzeptable Regelung für alle Signatarstaaten mit ihren ganz unterschiedlichen Systemen zu finden, die zur Beziehung zwischen Staat und Religionsgemeinschaften Stellung genommen hätte, *ders.*, Religionsverfassungsrecht (Fn. 51), S. 332 ff.

53 *Grabenwarter/Pabel*, Europäische Menschenrechtskonvention (Fn. 5), § 22 Rn. 109.

54 Siehe hierzu die Analyse von *Walter*, Religionsverfassungsrecht (Fn. 51), S. 370 ff.

auf, dass die Religionsgemeinschaften als Repräsentanten die Rechte ihrer Mitglieder geltend machen[55].

Jedenfalls stellt der EGMR eher geringe konkrete Anforderungen an die in den Mitgliedsstaaten zu gewährleistende korporative Religionsfreiheit[56]. So muss ein Signatarstaat der EMRK eine rechtliche Anerkennung aller religiösen Gemeinschaften sichern, die den Erwerb der Rechtspersönlichkeit erleichtert. Auf einen speziellen öffentlich-rechtlichen Status besteht allerdings kein Anspruch[57]. Mittlerweile gesteht der EGMR den Religionsgemeinschaften auch ausdrücklich eine Selbstbestimmung zu, die er aus der Religionsfreiheit gemäß Art. 9 EMRK unter Berücksichtigung der Vereinigungsfreiheit in Art. 11 EMRK herleitet[58]. Er gibt der Selbstbestimmung ein besonderes Gewicht, indem er sie als unverzichtbar für pluralistische Demokratien bezeichnet[59]. Inhaltlich ist von der Selbstbestimmung u.a. umfasst, dass Religionsgemeinschaften ihre innere Struktur frei gestalten und religiöse Ämter frei besetzen können[60]. Bereits die Begründung mit der Vereinigungsfreiheit zeigt, dass die Herleitung der Selbstbestimmung auf die individuellen Rechten der einzelnen Mitglieder gestützt wird[61]. Auch die Bedeutung der Selbstbestimmung der Gemeinschaft wird damit begründet, dass sonst die individuelle Religionsfreiheit geschwächt werden

---

55 *Walter* erkennt das Muster, dass der „Repräsentationsgedanke“ immer dann bemüht werde, wenn die Rechte der Gemeinschaft und der einzelnen Mitglieder materiell deckungsgleich seien, *ders.*, Religionsverfassungsrecht (Fn. 51), S. 375 ff.

56 Siehe hierzu *Walter*, Religionsverfassungsrecht (Fn. 51), S. 370 ff.

57 EGMR, Urteil vom 8.4.2014, Nr. 70945/11, 23611/12, 26998/12, 41150/12, 41155/12, 41463/12, 41553/12, 54977/12 und 56581/12 [ECLI:CE:ECHR:2014:0408JUD007094511], Magyar Keresztény Mennonita Egyház and Others v. Hungary, Rn. 90 und 91; *Grabenwarter/Pabel*, Europäische Menschenrechtskonvention (Fn. 5), § 22 Rn. 133.

58 EGMR, Urteil vom 26.10.2000, Nr. 30985/96 [ECLI:CE:ECHR:2000:1026JUD003098596], Hasan and Chaush v. Bulgaria, Rn. 62.

59 *„Indeed, the autonomous existence of religious communities is indispensable for pluralism in a democratic society and is thus an issue at the very heart of the protection which Article 9 affords“*, EGMR, Urteil vom 26.10.2000, Nr. 30985/96 [ECLI:CE:ECHR:2000:1026JUD003098596], Hasan and Chaush v. Bulgaria, Rn. 62.

60 Siehe nur EGMR, Urteil vom 22.1.2009, Nr. 412/03 und 35677/04 [ECLI:CE:ECHR:2009:0122JUD000041203], Holy Synod of the Bulgarian Orthodox Church (Metropolitan Inokentiy) and Others v. Bulgaria, Rn. 103; instruktiv *J. Rivers*, The Law of Organized Religions, Oxford 2010, S. 55 ff.; zum Umfang siehe auch *S. Mückl*, in: Kahl/Waldhoff/Walter, Bonner Kommentar (Fn. 15), Art. 4 Rn. 14 (2021).

61 Siehe hierzu *Kästner* (Fn. 15), Art. 140 Rn. 168 (März 2010).

würde[62]. Die korporative Dimension der Religionsfreiheit dient damit im Ergebnis der individuellen Religionsfreiheit[63].

Kraftvoller wirken EMRK und EGMR von anderer Seite auf das mitgliedstaatliche Religionsverfassungsrecht ein: Sie haben Individualfreiheiten geprägt, die sich auf die nationalen Ordnungen auswirken können[64]. Entscheidend ist, dass unabhängig vom System allen Religionsgemeinschaften ein gewisser Schutzstandard geboten wird. Die Rechtsprechung des EGMR wird manchmal so interpretiert, dass sie sich „in einem Sicherheitsnetz für religiöse Minderheiten erschöpft“[65], weswegen zwar religiöse Minderheiten sich oft mit Erfolg an den EMGR gewandt haben, systemimmanente Einschränkungen der Religionsfreiheit aber hingenommen werden[66]. Teilweise wird aber argumentiert, dass der EGMR durchaus auch nationale Staat-Kirche-Beziehungen beeinflusse, weil er zu „einem Motor institutioneller Säkularisierung“, d.h. des Eingangs von Religionsfreiheit und staatlicher Neutralität in institutionelle staatliche Arrangements einhergehend mit der Abschwächung nationaler Homogenitätsvorstellungen, geworden sei[67]. Einige Autoren meinen eine allgemeine Entwicklung ausmachen zu können: Der EGMR beziehe eine eigene Position zu der Frage, was staatliche Neutralität ist, und übe zunehmend Kritik an systemimmanenten Vorteilen für religiöse Mehrheiten[68]. Konkret ließen sich in diesen

---

62 *„all other aspects of the individual's freedom of religion would become vulnerable“*, EGMR, Urteil vom 26.10.2000, Nr. 30985/96 [ECLI:CE:ECHR:2000:1026JUD003098596], Hasan and Chaush v. Bulgaria, Rn. 62.

63 So *C. Hillgruber*, Völkerrecht und Staatskirchenrecht, in: Pirson/Rüfner/Germann/Muckel, HSKR I (Fn. 18), § 12 Rn. 32; *Walter*, Religionsverfassungsrecht (Fn. 51), S. 380.

64 *A. v. Ungern-Sternberg*, Zwischen Sicherheitsnetz und Wertegemeinschaft. Nationale religionsrechtliche Ordnungen unter dem Einfluss der EMRK, in: Heinig/Walter, Spannungsfelder (Fn. 46), S. 171 (181).

65 *v. Ungern-Sternberg*, Sicherheitsnetz (Fn. 64), S. 181.

66 *v. Ungern-Sternberg*, Sicherheitsnetz (Fn. 64), S. 181.

67 So auf der Basis einer rechtssoziologischen Analyse *Koenig*, Dynamiken (Fn. 46), S. 148 ff. Eine vergleichbare Beobachtung macht *Moyn*, Secularism (Fn. 50). *Moyn* bemerkt, dass Säkularismus erst seit vergleichsweise kurzer Zeit im Diskurs eng mit Religionsfreiheit verbunden werde. Zuvor sei der Schutz der Religionsfreiheit durch den EGMR bewusst als Teil christlicher Demokratien dem sowjetischen religionsfeindlichen Säkularismus entgegengesetzt worden, ebd., S. 114 ff. und S. 121. Allgemeiner zur religionsförderlichen Wirkung des Säkularismus: *H. Dreier*, Staat ohne Gott, 2. Aufl. 2018, S. 9 ff. und 59 ff.

68 *Koenig*, Dynamiken (Fn. 46), S. 158. Ähnlich äußert sich *v. Ungern-Sternberg* (Fn. 49), Art. 9 Rn. 7.

Bereich die Urteile gegen standardmäßige religiöse Eide[69], Blasphemiegesetze[70] sowie den obligatorischen konfessionellen Religionsunterricht[71] einordnen[72]. Hiergegen spricht aber, dass sich der EGMR z.B. religiösen Bezügen in Schulen nicht entgegenstellt, so sie denn in das mitgliedsstaatliche System passen[73]. Insgesamt ist es gerade unter Berücksichtigung der den Mitgliedsstaaten gewährten *margin of appreciation* nicht einfach, die Rechtsprechung des EGMR zu systematisieren[74]. Punktuell hat der EGMR am mitgliedsstaatlichen Religionsverfassungsrecht gerührt, einen grundsätzlichen Wandel aber nicht angestoßen[75]. Langfristig könnte der EGMR größere Veränderungen in den einzelnen religionsverfassungsrechtlichen Systemen bewirken. Dies bleibt allerdings abhängig von einem anhaltend hohen Klageaufkommen. Aktuell verhält sich der EGMR noch weitgehend zurückhaltend und nimmt nur partiell Einfluss[76].

III. Ergebnis

Die Relevanz des Europarechts ist nach dem Ausscheiden des Vereinigten Königreichs aus der Europäischen Union differenziert zu betrachten. Nach dem sogenannten Brexit hat das Recht der Europäischen Union seine Relevanz für England eingebüßt. England ist aber ebenso wie Deutschland weiterhin Mitglied des Europarats und untersteht der Rechtsprechung des EGMR. Zur direkten Regelung des mitgliedsstaatlichen Religionsverfas-

---

69 EGMR, Urteil vom 18.2.1999, Nr. 24645/94 [ECLI:CE:ECHR:1999:0218JUD00 2464594], „Buscarini and others v. San Marino"; EGMR, Urteil vom 3.6.2010, Nr. 42837/06, 3237/07, 3269/07, 35793/07 und 6099/08 [ECLI:CE:ECHR:2010:06 03JUD004283706], „Dimitri et autres c. Grèce".

70 EGMR, Urteil vom 31.1.2006, Nr. 64016/00 [ECLI:CE:ECHR:2006:0131JUD006401600], „Giniewski v. France"; EGMR, Urteil vom 2.5.2006, Nr. 50692/99 [ECLI:CE:ECHR:2006:0502JUD005069299], „Aydin Tatlav c. Turquie".

71 EGMR [GC], Urteil vom 29.6.2007, Nr. 15472/02 [ECLI:CE:ECHR:2007:0629JUD001547202], „Folgerø and others v. Norway"; EGMR, Urteil vom 15.6.2010, Nr. 7710/02 [ECLI:CE:ECHR:2010:0615JUD000771002], „Grzelak v. Poland".

72 *Koenig*, Dynamiken (Fn. 46), S. 163 f.

73 EGMR [GC], Urteil vom 18.3.2011, Nr. 30814/06 [ECLI:CE:ECHR:2011:0318JUD003081406], „Lautsi and others v. Italy".

74 *v. Ungern-Sternberg* bezeichnet die Rechtsprechung des EGMR als teilweise „widersprüchlich", *dies.*, Sicherheitsnetz (Fn. 64), S. 187 f.

75 Ähnlich auch *v. Ungern-Sternberg*, Sicherheitsnetz (Fn. 64), S. 187 f.

76 *Koenig*, Dynamiken (Fn. 46), S. 168 ff.; *D. Krimphove*, Europäisches Religions- und Weltanschauungsrecht, in: EuR 44 (2009), 330 (346).

sungsrechts hat die Europäische Union ohnehin keine Kompetenz. Durch allgemeines Unionsrecht können sich allerdings mittelbare Auswirkungen ergeben. Besonders die Rechtsprechung des EuGH in jüngster Zeit gibt aber auf deutscher Seite Anlass zu erhöhter Wachsamkeit. Der EGMR verhält sich hingegen im großen Ganzen zurückhaltend, die Verschiedenheit der Systeme lässt er fortbestehen[77]. Dies gilt insbesondere für den Status von Religionsgemeinschaften und ihre institutionelle Kooperation mit den jeweiligen Mitgliedsstaaten[78].

B. Systematisierung der religionsverfassungsrechtlichen Modelle in Europa

Modelle können immer nur vereinfachend die Realität abbilden. Dies ist im Religionsverfassungsrecht nicht anders. Gleichwohl kann die Entwicklung von Grundmodellen ein hilfreiches Raster erzeugen, in das sich die nationalen Systeme zur besseren Orientierung einsortieren lassen[79]. Alle Ordnungen bewegen sich zwischen zwei Polen[80]: Auf der einen Seite finden sich monistische Systeme, in denen Staat und Religion eine Einheit bilden. Auf der anderen Seite steht die (vollständige) Trennung beider Sphären. Die Einheit kann auf zwei diametral verschiedenen Wegen entstehen: Entweder dient der Staat als Theokratie der Ausübung einer Religion oder aber der Staat bedient sich einer Religion zur Stützung seiner weltlichen Macht[81]. In beiden Einheitslösungen wird die religiöse Wahrheit zugleich zur Staatswahrheit[82]. Weitaus vielfältiger sind die denkbaren Konzepte für eine gedankliche Trennung von Staat und Religion[83]. Da Staat und Religion eben keine Einheit bilden, kann ihr Verhältnis in der

---

77 Dies stellt auch *Mückl* fest, Europäisierung (Fn. 5), S. 551 f.; *ders.*, Grundlagen (Fn. 3), § 159 Rn. 57 und 60. Eine starke Tendenz zur Vereinheitlichung in bestimmten Feldern, wie der Eindämmung religiöser Diskriminierung, erkennt allerdings *Doe*, Law and Religion (Fn. 5), S. 258.

78 *Mückl*, Europäisierung (Fn. 5), S. 528 ff.

79 So auch *Mückl*, Europäisierung (Fn. 5), S. 60.

80 Statt aller: *R. Ahdar/I. Leigh*, Religious Freedom in the Liberal Age, 2. Aufl. Oxford 2013, S. 88 f.

81 *Ahdar/Leigh*, Religious Freedom (Fn. 80), S. 90 ff.; *C. Hillgruber*, Staat und Religion, in: DVBl. 1999, 1155 (1155).

82 *W. Leisner*, Die Staatswahrheit. Macht zwischen Willen und Erkenntnis, 1999, S. 38; *Hillgruber*, Staat und Religion (Fn. 81), S. 1155.

83 Zum Begriff des säkularen Staates siehe *Ahdar/Leigh* vor: *dies.*, Religious Freedom (Fn. 80), S. 92 ff.

Praxis umso variantenreicher ausgestaltet sein. Es sind ganz unterschiedliche Grade der Distanz – oder Nähe – denkbar[84]. Klassischerweise werden drei säkulare, d. h. trennende Grundmodelle unterschieden: Systeme mit Staatskirchen, Kooperationssysteme und zuletzt Systeme mit weitgehender Trennung zwischen Staat und Religion[85]. Während sich trennende Ordnungen in allen Varianten finden lassen, traten Einheitssysteme in der westlichen Welt über die Jahrhunderte hinweg mehr und mehr als Gegenstand der Vergangenheit in den Hintergrund[86]. Im Folgenden sollen daher nur die drei säkularen Grundmodelle weiter ausgeführt werden.

I. Staatskirchensystem im weiteren Sinne

In einigen europäischen Ländern ist eine Kirche als Staatskirche, Volkskirche oder *established church* in ihrer Stellung besonders hervorgehoben, d.h. mit dem Staat durch Gesetz institutionell und funktionell verbunden[87]. In der Praxis heißt das beispielsweise, dass der Monarch – so es ihn gibt – der jeweiligen Kirche angehören muss und bei offiziellen staatlichen Anlässen Repräsentanten dieser Kirche statt der Vertreter anderer Religionsgemeinschaften, oder doch zumindest stärker als diese, eingebunden sind. In Europa lassen sich zunächst Dänemark und Finnland mit ihrer jeweiligen evangelisch-lutherischen Staatskirche diesem Modell zuordnen[88]. Weiterhin haben Griechenland und einige Schweizer Kantone ein System

---

84 Hierauf weist auch *Mückl* hin: *ders.* Europäisierung des Religionsverfassungsrechts (Fn. 5), S. 60.

85 Diese Unterteilung ist allgemein gängig. Siehe nur *Mückl,* Europäisierung des Religionsverfassungsrechts (Fn. 5), S. 59 ff.; *Unruh,* Religionsverfassungsrecht (Fn. 3), S. 341; *Robbers,* Staat und Kirche (Fn. 25) S. 630 f. Eine weitaus kleinschrittigere Unterteilung nehmen *Ahdar/Leigh* vor: *dies.*, Religious Freedom (Fn. 80), S. 92 ff. siehe auch die Grafik auf S. 89. Die Darstellung verschiedener Typen von religionsverfassungsrechtlichen Systemen soll bei *Ahdar/Leigh* aber nicht der besseren Orientierung und Systematisierung dienen, sondern die strukturbedingten Vor- und Nachteile für die freie religiöse Entfaltung evaluieren helfen.

86 Einen Überblick über die Geschichte des Verhältnisses von Staat und Religion in Deutschland von der Antike bis zur Gegenwart gibt *Hillgruber,* Staat und Religion (Fn. 81), S. 1155.

87 *Unruh,* Religionsverfassungsrecht (Fn. 3), S. 341. Zum Begriff der *established church* siehe S. 57 ff.

88 *Ahdar/Leigh,* Religious Freedom (Fn. 80), S. 103. Schweden zählt nicht mehr dazu. Nach fast 500 Jahren hat die evangelisch-lutherische Kirche zum 1.1.2000 ihren Status als schwedische Volkskirche verloren, siehe hierzu *L. Friedner,* Staat und Kirche in Schweden, in: Robbers, Staat und Kirche (Fn. 25), S. 585 (587 ff.).

mit einer Staatskirche[89]. Im Vereinigten Königreich gibt es nicht überall, sondern nur in England mit der anglikanischen *Church of England* und in Schottland mit der presbyterianischen *Church of Scotland* eine mit dem Staat und seinem Oberhaupt besonders verwobene *established church.*

Die Existenz einer Staatskirche im weiteren Sinne geht in heutigen Zeiten nicht notwendigerweise mit einer schwächeren Religionsfreiheit einher (wenn man von der individuellen Religionsfreiheit des Monarchen absieht). In allen genannten Ländern mit Staatskirchensystem herrscht Religionsfreiheit und genießen die Religionsgemeinschaften einen erheblichen Grad an Selbstbestimmung[90]. Die Finanzierungsformen in Ländern mit Staatskirche folgen genauso wenig einem einzigen Muster wie in Ländern mit einer weiter gehenden Trennung von Staat und Kirche[91]. Es gibt auf der einen Seite Staatskirchen, die vom allgemeinen staatlichen Etat getragen werden, wie z.B. die norwegische Kirche. Aber auch in Belgien, einem Staat, der ohne Staatskirche ist, zahlt der Staat die Gehälter der Pfarrer[92]. Auf der anderen Seite müssen sich einige der Kirchen weitgehend selbst finanzieren. Entweder hat die jeweilige Kirche wie z.B. in Dänemark zu diesem Zweck das Recht, von ihren Mitgliedern eine Kirchensteuer zu erheben, oder sie fordert in Ermangelung dieser Möglichkeit von ihren Mitgliedern Kirchenbeiträge, wie in England und Schottland[93]. Im Wesentlichen lassen sich die verbleibenden staatskirchlichen Strukturen in Europa als Relikt der Vergangenheit begreifen, dessen Existenz kaum eine Aussage über den Zustand der Religionsfreiheit in dem jeweiligen Land zulässt. Obwohl sie heute wohl nicht mehr so erdacht werden würden, wird meist nur zurückhaltend an ihnen gerührt.

II. Kooperationssystem

Weiterhin gibt es Staaten, in denen der Staat mit mehreren Religionsgemeinschaften kooperiert, anstatt mit einer einzigen als Staatskirche beson-

89 *Ahdar/Leigh,* Religious Freedom (Fn. 80), S. 103; näher zu Griechenland: *C. Papastathis,* Staat und Kirche in Griechenland, in: Robbers, Staat und Kirche (Fn. 25), S. 126 ff.; zur Schweiz: *v. Campenhausen/de Wall,* Staatskirchenrecht (Fn. 12), S. 340 ff.

90 Statt aller *v. Campenhausen/de Wall,* Staatskirchenrecht (Fn. 12), S. 339 f.; *Unruh,* Religionsverfassungsrecht (Fn. 3), S. 341 f.

91 *Ahdar/Leigh,* Religious Freedom (Fn. 80), S. 105 f.

92 Hierauf weisen *v. Campenhausen/de Wall* hin, Staatskirchenrecht (Fn. 12), S. 339.

93 Zu Skandinavien: *v. Campenhausen/de Wall,* Staatskirchenrecht (Fn. 12), S. 343 f.

ders verbunden zu sein. In einem solchen Kooperationssystem haben die Religionsgemeinschaften einen besonderen rechtlichen Status, der sie von privatrechtlichen Vereinigungen unterscheidet. Der Staat kooperiert mit ihnen institutionell in verschiedenen Bereichen, wie z.B. dem Religionsunterricht. Er selbst bleibt dabei religiös und weltanschaulich neutral, die Hervorhebung der Religionsgemeinschaften gibt ihm aber einen religionsfreundlichen Anstrich[94]. Diesem Modell lassen sich neben Deutschland wohl auch Belgien, Italien, Luxemburg und Spanien zuordnen[95].

III. Trennungssystem

Die religionsverfassungsrechtliche Ordnung anderer Staaten hat den Zweck, eine möglichst weitgehende Trennung von Staat und Kirche zu verwirklichen. Sie werden laizistisch genannt. Religion wird als Privatsache verortet und Religionsgemeinschaften werden rechtlich ausschließlich als private Vereinigungen angesehen[96]. In Europa lassen sich sowohl die Niederlande als auch Frankreich diesem System zuordnen[97]. Außerhalb Europas sind die Vereinigten Staaten zu erwähnen, um die sehr verschiedenen möglichen Motivationen für eine strenge Trennung zu illustrieren: Während es in Frankreich zunächst in der französischen Revolution und später im Trennungsgesetz von 1905[98] um die Zurückdrängung der Religion aus dem öffentlichen Leben hinein ins Private ging, war das Ziel in den USA die Förderung der Religionsfreiheit[99]. Das Verbot einer *established church* in der *Establishment Clause* sollte dazu dienen, die in Europa erlebte religiöse Unterdrückung durch den Staat zu verhindern und eine mög-

---

94 *Unruh*, Religionsverfassungsrecht (Fn. 3), S. 343.

95 *Mückl*, Europäisierung des Religionsverfassungsrechts (Fn. 5), S. 61; *Unruh*, Religionsverfassungsrecht (Fn. 3), S. 343, der auch Österreich dazu zählt, was nicht der herrschenden Meinung entsprechen dürfte, nach der Österreich eher ein Staatskirchen-System hat, vgl. *v. Campenhausen/de Wall*, Staatskirchenrecht (Fn. 12), S. 338. Die Einteilung von Portugal und Malta wird ebenfalls unterschiedlich vorgenommen.

96 *Unruh*, Religionsverfassungsrecht (Fn. 3), S. 342. In den Niederlanden schlägt sich das Trennungsprinzip nicht in der Verfassung nieder, wird aber im Gesetzgebungsverfahren ebenso wie durch die Gerichte berücksichtigt, vgl. *Mückl*, Europäisierung (Fn. 5), S. 60 f.

97 Dies tun u.a. *v. Campenhausen/de Wall*, Staatskirchenrecht (Fn. 12), S. 344 f.

98 Loi concernant la séparation des Églises et de l'État vom 9.12.1905.

99 Zu Frankreich: *Germann* (Fn. 50), § 7 Rn. 17 ff.; *Mückl*, Europäisierung (Fn. 5), S. 143 ff.; *Walter*, Religionsverfassungsrecht (Fn. 51), S. 162 ff.

lichst freie Entfaltung der Konfessionen zu sichern[100]. Diese vollkommen unterschiedlichen Zielsetzungen kann man auch knapp als „Freiheit von Religion“ oder „Freiheit für Religion“ bezeichnen[101].

C. Schlussfolgerungen

Jedenfalls gegenwärtig wirken sich die Einflüsse von supranationaler, europäischer Ebene nur punktuell auf das Religionsverfassungsrecht der jeweiligen Mitgliedsstaaten aus. Diese bleiben weitgehend frei in der Fortführung ihrer Traditionen. Dementsprechend stellt sich die religiöse Landschaft in Europa als ausgesprochen vielfältig dar. Die religionsverfassungsrechtlichen Systeme der einzelnen Staaten lassen sich hierbei vereinfacht in drei Modelle unterteilen, wobei England zu den Ländern mit Staatskirchenmodell und Deutschland zu denen mit Kooperationsmodell zu zählen ist. Die Zuordnung zu einem der drei gebräuchlichen systematisierenden Grundmodelle sagt aber wenig dazu aus, welche konkreten Unterschiede und Gemeinsamkeiten zwischen den zu vergleichenden religionsverfassungsrechtlichen Ordnungen bestehen[102].

---

100 Statt aller *v. Campenhausen/de Wall*, Staatskirchenrecht (Fn. 12), S. 348.

101 *B. Scharffs*, The (not so) Exceptional Establishment Clause of the United States Constitution, in: Journal of Law and Religion 33 (2018), 137 (139f.).

102 Darauf weist auch *Mückl* hin: *ders.*, Europäisierung (Fn. 5), S. 60 f.

2. Kapitel: Grundsätze des deutschen und englischen Religionsverfassungsrechts

A. Grundlegendes zum Verhältnis von Staat und Religion in Deutschland

Das deutsche Religionsverfassungsrecht[103] steht „auf zwei Säulen“[104]: Die erste ist die in Art. 4 Abs. 1 und 2 GG verbürgte individuelle, kollektive und korporative Religionsfreiheit. Die zweite besteht aus der Weimarer Reichsverfassung stammenden institutionellen Regelungen zur Stellung der Religionsgemeinschaften, die über Art. 140 GG Teil des Grundgesetzes geworden worden sind[105]. Die übernommenen religionsverfassungsrechtlichen Artikel der Weimarer Reichsverfassung sind nicht etwa „Verfassungsrecht minderen Ranges“, sondern beanspruchen dieselbe Gültigkeit wie die übrigen Bestimmungen des Grundgesetzes[106]. Allerdings haben sich verschiedene Interpretationen des Zusammenspiels von Religionsfreiheit

---

103 Der Begriff „Religionsverfassungsrecht“ hat weitgehend die klassische Bezeichnung „Staatskirchenrecht“ abgelöst. Er wird in einer immer pluraleren Gesellschaft von vielen für treffender gehalten. An den beiden Begriffen zieht sich im deutschen Kontext aber auch grob die im folgenden beschriebene konzeptionelle Trennlinie durch die Literatur entlang. Zu der Diskussion siehe die Beiträge in H. M. Heinig/C. Walter (Hrsg.), Staatskirchenrecht oder Religionsverfassungsrecht? Ein begriffspolitischer Grundsatzstreit, 2007. Dennoch sollte die Bezeichnung nicht ohne weitere Anhaltspunkte als bewusste Zuordnung jedes Autors in eine Meinungsrichtung überbewertet werden, dies gilt insbesondere für diese Arbeit.

104 So *S. Mückl*, Trennung und Kooperation – das gegenwärtige Staat-Kirche-Verhältnis in der Bundesrepublik Deutschland, in: Essener Gespräche 40 (2007), S. 41 (44). Von einer „Doppelspurigkeit“ des Religionsverfassungsrechts spricht insofern *S. Korioth*, Deutsches Staatskirchenrecht im langen Schatten des deutschen Bikonfessionalismus, in: ZevKR 63 (2018), 14 (26); *H. Dreier*, Religionsverfassung in 70 Jahren Grundgesetz – Rückblick und Ausblick, in: JZ 2019, 1005 (1005).

105 Dies wird auch als doppelter Kompromiss bezeichnet, so bereits *A. Hollerbach*, Die Kirchen unter dem Grundgesetz, in: VVDStRL 26 (1968), S. 57 (59). Die Übernahme der Weimarer Kirchenartikel beruht nämlich darauf, dass sich im Parlamentarischen Rat keine Mehrheit für die durch seine Mitglieder neu formulierten Regelungsvorschläge finden ließ. Die Weimarer Kirchenartikel stellten ihrerseits aber bereits einen Kompromiss dar. Zu den Ähnlichkeiten in beiden Verfassunggebungsprozessen siehe *F. Wittreck*, Bonn ist doch Weimar. Die Religionsfreiheit im Grundgesetz als Resultat von Konflikt und Kontroverse, in: A. Reuter/H. G. Kippenberg (Hrsg.), Religionskonflikte im Verfassungsstaat, 2010, S. 66 ff.

106 BVerfGE 19, 206 (218). Ganz überwiegende Zustimmung in der Literatur, siehe nur *P. Unruh*, in: H. v. Mangoldt/F. Klein/C. Starck, Grundgesetz. Kommentar, Bd. III, 7. Aufl. 2018, Art. 140 Rn. 8 m.w.N.; *S. S. Korioth*, in: T. Maunz/G. Dü-

einerseits und den Kirchenartikeln der Weimarer Reichsverfassung andererseits herausgebildet. Klassischerweise werden Art. 4 GG und die inkorporierten Kirchenartikel als zwei selbstständige Strukturen verstanden[107]. Die Regelungen der Weimarer Reichsverfassung betrachten hiernach die Religionsgemeinschaften als Institutionen und sehen daher spezielle Regelungen vor, die zwar mit der Religionsfreiheit in Zusammenhang stehen, aber nicht allein ihr dienen[108]. In der jüngeren Literatur werden die institutionellen Regelungen in den inkorporierten Vorschriften hingegen überwiegend so verstanden, dass sie darauf ausgerichtet sind, das Grundrecht der Religionsfreiheit zu fördern[109]. Die Vorschriften der Weimarer Reichsverfassung werden in dieser Auslegungsrichtung von der Religionsfreiheit her verstanden[110]. Teilweise werden sie sogar ihrerseits als grundrechtliche Gewährleistungen gedeutet[111]. Da auch nach dem klassischen Verständnis die den Religionsgemeinschaften zugutekommenden Regelungen in der

---

rig, Grundgesetz. Kommentar, Art. 140 Rn. 8 (2015); *Kästner* (Fn. 15), Art. 140 Rn. 145 ff. (März 2010).

107 Auch heute wird diese Richtung weiter vertreten, beispielsweise durch *B. Grzeszick,* Verfassungstheoretische Grundlagen des Verhältnisses von Staat und Religion, in: Heinig/Walter, Staatskirchenrecht oder Religionsverfassungsrecht? (Fn. 103), S. 131 (132 ff.); *Mückl,* Trennung und Kooperation (Fn. 104), S. 44. Dieser Teil der Literatur bevorzugt den Begriff „Staatskirchenrecht" gegenüber „Religionsverfassungsrecht", weil er den institutionellen Aspekt betont.

108 *Grzeszick,* Grundlagen (Fn. 107), S. 132 f.

109 BVerfGE 102, 370 (387); *H. M. Heinig,* Öffentlich-rechtliche Religionsgesellschaften, 2003, S. 144; *Unruh* (Fn. 106), Art. 140 Rn. 12; sehr differenziert *Korioth* (Fn. 106), Art. 140 Rn. 15 (2015). *Grzeszick* warnt im Zusammenhang mit dieser Perspektive davor, dass die Bedeutung der Kirchen als Institutionen verkannt werde und Religion „ausschließlich zur Sache der Bürger" gemacht werde, *ders.,* Grundlagen (Fn. 107), S. 134.

110 Diese Sichtweise soll auch die Anschlussfähigkeit an das europäische Recht sichern, das nur Grundrechte kennt, so *Korioth* (Fn. 106), Art. 140 Rn. 15 (2015).

111 So etwa *G. Czermak/E. Hilgendorf,* Religions- und Weltanschauungsrecht, 2. Aufl. 2018, Rn. 200 f.; *D. Ehlers* in M. Sachs (Hrsg.), Grundgesetz. Kommentar, 9. Aufl. 2021, Art. 140 Rn. 3; *Walter,* Religionsverfassungsrecht (Fn. 51), S. 537 ff.; nicht ganz abgeneigt auch *M. Morlok,* in H. Dreier (Hrsg.), Grundgesetz. Kommentar, Bd. III, 3. Aufl 2018, Art. 140 Rn. 29. Die Gegenseite bezichtigt diesen Teil der Literatur einer „Vergrundrechtlichung des Staatskirchenrechts", so etwa *M. Heckel,* Zur Zukunftsfähigkeit des deutschen Staatskirchenrechts oder Religionsverfassungsrechts, in: AöR 134 (2009), 309 (326 ff.); *Mückl,* Trennung und Kooperation (Fn. 104), S. 44. Zu den Problemen einer subjektiv-rechtlichen Betrachtung der über Art. 140 GG inkorporierten Normen am Beispiel des Sonntagsschutzes, siehe vertiefend *L. Friedrich,* Vom Recht zur Berechtigung. Subjektivierung des Rechts und Überindividualisierung des Rechtsschutzes am Beispiel des „Grundrechts auf Sonntag", 2020, S. 176 ff. Ge-

Weimarer Reichsverfassung nicht nur, aber auch den Charakter von subjektiv-rechtlichen Gewährleistungen haben, sollten die Unterschiede in ihrer praktischen Auswirkung – nicht aber konzeptionell – keinesfalls überbewertet werden[112]. Auch wenn man den Grundrechtscharakter verneint, wird durch einen Eingriff in die institutionellen Gewährleistungen die korporative Religionsfreiheit berührt, sodass sich die Religionsgemeinschaften nach dieser Auslegung zwar nicht unmittelbar auf die inkorporierten Vorschriften, aber doch auf Art. 4 Abs. 1 und 2 GG berufen können[113]. Auch das Bundesverfassungsgericht lässt unmittelbar nur die Geltendmachung einer Verletzung von Art. 4 GG zu, geht dann aber in seiner Prüfung auch auf die über Art. 140 GG übernommenen Vorschriften ein und prüft mögliche Verletzungen der darin enthaltenen Gewährleistungen unter Berücksichtigung ihrer speziellen Schrankenregelungen[114].

I. Die Religionsfreiheit als Ausgangspunkt

Die Religionsfreiheit ist im Grundgesetz in Art. 4 Abs. 1 und 2 GG enthalten. Sie schließt naheliegende individuelle und kollektive Elemente wie die Bekentnnisfreiheit und das Recht zur ungestörten Religionsausübung ein, umfasst aber auch die religiöse Vereinigungsfreiheit[115]. Bereits in seiner frühen Rechtsprechung hat das Bundesverfassungsgericht festgelegt,

---

gen eine Betrachtung als Grundrechte oder grundrechtsgleiche Rechte spricht sich auch aus *Kästner* (Fn. 15), Art. 140 Rn. 153 (März 2010).

112 Hierauf weisen hin *Classen*, Religionsrecht (Fn. 17), Rn. 37; *Korioth* (Fn. 106), Art. 140 Rn. 14 (2015); *Morlok* (Fn. 111), Art. 140 Rn. 30.

113 Siehe hierzu *M. Borowski*, Die Glaubens- und Gewissensfreiheit des Grundgesetzes, 2006, S. 329 ff.

114 BVerfGE 42, 312 (325 f.); 53, 366 (390 ff.); 57, 220 (241 f.). Zustimmend *Unruh* (Fn. 106), Art. 140/Art. 137 WRV Rn. 1.

115 BVerfGE 83, 341 (354 ff.); 123, 148 (177). Ursprünglich sollte die Vereinigungsfreiheit in Art. 4 Abs. 1 S. 2 GG ausdrücklich gewährleistet sein, wegen der Übernahme von Art. 137 Abs. 2 WRV in das Grundgesetz wurde dies aber für entbehrlich gehalten. Nach der Rechtsprechung des BVerfG ergibt sich daraus, dass die Vereinigungsfreiheit von der Religionsfreiheit erfasst sei und lediglich eine doppelte Gewährleistung im Wortlaut vermieden werden sollte. Daher gehöre die Vereinigungsfreiheit weiterhin zur Religionsfreiheit in Art. 4 Abs. 1 und 2 GG, der sich für diesen Teilgehalt auf Art. 137 Abs. 2 WRV beziehe und ihn „normativ" miterfasse, BVerfGE 83, 341 (354 f.). Zustimmend *Unruh* (Fn. 106), Art. 140/Art. 137 WRV Rn. 14. Ein Teil der Literatur sieht demgegenüber Art. 137 Abs. 2 WRV als *lex specialis* gegenüber Art. 4 Abs. 1 und 2 GG an. So äußert sich etwa *Ehlers* (Fn. 111), Art. 140/Art. 137 WRV Rn. 3.

dass Art. 4 Abs. 1 und 2 GG ein einheitliches Grundrecht bilden[116]. Seit Inkrafttreten des Grundgesetzes sind daher alle Teilgehalte nach Ansicht des Bundesverfassungsgerichts gleichermaßen durch das vorbehaltlos gewährte Grundrecht aus Art. 4 Abs. 1 und 2 GG geschützt[117]. Ein vorbehaltlos gewährtes Grundrecht ist nach der Rechtsprechung des Bundesverfassunggerichts nur einschränkbar, wenn es mit anderen Gütern und Rechten mit Verfassungsrang kollidiert. Die Religionsfreiheit ist mit diesen in einen schonenden Ausgleich zu bringen.

Art. 4 Abs. 1 und 2 GG bieten nicht nur einen besonders starken Schutz, sie werden auch durch das Bundesverfassungsgericht seit langem ausgesprochen weit ausgelegt[118]. Der Einzelne hat das Recht, sein gesamtes Verhalten an den Lehren seines Glaubens auszurichten und seiner inneren Glaubensüberzeugung gemäß zu handeln“[119]. Der Schutz der Religionsfreiheit wird so auf alle Handlungen erstreckt, die in einem engen oder weiten Bezug zu den religiösen oder weltanschaulichen Überzeugungen des Grundrechtsträgers stehen, sofern dieser den Zusammenhang hinreichend plausibel darlegen kann[120]. Am Ende steht ein historisch und rechts-

---

116 BVerfGE 24, 236 (245); 32, 98 (106 f.); seither ständige Rechtsprechung. Für die Unterscheidung von mehreren Einzelgrundrechten in Art. 4 Abs. 1 und 2 GG sprechen sich hingegen u.a. aus *Czermak/Hilgendorf*, Religionsrecht (Fn. 111), Rn. 117 f.; *K.-H. Kästner*, Religionsfreiheit in Zeiten des religiösen Pluralismus, in: ZevKR 60 (2015), S. 1 ff.; *Mückl* (Fn. 60), Art. 4 Rn. 102 f. (2021); *F. Schoch*, Die Grundrechtsdogmatik vor den Herausforderungen einer multikonfessionellen Gesellschaft, in: J. Bohnert u.a. (Hrsg.), Verfassung – Philosophie – Kirche. Festschrift für Alexander Hollerbach zum 70. Geburtstag, 2001, S. 150 (154 f.).

117 Einige sehen in Art. 140 GG i.V.m. Art. 136 Abs. 1 WRV eine Grundrechtsschranke des Art. 4 Abs. 1 und 2 GG. Der Wortlaut der Vorschrift lautet: „Die bürgerlichen und staatsbürgerlichen Rechte und Pflichten werden durch die Ausübung der Religionsfreiheit weder bedingt noch beschränkt.“ In diese Richtung argumentieren *Czermak/Hilgendorf*, Religionsrecht (Fn. 111), Rn. 136; *Schoch*, Grundrechtsdogmatik (Fn. 116), S. 163 ff.

118 Die weite Auslegung des Begriffs der Religionsausübung „gegenüber seinem historischen Inhalt“ ist nach Ansicht des BVerfG geboten, weil „die ‚Religionsausübung‘ zentrale Bedeutung für jeden Glauben und jedes Bekenntnis hat“, BVerfGE 24, 236 (246). Kritisch *Mückl* (Fn. 60), Art. 4 Rn. 116 f.

119 BVerfGE 32, 98 (106).

120 In diesem Zusammenhang ist in Anlehnung an die Interpretation von Art. 2 Abs. 1 GG als Auffanggrundrecht schon von einer „allgemeinen religiösen Handlungsfreiheit“ gesprochen worden, so von *Schoch*, Grundrechtsdogmatik (Fn. 116), S. 155 m.w.N.; aufgegriffen von *Dreier*, Religionsverfassung (Fn. 104), S. 1007.

vergleichend wohl beispielloses Ergebnis[121]: Die Religionsfreiheit wird zugleich in ihrem Schutzbereich ausgesprochen ausgedehnt interpretiert und verleiht zugleich allen von ihr erfassten Teilgehalten einheitlich einen sehr hohen Schutz. Der starke Schutz der Religionsfreiheit wird angesichts der religiösen Pluralisierung von vielen als Problem[122], von anderen weiterhin als Konfliktlöser gesehen[123]. Aus heutiger Sicht sollte jenseits davon aber selbstverständlich sein, dass der Schutz durch die Religionsfreiheit jeder Glaubensgemeinschaft zusteht, nicht nur jenen, die traditionell im Bundesgebiet oder in Europa vertreten sind[124].

II. Selbstbestimmungsrecht der Religionsgemeinschaften

Das Selbstbestimmungsrecht der Religionsgemeinschaften ist als selbstständiges Prinzip in Art. 137 Abs. 3 WRV enthalten. Es stellt sicher, dass die Religionsgemeinschaften im Rahmen der für alle geltenden Gesetze ihre eigenen Angelegenheiten selbst regeln dürfen[125]. Umstritten ist, ob Art. 137 Abs. 3 WRV vollständig in Art. 4 GG aufgeht, wenngleich im An-

---

121 So C. *Waldhoff*, Neue Religionskonflikte und staatliche Neutralität. Erfordern weltanschauliche und religiöse Entwicklungen Antworten des Staates? Gutachten D zum 68. Deutschen Juristentag, 2010, S. 30.

122 Sehr kritisch *Schoch*, Grundrechtsdogmatik (Fn. 116), S. 153 ff. Für eine stärkere Konturierung des Schutzbereichs auch *Mückl* (Fn. 60), Art. 4 Rn. 223; *Waldhoff*, Religionskonflikte (Fn. 121), S. 74.

123 In diese Richtung etwa *Walter*, Religionsverfassungsrecht (Fn. 51), S. 494 ff.

124 Freilich verirrte sich das BVerfG zu Beginn noch insoweit, dass es nur diejenige Religionsausübung für geschützt hielt, „die sich bei den heutigen Kulturvölkern auf dem Boden gewisser übereinstimmender sittlicher Grundanschauungen im Laufe der geschichtlichen Entwicklung herausgebildet hat", BVerfGE 12, 1 (4). 1975 wies es diesen sog. Kulturvorbehalt in BVerfGE 41, 29 (50) ausdrücklich zurück: „Das Grundgesetz legt auch nicht etwa einen ‚ethischen Standard' im Sinne eines Bestandes von bestimmten weltanschaulichen Prinzipien fest, etwa ‚nach den Maximen, die sich bei den heutigen Kulturvölkern auf dem Boden gewisser übereinstimmender sittlicher Grundanschauungen im Laufe der geschichtlichen Entwicklung herausgebildet haben'[...]." Hier zitiert sich das BVerfG amüsanterweise selbst, nicht ganz wortgetreu und ohne die Quelle (BVerfGE 12, 1 [4]) zu nennen. Darauf macht aufmerksam *Dreier*, Religionsverfassung (Fn. 104), S. 1008 Fn. 44.

125 Zu den Unterschieden zwischen religiös fundierter Selbstbestimmung und anderen Formen der Autonomie im Verfassungsrecht siehe *S. Korioth*, Das Selbstbestimmungsrecht der Religionsgemeinschaften, in: Pirson/Rüfner/Germann/Muckel, HSKR I (Fn. 18), § 16 Rn. 2 f.

wendungsbereich des Art. 137 Abs. 3 WRV dessen spezielle Schrankenregelung zu berücksichtigen ist, oder ob Art. 137 Abs. 3 WRV über Art. 4 GG trotz dessen extensiver Auslegung hinausreicht[126]. Die praktischen Auswirkungen einer Entscheidung in dieser Frage sind zu vernachlässigen[127]. Anerkannt ist jedenfalls, dass beide Normen in einem engen Verhältnis stehen und Art. 140 GG i.V.m. 137 Abs. 3 WRV im Lichte der Wertungen von Art. 4 GG gelesen werden muss[128].

1. „Religionsgemeinschaft"

Auf das Selbstbestimmungsrecht können sich alle Religionsgemeinschaften unabhängig von ihrer Rechtsform, sowie mittelbar auch von ihnen verselbstständigte Organisationen berufen, die der Zielsetzung der Religionsgemeinschaft dienen[129]. „Religionsgemeinschaft" ist nicht mit „Religion" zu verwechseln[130]. Nicht jede Religion ist in einer oder mehreren Religionsgemeinschaften organisiert. Der Begriff der – im damaligen Sprachgebrauch und daher auch in Art. 137 WRV Religionsgesellschaft[131] genannten – Religionsgemeinschaft muss aber grundsätzlich für alle Religionen offen sein[132]. Keinesfalls dürfen kirchenähnliche Strukturen vorausge-

126 Für einen eigenen Anwendungsbereich spricht sich aus *v. Campenhausen/de Wall*, Staatskirchenrecht (Fn. 12), S. 100. Dagegen *Borowski*, Glaubensfreiheit (Fn. 113), S. 305 ff.; *Walter*, Religionsverfassungsrecht (Fn. 51), S. 540; *Morlok* (Fn. 111), Art. 140/Art. 137 WRV Rn. 46.

127 Dies betont auch *Unruh* (Fn. 106), Art. 140/Art. 137 WRV Rn. 25.

128 BVerfGE 42, 312 (322); *K. Stern/M. Sachs/J. Dietlein*, Das Staatsrecht der Bundesrepublik Deutschland. Die einzelnen Grundrechte, Bd. IV/2, 2011, § 118 S. 922 ff.; *Unruh* (Fn. 106), Art. 140/Art. 137 WRV Rn. 25.

129 BVerfGE 24, 236 (246 f.); 46, 73 (86 f.); 53, 366 (391f.); 137, 273 (306 f. Rn. 91 f.); aus der Literatur siehe nur *v. Campenhausen/de Wall*, Staatskirchenrecht (Fn. 12), S. 99; *Ehlers* (Fn. 111), Art. 140/Art. 137 WRV Rn. 5; *Morlok* (Fn. 111), Art. 140/Art. 137 WRV Rn. 53.

130 Hierauf weisen hin *B. Pieroth/C. Görisch*, Was ist eine „Religionsgemeinschaft"? in: JuS 2002, 937 (938).

131 Zur Vorzugswürdigkeit von „Religionsgemeinschaft" gegenüber „Religionsgesellschaft" siehe *Unruh* (Fn. 106), Art. 140/Art. 137 WRV Rn. 15.

132 Mit einem „Seitenblick" auf die Religionssoziologie *H. M. Heinig*, „Religionsgemeinschaft/Religionsgesellschaft", in: ZevKR 64 (2019), 1 (6 ff.; 14 f.); *W. Heun*, Organisation von Religionsgemeinschaften aus juristischer Perspektive, in: J. Hermelink/S. Grotefeld (Hrsg.), Religion und Ethik als Organisationen – eine Quadratur des Kreises? 2008, S. 23 ff. = ZevKR 64 (2019), 24 (45); *Unruh* (Fn. 106), Art. 140/Art. 137 WRV Rn. 16.

setzt werden[133]. Allerdings sind gerichtlich überprüfbare Voraussetzungen einzuhalten, denn das Grundgesetz räumt Religionsgemeinschaften neben dem Selbstbestimmungsrecht eine Reihe von weiteren besonderen Rechten ein[134]. Dazu gehören das Recht auf die Einführung von Religionsunterricht ihres Bekenntnisses an öffentlichen Schulen in Art. 7 Abs. 3 GG und der Zulassungsanspruch zur Seelsorge in öffentliche Anstalten in Art. 141 WRV. Nicht zuletzt ist die Eigenschaft als Religionsgemeinschaft (eine) Voraussetzung für die Verleihung des Status einer Körperschaft des öffentlichen Rechts, mit dem unter anderem die Dienstherrenfähigkeit und das Recht auf Erhebung der Kirchensteuer verbunden sind[135]. Es gibt kein Verfahren, indem isoliert festgestellt werden würde, wer Religionsgemeinschaft ist. Ob eine Gruppierung auch Religionsgemeinschaft ist, wird vielmehr anhand des konkreten Einzelfalls im Rahmen einer Prüfung der Voraussetzungen für die Geltendmachung der genannten Recht, die nur Religionsgemeinschaften zustehen, entschieden. Insgesamt ist mit der Qualifikation als Religionsgemeinschaft ein verfassungsrechtlicher Grundstatus insbesondere für die Kooperation mit dem Staat verbunden[136]. Der Staat schafft sich einen geeigneten Kooperationspartner für die Bereiche, die er angesichts seiner religiös-weltanschaulichen Neutralität nicht selbst ausfüllen kann[137].

---

133 Nachdrücklich *Heckel*, Zukunftsfähigkeit (Fn. 111), S. 347 ff. Eine entsprechende Tendenz in der verwaltungsgerichtlichen Rechtsprechung macht aber aus *D. zu Hohenlohe*, Islamische Dachverbände als Religionsgesellschaften – ein Zwischenbericht, in: ZevKR 64 (2019), 79 (95 ff.). Zur vermeintlichen, tatsächlich aber fehlenden Konvergenz von „Religionsgemeinschaft" im staatlichen und „Kirche" im religiösen Sinne *Heinig*, „Religionsgemeinschaft/Religionsgesellschaft" (Fn. 132), S. 5. Zur historischen Entwicklung des Kirchenbegriffs siehe auch *Heun*, Organisation (Fn. 132), S. 24 ff.

134 Statt aller *Unruh* (Fn. 106), Art. 140/Art. 137 WRV Rn. 16.

135 Die Verleihung des Status einer Körperschaft des öffentlichen Rechts ist keineswegs mit einer Eingliederung in den Staat zu verwechseln. Religionsgemeinschaften mit dieser Rechtsform sind nicht mit anderen öffentlich-rechtlichen Körperschaften zu vergleichen, siehe nur BVerfGE 42, 312 (321 f.); 66, 1 (19 f.).

136 Von einem „konstitutionellen Grund-Status" sprach schon *A. Hollerbach*, Grundlagen des Staatskirchenrechts, in: J. Isensee/P. Kirchhof (Hrsg.), Handbuch des Staatsrechts der Bundesrepublik Deutschland, Bd. VI, 2. Aufl. 2001, § 138 Rn. 88; aufgegriffen von *Heun*, Organisation (Fn. 132), S. 44.

137 So *Heinig*, Religionsgemeinschaft/Religionsgesellschaft (Fn. 132), S. 11.

Die klassische Definition stammt von Gerhard Anschütz[138]. Ihr zufolge ist eine Religionsgemeinschaft „ein die Angehörigen eines und desselben Glaubensbekenntnisses – oder mehrerer verwandter Glaubensbekenntnisse [...] – für ein Gebiet zusammenfassender Verband zu allseitiger Erfüllung der durch das gemeinsame Bekenntnis gestellten Aufgaben“[139]. Drei noch heute Gültigkeit beanspruchende Kriterien finden sich in dieser Formulierung[140]: Zunächst muss es eine religiöse Übereinstimmung geben. Auf deren Basis muss eine Vereinigung erfolgen, die schließlich in gemeinsamen Handlungen diesen religiösen Konsens umfassend zu verwirklichen sucht[141]. Letzteres unterscheidet sie von den religiösen Vereinen, die nur Teilaspekte der Glaubensausübung verfolgen und daher nicht selbst Religionsgemeinschaften sind[142].

Die Diskussion um die Auslegung der einzelnen Kriterien der Religionsgemeinschaft hat insbesondere durch die Rechtsprechung zur Anerkennung muslimischer Dachverbände als Religionsgemeinschaften neuen Schwung bekommen[143]. Inhaltlich ging es darum, ob die Dachverbände einen Anspruch auf die Einführung muslimischen Religionsunterrichts haben, wofür die Eigenschaft, „Religionsgemeinschaft“ zu sein, Voraussetzung ist. Festgehalten wurde zunächst, dass Dachverbände grundsätzlich durchaus Religionsgemeinschaften sein können, sofern sie alle drei ge-

---

138 Als „klassisch“ bezeichnen die Definition u.a. *Heinig*, Religionsgemeinschaft/Religionsgesellschaft (Fn. 132), S. 2; *Pieroth/Görisch*, Religionsgemeinschaft (Fn. 130), S. 938.

139 *G. Anschütz*, Die Verfassung des Deutschen Reichs vom 11. August 1919. Ein Kommentar für Wissenschaft und Praxis, 14. Aufl. 1933, Art. 137 Rn. 2.

140 Eine ganz ähnliche Formulierung wählt etwa das BVerwG in einer recht aktuellen Entscheidung, NVwZ 2019, 236 (238). Vier Voraussetzungen legt indessen fest *R. Poscher*, Totalität – Homogenität – Zentralität – Konsistenz. Zum verfassungsrechtlichen Begriff der Religionsgemeinschaft, in: Der Staat 39 (2000), 47. Kritisch sieht dies *Morlok* (Fn. 111), Art. 140/Art. 137 WRV Rn. 29. Für wenig gravierend halten die Unterschiede zum klassischen Verständnis hingegen *Pieroth/Görisch*, Religionsgemeinschaft (Fn. 130), S. 938 f.; *Heinig*, Religionsgemeinschaft/Religionsgesellschaft (Fn. 132), S. 2.

141 Mit anschaulichen Fallbeispielen *Pieroth/Görisch*, Religionsgemeinschaft (Fn. 130), S. 938; inhaltlich ähnlich *Morlok* (Fn. 111), Art. 140/Art. 137 WRV Rn. 29.

142 *Heinig*, Religionsgemeinschaft/Religionsgesellschaft (Fn. 132), S. 14.

143 Die Rede ist hier von dem Verfahren der muslimischen Dachverbände gegen das Land NRW, das zwischen dem OVG NRW und dem BVerwG bisher dreimal hin- und herging. Zum Verfahrensgang *zu Hohenlohe*, Dachverbände (Fn. 133), S. 79 ff. *Dies.* hat erst beide Dachverbände in dem Verfahren vertreten, später nur noch den Islamrat für die Bundesrepublik Deutschland, nicht mehr den Zentralrat der Muslime in Deutschland.

nannten Voraussetzungen erfüllen[144]. Schwierigkeiten bereitet allerdings das Kriterium des religiösen Konsenses. Die Rechtsprechung ist in diesem Rahmen soweit gegangen, ohne eine „Autorität in Lehrfragen“ des Dachverbandes das Vorliegen einer Religionsgemeinschaft zu verneinen[145]. Dies ist in der Literatur scharf kritisiert worden[146]. In manchen Religionen ist eine eindeutige Hierarchie in Lehrfragen nicht bekannt. Eine solche zu fordern, würde die religiöse Vereinigungsfreiheit zu sehr einschränken[147]. Eine gewisse Pluralität verschiedener Lehrmeinungen innerhalb einer Vereinigung oder mehrere parallele Vereinigungen mit ähnlichem Bekenntnis könnten für das Vorliegen einer Religionsgemeinschaft nicht schädlich sein, nichts anderes sei in der unbestritten als Religionsgemeinschaft eingestuften Evangelischen Kirche in Deutschland (EKD) und den evangelischen Landeskirchen der Fall[148]. In der Rechtsprechung zu den Dachverbänden wurde weiterhin verlangt, dass „für die Identität einer Re-

---

144 BVerwGE 123, 49 (57); zustimmend siehe nur *W. Hennig*, Muslimische Gemeinschaften im Religionsverfassungsrecht, 2010, S. 100 f.; *Unruh* (Fn. 106), Art. 140/Art. 137 WRV Rn. 16. Ohne die Mitgliedschaft natürlicher Personen verneint den Status einer Religionsgemeinschaft für Dachverbände *U. Häußler*, Rahmenbedingungen und Gestaltungsmöglichkeiten für die Einrichtung islamischen Religionsunterrichts, in: ZAR 2000, 255 (263); ebenso *C. Hillgruber*, Der deutsche Kulturstaat und der muslimische Kulturimport. Die Antwort des Grundgesetzes auf eine religiöse Herausforderung, in: JZ 1999, 538 (545); sowie *S. Muckel*, Muslimische Gemeinschaften als Körperschaften des öffentlichen Rechts, in: DÖV 1995, 311 (312); *ders.* Islamischer Religionsunterricht und Islamkunde an öffentlichen Schulen in Deutschland, in: JZ 2001, 59 (60 f.). Einen Überblick über die aktuell im Fokus stehenden muslimischen Dachverbände und ihre Tätigkeiten gibt *zu Hohenlohe*, Dachverbände (Fn. 133), S. 83 ff.

145 OVG NRW, Urteil vom 9.11.2017, 19 A 997/02, juris, Dokument-Nr. MWRE218022877, Leitsatz, Rn. 26, aufgehoben durch Beschluss des BVerwG vom 20.12.2018, NVwZ 2019, 236. Im Beschluss des BVerwG wird am Kriterium der Lehrautorität an sich allerdings nicht gerührt, im Vergleich zum OVG NRW wird sie aber insoweit relativiert, dass die Lehrmeinungen nicht verbindlich sein, sondern nur durch Gläubige und Geistliche respektiert werden müssten, BVerwG, NVwZ 2019, 236 (238).

146 Von einem „Irrweg“ spricht *Heinig*, Religionsgemeinschaft/Religionsgesellschaft (Fn. 132), S. 20. Sehr kritisch auch *zu Hohenlohe*, Dachverbände (Fn. 133), S. 93 ff.

147 *Heinig*, Religionsgemeinschaft/Religionsgesellschaft (Fn. 132), S. 21.

148 *Heinig*, Religionsgemeinschaft/Religionsgesellschaft (Fn. 132), S. 14 f., 21. Von einem „katholischen Vorverständnis“ spricht insoweit *zu Hohenlohe*, Dachverbände (Fn. 133), S. 92, 96. Zu beachten ist allerdings, dass die Evangelische Kirche zu den „altkorporierten“ Religionsgemeinschaften gehört, deren Status als Körperschaft des öffentlichen Rechts nicht unter der Weimarer Reichsverfassung oder dem Grundgesetz verliehen, sondern aufrechterhalten worden ist,

ligionsgemeinschaft wesentliche Aufgaben auch auf der Dachverbandsebene wahrgenommen werden"[149]. Bei der Bestimmung, was für die Identität einer Religionsgemeinschaft wesentlich ist, soll es vor dem Hintergrund von Glaubensfreiheit und religiösem Selbstbestimmungsrecht maßgeblich auf das Selbstverständnis des jeweiligen Dachverbandes ankommen[150]. Dennoch ist bereits fraglich, ob es für jede Religionsgemeinschaft überhaupt denkbar ist, zentrale Aufgaben auf einer übergeordneten Ebene wahrzunehmen. Einigkeit besteht insofern, als dass einige Formen der Zusammenarbeit mit dem Staat bestimmte Eigenschaften bei den Religionsgemeinschaften voraussetzen. Einige Stimmen empfehlen daher, genauer zwischen „Mindestanforderungen" für die Eigenschaft als Religionsgemeinschaft und darüber hinausgehenden „Kooperationsanforderungen" im jeweiligen Kontext zu unterscheiden[151].

2. Ordnen und Verwalten ihrer Angelegenheiten

Sachlich erfasst sind nach dem Wortlaut die Ordnung und Verwaltung der eigenen Angelegenheiten. Unter Ordnung ist die Regelung dieser Bereiche durch die Religionsgemeinschaften zu verstehen[152]. Verwaltung meint indes den Vollzug sowie die Rechtsprechung in diesen Angelegenheiten[153]. Was aber sind „eigene Angelegenheiten"? Hilfreich ist ein Blick auf den Zweck der Norm. In der Weimarer Reichsverfassung zielte die Bestimmung darauf ab, die „eigenen Angelegenheiten" aus den staatlichen herauszulösen, um Staat und Kirche zu entflechten. Heute dient der Begriff überwiegend dazu, einen eigenen Bereich zu definieren, in dem die Religi-

---

sodass das Vorliegen einer Religionsgemeinschaft als Voraussetzung des Körperschaftstatus nicht im Rahmen der Verleihung überprüft worden sein kann.

149 BVerwGE 123, 49 (57 ff.).

150 Siehe *B. Gartner*, Der religionsrechtliche Status islamischer und islamistischer Gemeinschaften, 2011, S. 202.

151 *Heinig*, Religionsgemeinschaft/Religionsgesellschaft (Fn. 132), S. 22. Sauber trennend auch *Hennig*, Muslimische Gemeinschaften im Religionsverfassungsrecht (Fn. 144), S. 88 ff. Hinsichtlich der Respektierung der Verfassungsordnung des Grundgesetzes wohl auch BVerwG, NVwZ 2019, 236 (238).

152 Statt aller *v. Campenhausen/de Wall*, Staatskirchenrecht (Fn. 12), S. 101; *Korioth* (Fn. 125), § 16 Rn. 29.

153 *Ehlers* (Fn. 111), Art. 140/Art. 137 WRV Rn. 6; *Morlok* (Fn. 111), Art. 140/Art. 137 WRV Rn. 50.

onsgemeinschaften sich nach ihren Überzeugungen entfalten können[154]. Bei der näheren Bestimmung der eigenen Angelegenheiten sollte daher das Selbstverständnis der Religionsgemeinschaften zugrunde gelegt werden[155]. Eine Plausibilitätskontrolle schließt das nicht aus[156]. Trotz Differenzen über die Definitionskompetenz herrscht in weiten Teilen Einigkeit darüber, was zu den eigenen Angelegenheiten gerechnet werden muss[157]. Insbesondere die Bestimmung der religiösen Lehre, die Besetzung religiöser Ämter, die innere Organisation und das Mitgliedschaftsrecht sind eigene Angelegenheiten[158]. Zu den strittigen Feldern zählen das kirchliche Arbeitsrecht in seiner ganzen Reichweite und das weitere Wirken der Religionsgemeinschaften, z.B. in der Diakonie[159]. Nicht zu den eigenen Angelegenheiten gehören hingegen die Vorschriften, die den Rechtsstatus der Religionsgemeinschaften nach weltlichem Recht regeln[160].

Zwischen den eigenen Angelegenheiten der Religionsgemeinschaften und den staatlichen liegen die „gemeinsamen Angelegenheiten", die sogenannten *res mixtae*, in denen Staat und Religionsgemeinschaften Zu-

---

154 Instruktiv *Morlok* (Fn. 111), Art. 140/Art. 137 WRV Rn. 48 f. m.w.N. Hier passt der bekannte Satz von *R. Smend*: „wenn zwei Grundgesetze dasselbe sagen, so ist es nicht dasselbe", Staat und Kirche nach dem Bonner Grundgesetz, in: ZevKR 1 (1951), 4 (4).

155 BVerfGE 24, 236 (247 f.); 57, 220 (243 f.); 70, 138 (164 f.); 137, 273 (Leitsätze, 312 Rn. 106). Für die Maßgeblichkeit des Selbstverständnisses auch *A. Isak*, Das Selbstverständnis der Kirchen und Religionsgemeinschaften und seine Bedeutung für die Auslegung staatlichen Rechts, 1994, S. 143 ff.; *Morlok* (Fn. 111), Art. 140/Art. 137 WRV Rn. 49 f.; *Unruh* (Fn. 106), Art. 140/Art. 137 WRV Rn. 27; *G. Neureither* erkennt insoweit Parallelen zur allgemeinen Handlungsfreiheit in Art. 2 Abs. 1 GG, *ders.*, Erwiderung. Zu Bernhard Schlink JZ 2013, 209–219, in: JZ 2013, 1089 (1089 ff.); *H. D. Jarass*, in: ders./B. Pieroth (Begr.), Grundgesetz für die Bundesrepublik Deutschland. Kommentar, 16. Aufl. 2020, Art. 140 Rn. 9; *Czermak/Hilgendorf*, Religionsrecht (Fn. 111), Rn. 196. Für eine Definition durch den Staat grundlegend *J. Isensee*, Wer definiert die Freiheitsrechte?, 1980, S. 35: „Was der Staat nicht definieren kann, das kann er auch nicht schützen." In diese Richtung auch *Mückl* (Fn. 60), Art. 4 Rn. 135 f. (2021); *B. Schlink*, Die Angelegenheiten der Religionsgemeinschaften, in: JZ 2013, 209 ff.; grundsätzlich auch *Ehlers* (Fn. 111), Art. 140/Art. 137 Rn. 6.

156 BVerfGE 137, 273 (Leitsätze); darauf weisen auch hin *Korioth* (Fn. 125), § 16 Rn. 13 ff.; *Unruh* (Fn. 106), Art. 140/Art. 137 WRV Rn. 27. Zu möglichen Indizien siehe *Mückl* (Fn. 60), Art. 4 Rn. 130 (2021).

157 Dies stellen fest *v. Campenhausen/de Wall*, Staatskirchenrecht (Fn. 12), S. 102.

158 Statt aller *Morlok* (Fn. 111), Art. 140/Art. 137 WRV Rn. 51; *Unruh* (Fn. 106), Art. 140/Art. 137 WRV Rn. 29 ff.

159 Siehe hierzu *Schlink*, Angelegenheiten (Fn. 155), S. 211 ff.

160 Darauf weist hin *Unruh* (Fn. 106), Art. 140/Art. 137 WRV Rn. 28.

ständigkeiten in Anspruch nehmen. Staat und Religionsgemeinschaften konkurrieren hier nicht miteinander. Vielmehr handelt es sich um Bereiche, in denen der Staat eine Einrichtung schafft, aber bestimmte Felder aufgrund seiner religiösen Neutralität nicht selbst füllen kann[161]. Dies übernehmen die Religionsgemeinschaften[162]. Insofern darf der Begriff der *res mixtae* nicht so verstanden werden, dass Staat und Religionsgemeinschaften mit derselben Zielsetzung auf denselben Gebieten tätig würden, vielmehr erfüllen sie sich ergänzende, nicht aber deckungsgleiche Funktionen[163]. Erhellender als der Begriff „gemeinsame Angelegenheiten" ist es daher, wenn man von einem (verfassungsrechtlich gebotenen) Zusammenwirken von Staat und Religionsgemeinschaften spricht[164].

3. Funktion und Schranken des Selbstbestimmungsrechts

Das Selbstbestimmungsrecht hat keinen primär leistungsrechtlichen Charakter, sondern wirkt als Abwehrrecht gegen staatliche Beeinträchtigungen seines Schutzbereichs[165]. Neben den verfassungsimmanenten Schranken gilt nach dem Wortlaut des Art. 137 Abs. 3 S. 1 WRV die „Schranke des für alle geltenden Gesetzes"[166]. *Mutatis mutandis* ähnelt der Begriff dem „allgemeinen Gesetz" in Art. 5 Abs. 2 GG insoweit, als dass er solche Gesetze bezeichnet, die nicht gegen eine konkrete Religionsgemeinschaft gerichtet sind[167]. Die Formel wird überwiegend allerdings nicht als allgemeiner Gesetzesvorbehalt wie beispielsweise derjenige in Art. 5 Abs. 2 GG verstanden[168].

---

161 Vom Staat als „Unternehmer" sprechen insofern *v. Campenhausen/de Wall*, Staatskirchenrecht (Fn. 12), S. 196.

162 Von einer „früher unbekannten [...] Harmonie" sprechen in diesem Zusammenhang *v. Campenhausen/de Wall*, Staatskirchenrecht (Fn. 12), S. 102.

163 Statt aller *Classen*, Religionsrecht (Fn. 17), Rn. 121. Den Begriff *res mixtae* findet aufgrund der getrennten und nicht vermischten Aufgaben irreführend *Ehlers* (Fn. 111), Art. 140/Art. 137 WRV Rn. 2. Überwiegend wird der Begriff allerdings für rein deskriptiv und damit unproblematisch gehalten, siehe nur *v. Campenhausen/de Wall*, Staatskirchenrecht (Fn. 12), S. 196; *Morlok* (Fn. 111), Art. 140/Art. 137 WRV Rn. 25.

164 Dies schlägt insbesondere vor *Unruh* (Fn. 106), Art. 140/Art. 141 WRV Rn. 6.

165 Statt aller *Morlok* (Fn. 111), Art. 140/Art. 137 WRV Rn. 54.

166 *Morlok* (Fn. 111), Art. 140/Art. 137 WRV Rn. 59.

167 *Unruh* (Fn. 106), Art. 140/Art. 137 WRV Rn. 41; *Korioth* (Fn. 106), Art. 140/Art. 137 WRV Rn. 48 (2003); *Morlok* (Fn. 111), Art. 140/Art. 137 WRV Rn. 61.

168 BVerfGE 42, 312 (333 f.); 137, 273 (312 Rn. 106).

Nicht jedes Gesetz, das das Kriterium der „Allgemeinheit“ erfüllt, kann das Selbstbestimmungsrecht zugunsten eines beliebigen anderen Gutes einschränken[169]. Welche zusätzlichen Anforderungen bestehen, ist aber umstritten[170]. Einige differenzieren danach, ob die betroffenen eigenen Angelegenheiten dem inneren Bereich der Religionsgemeinschaft zuzuordnen sind oder ob sie in einem äußeren Bereich liegen, in dem die Religionsgemeinschaften staatliches Recht und Rechte Dritter berühren. In den inneren Bereich dürfe der Staat nicht einwirken, in den äußeren durchaus[171]. Die Rechtsprechung hat sich zunächst vor allem dieser „Bereichslehre“ angeschlossen, später aber auch vermehrt einen anderen in der Literatur vertretenen Ansatz herangezogen, der darin besteht, zwischen dem Grad des Eingriffs in das Selbstbestimmungsrecht auf der einen und dem Schutz des entgegenstehenden Rechtsguts auf der anderen Seite abzuwägen[172], wobei teilweise auch auf dieser Stufe das Selbstverständnis berücksichtigt wird[173].

III. Das Verbot der Staatskirche und die religiös-weltanschauliche Neutralität des Staates

In Art. 137 Abs. 1 WRV heißt es schlicht: „Es besteht keine Staatskirche.“ Diese Vorschrift wird nicht nur als Abkehr vom historischen landesherrlichen Kirchenregiment verstanden, sondern vielmehr als allgemeines Verbot einer institutionellen Verflechtung von Staat und Kirche[174]. Das Ver-

---

169 BVerfGE 42, 312 (333 f.); 137, 273 (312 Rn. 106); *Morlok* (Fn. 111), Art. 140/Art. 137 WRV Rn. 62.

170 Erhellende Darstellung bei *Morlok* (Fn. 111), Art. 140/Art. 137 WRV Rn. 62 ff.

171 In diese Richtung BVerfGE 18, 385 (387 f.); 42, 312 (333 f.). Kritisch *Korioth* (Fn. 125), § 16 Rn. 43 f.

172 Sog. Abwägungslehre. In BVerfGE 137, 273 (Leitsätze) postuliert das Bundesverfassungsgericht beispielsweise die Abwägung; weitere Nachweise für Rechtsprechung im Sinne der Bereichs- und Abwägungslehre bei *Morlok* (Fn. 111), Art. 140/Art. 137 WRV Rn. 82 Fn. 189. Ungeachtet weiterer Differenzierungen ist die Abwägungslehre die ganz herrschende Meinung im Schrifttum, statt aller *Borowski*, Glaubensfreiheit (Fn. 113), S. 604 ff.; *Unruh* (Fn. 106), Art. 140/Art. 137 WRV Rn. 47 ff.

173 Sog. Wechselwirkungslehre. Für eine Güterabwägung, aber gegen eine erneute Berücksichtigung des Selbstverständnisses sprechen sich aus *Czermak/Hilgendorf*, Religionsrecht (Fn. 111), Rn. 203.

174 Statt aller *v. Campenhausen/de Wall*, Staatskirchenrecht (Fn. 12), S. 90; *Korioth* (Fn. 106), Art. 140/Art. 137 WRV Rn. 5 (2003).

bot der Staatskirche kann man auch positiv, d.h. als eine Anerkennung der Selbstsbestimmung der Religionsgemeinschaften lesen: Sie sind frei von staatlicher Aufsicht[175]. Diese Anerkennung bedeutet aber nicht, dass die Religionsgemeinschaften aus staatlicher Perspektive (und diese allein ist für die Betrachtung weltlichen Rechts maßgeblich) als gleichgeordneter Souverän neben dem Staat wahrgenommen werden würden, vielmehr sind sie der verfassungsrechtlichen Ordnung unterworfene Organisationen[176].

Durch das Verbot der Staatskirche ist es dem Staat verwehrt, sich mit einzelnen Religions- oder auch Weltanschauungsgemeinschaften zu identifizieren, sich religiöse oder weltanschauliche Inhalte zu eigen zu machen oder sein Handeln nach religiösen Vorstellungen auszurichten[177]. Der Staat verfolgt im Gegenteil allein weltliche Zwecke[178]. Er soll vor „unmittelbarer [...] religionsgemeinschaftlicher Einflussnahme" frei sein[179]. Umgekehrt hat er sich der Bewertung von *Glaubensinhalten* zu enthalten, was allerdings nicht bedeutet, dass er nicht auf das *Wirken* der Religionsgemeinschaften reagieren dürfte[180]. Diese Aspekte werden unter das Gebot der religiös-weltanschaulichen Neutralität des Staates gefasst. Das Neutralitätsgebot ist nicht ausdrücklich im Grundgesetz festgehalten, ergibt sich aber aus der Zusammenschau der im Grundgesetz enthaltenen religiösen Freiheits- und Gleichheitsrechte sowie dem Verbot der Staatskirche[181].

---

175 *Unruh* (Fn. 106), Art. 140/Art. 137 WRV Rn. 2 und 7; siehe auch *v. Campenhausen/de Wall*, Staatskirchenrecht (Fn. 12), S. 91 ff.

176 Siehe nur *Mückl*, Europäisierung (Fn. 5), S. 274 f. Noch in der jungen Bundesrepublik wurde hingegen die „Koordinationslehre" in Literatur und Rechtsprechung erstaunlich oft vertreten, der zu Folge Kirche und Staat gleichgeordnet seien und voneinander abgrenzbare Zuständigkeitsbereiche haben, siehe hierzu und weiteren Positionen der Nachkriegszeit *Walter*, Religionsverfassungsrecht (Fn. 51), S. 189 ff.; siehe auch *Unruh* (Fn. 106), Art. 140 Rn. 17.

177 *Morlok* (Fn. 111), Art. 140/Art. 137 WRV Rn. 20; *Mückl*, Trennung und Kooperation (Fn. 104), S. 53.

178 *Morlok* (Fn. 111), Art. 140 Rn. 37; *Mückl*, Trennung und Kooperation (Fn. 104), S. 53.

179 *Unruh* (Fn. 106), Art. 140/Art. 137 WRV Rn. 2 u. 7; siehe auch *v. Campenhausen/de Wall*, Staatskirchenrecht (Fn. 12), S. 90.

180 Hierauf weist u.a. hin *Classen*, Religionsrecht (Fn. 17), Rn. 122.

181 Zuerst in BVerfGE 19, 206 (216). Von „weltanschaulicher Neutralität" wird bereits in BVerfGE 12, 1 (4) gesprochen, von der „religiösen und konfessionellen Neutralität" des Staates in BVerfGE 18, 385 (386); siehe auch *C. Walter*, Neutralität des Staates, in: Pirson/Rüfner/Germann/Muckel, HSKR I (Fn. 18), § 18 Rn. 9 ff., 48. *Mückl* geht hingegen davon aus, dass sich die Neutralität des Staates bereits „zwangsläufig" aus der Säkularität des deutschen Staates ergebe,

Hieraus entsteht eine Leitidee, es wird ein „Ideal" für das Verhältnis zwischen staatlicher Gewalt und Religion formuliert[182]. Das Neutralitätsgebot ist ein – wenn nicht *der* – wesentliche Baustein des deutschen Religionsverfassungsrechts[183]. Gleichzeitig sind sein Inhalt und sein Zusammenspiel mit den anderen religionsverfassungsrechtlichen Normen schwer zu bestimmen[184].

In ihrer Wirkung kann die Neutralität des Staates zwei Richtungen einschlagen[185]. Denkbar ist auf der einen Seite eine distanzierende bis religionsfeindliche Neutralität, die das Vordringen des Religiösen in den öffentlichen Raum unterbindet. Auf der anderen Seite kann die religiösweltanschauliche Neutralität auch so verstanden werden, dass der Staat alle Religionen und Weltanschauungen gleichermaßen zulässt. Entlang dieser grundsätzlichen Linien verläuft die Diskussion um die Auslegung des grundgesetzlichen Neutralitätsgebots. Geht man von einer Pflicht zur distanzierenden Neutralität aus, ist damit die Notwendigkeit verbunden, die Normen des Grundgesetzes, die Religion im öffentlichen und staatlichen Raum zulassen, als Ausnahmen zum Neutralitätsgebot zu verstehen[186]. Als solche wären die Kooperationsnormen begründungsbedürftig, sodass bei misslingender Rechtfertigung auf Basis kollidierender Rechte und Rechtsgüter „verfassungswidriges Verfassungsrecht" die Folge sein könnte[187]. Problematisch an einem die Trennung betonenden Verständnis

---

das Bundesverfassungsgericht aber „zusätzlich" die Religionsfreiheit und die Gleichheit aller vor dem Gesetz heranziehe, *ders.*, Grundlagen (Fn. 3), § 159 Rn. 67; ähnlich *Unruh* (Fn. 106), Art. 140/Art. 137 WRV Rn. 6.

182 So *Walter* (Fn. 181), § 18 Rn. 48.

183 *Waldhoff* nennt sie „Eine das gesamte Religionsrecht beherrschende Übernorm", *ders.*, Religionskonflikte (Fn. 121), S. 42 f.

184 „Angelpunkt des staatskirchenrechtlichen Gesamtsystems" ist das Verständnis der religiös-weltanschaulichen Neutralität daher für *H. M. Heinig*, Verschärfung der oder Abschied von der Neutralität, in: JZ 2009, 1136 (1136).

185 Siehe nur *E. Bornemann*, Die religiös-weltanschauliche Neutralität des Staates, 2020, S. 124 ff.

186 *E. Fischer* schreibt: „In der Verfassung angelegte Abweichungen vom Trennungsprinzip sind als Ausnahmen eng auszulegen" in *ders.*, Volkskirche ade! Trennung von Staat und Kirche, 4. Aufl. 1993, S. 99. Für Ausnahmen (wenn auch nicht systemwidrige) halten die Kooperationsnormen auch *Czermak/Hilgendorf* (Fn. 111), Religionsrecht, Rn. 159. Als Art. 137 Abs. 1 WRV vorgehende und damit nicht rechtfertigungsbedürftige Spezialregelungen ordnet die Kooperationsnormen hingegen etwa ein *Morlok* (Fn. 98), Art. 140/Art. 137 WRV Rn. 25.

187 In diese Richtung *Fischer*, Volkskirche ade! (Fn. 186), S. 119 ff. (bzgl. Religionsunterricht als ordentliches Lehrfach), 159 (bzgl. Kirchensteuer); *M. Kleine*, Insti-

ist seine „demokratietheoretisch schwierig[e]“ Stoßrichtung[188]. Es löst den Neutralitätsbegriff von den Konturen, die das Grundgesetz dem Religionsverfassungsrecht gibt, und lagert ihn somit der Verfassung vor[189]. Dieser Neutralitätsbegriff kann nur durch, wenn nicht religiöse, so doch weltanschauliche Grundannahmen geprägt sein[190]. Die verfassunggebende Gewalt wäre an ein Neutralitätsverständnis ohne jede Änderungsmöglichkeit gebunden[191]. Zu befürworten ist daher, die Neutralität nicht in das Grundgesetz hinein-, sondern vielmehr aus ihm herauszulesen[192]. So verstanden gestaltet das Grundgesetz – in Abgrenzung zu laizistischen Systemen, die die Trennung als eigenständiges Ziel, als „Selbstzweck“[193] verfolgen – seine eigene Form der Trennung und variiert je nach Situation die einzuhaltende Distanz zwischen Staat und Religion[194]. Teilweise schwindet diese sogar so weit, dass der Staat durch das Grundgesetz verpflichtet wird, positiv, d.h. religionsfördernd, die Voraussetzungen für eine Ausübung der Re-

---

tutionalisierte Verfassungswidrigkeiten im Verhältnis von Staat und Kirchen unter dem Grundgesetz 1993, S. 150 f.; hinsichtlich des Körperschaftstatus *G. Schmidt-Eichstaedt*, Kirchen als Körperschaften des öffentlichen Rechts?, 1975, S. 107 ff. Zur Gegenposition siehe nur *Korioth* (Fn. 106), Art. 140/Art. 137 WRV Rn. 65 (2003).

188 *Waldhoff*, Religionskonflikte (Fn. 121), S. 45.

189 So *Korioth* (Fn. 106), Art. 140 Rn. 31 (2015). Für unkritisch scheint dies jedoch zu halten *S. Huster*, Neutralität ohne Inhalt?, in: JZ 2010, 354 ff.

190 Auch der Laizismus ist schließlich eine Weltanschauung, dies arbeitet an einem Beispiel heraus *H. M. Heinig*, „Säkularismus“ und „Laizismus“ als Anfragen an das säkulare Religionrecht in Deutschland (2012), in: ders. (Hrsg.), Die Verfassung der Religion, 2014, S. 146 (148 ff.). Vgl. zum Begriff der „Weltanschauung“ unter dem Grundgesetz noch *C. Mertesdorf*, Weltanschauungsgemeinschaften, 2008, S. 86 ff.

191 Vor der von ihm erkannten „ungeahnten Eigendynamik“ in der Praxis warnt daher *Waldhoff*, Religionskonflikte (Fn. 121), S. 45. Vor einer „Verselbstständigung“ des Neutralitätsgebots warnt auch *Heinig*, Neutralität (Fn. 184), S. 1137.

192 Diese Richtung schlagen auch ein *B. Grzeszick*, Islamischer Religionsunterricht an öffentlichen Schulen, in: ZevKR 62 (2017), 362 (376); *Heinig*, Neutralität (Fn. 184); in Reaktion auf *Husters* Beitrag, Neutralität ohne Inhalt? (Fn. 189), *ders.*, Verschleierte Neutralität, in: JZ 2010, 357 ff.; *Morlok* (Fn. 98), Art. 140/Art. 137 WRV Rn. 25; *Mückl*, Grundlagen (Fn. 3), § 159 Rn. 67.

193 *M. Germann*, Trennung von Staat und Kirche, in: H. M. Heinig/H. Munsonius (Hrsg.), 100 Begriffe aus dem Staatskirchenrecht, 2. Aufl. 2015, S. 298 ff. (299 f.).

194 Siehe *Germann* (Fn. 50), § 7 Rn. 37; *Grzeszick*, Religionsunterricht (Fn. 192), S. 376. *Mückl* warnt davor das Verbot der Staatskirche als Gebot „der“ Trennung von Staat und Kirche zu lesen. Es handele sich vielmehr um das Gebot „einer“ Trennung, *ders.*, (Fn. 104), S. 53 f. *Unruh* (Fn. 106), Art. 140/Art. 137 WRV Rn. 2 spricht von einer „grundsätzlichen“ in Abgrenzung zu einer „strikten“ Trennung von Staat und Kirche.

ligionsfreiheit, wie beispielsweise in der Anstaltsseelsorge, zu schaffen[195]. Die Zusammenarbeit des Staates mit den Religionsgemeinschaften hat hierbei allerdings in den – durchweg institutionellen – Formen stattzufinden, die vom Grundgesetz erlaubt und angestrebt werden[196]. Wichtig ist insbesondere, dass bei den „gemeinsamen Angelegenheiten" die jeweiligen Aufgaben des Staates und die der Religionsgemeinschaften klar voneinander unterschieden werden können.

Unter Berücksichtigung der Religion in den staatlichen Raum zulassenden Normen ergibt sich insgesamt ein offenes, religionsfreundliches Verständnis der Neutralität[197]. Dieses Neutralitätsgebot genießt keine unbedingte Vorrangstellung[198]. Vielmehr gilt das Prinzip der praktischen Konkordanz[199]. Auch wenn man von einer offenen, religionsfreundlichen Neutralität des Grundgesetzes ausgeht, wäre eine striktere Trennung bei entsprechender Rechtfertigung auf der Basis von kollidierendem Verfassungsrecht also durchaus zulässig[200].

Ihrer Grundkonzeption nach wirkt die Neutralität des Staates friedensstiftend, da sie einen staatlichen Bereich schafft, in dem jeder unabhängig von seinen persönlichen religiösen oder weltanschaulichen Überzeugungen ganz Staatsbürger sein kann[201]. Sie hilft idealerweise über Glaubens-

195 BVerfGE 108, 282 (300); aus der Literatur siehe nur *Ehlers* (Fn. 111), Art. 140/ Art. 137 WRV Rn. 2.

196 *Mückl*, Grundlagen (Fn. 3), § 159 Rn. 63.

197 Die Neutralität des Staates „ist indes nicht als eine distanzierende im Sinne einer strikten Trennung von Staat und Kirche, sondern als eine offene und übergreifende, die Glaubensfreiheit für alle Bekenntnisse gleichermaßen fördernde Haltung zu verstehen", BVerfGE 108, 282 (300). Zustimmend *v. Campenhausen/de Wall*, Staatskirchenrecht (Fn. 12), S. 96 f.; *Kästner* (Fn. 15), Art. 140/ Art. 137 WRV Rn. 263 (März 2010).

198 Die normative Wirkung des Neutralitätsgebots als solchem zieht in Zweifel *Grzeszick*, Religionsunterricht (Fn. 192), S. 376.

199 *Morlok* (Fn. 111), Art. 140 Rn. 37.

200 Zu diesem Schluss kommt *Heinig*, Säkularismus und Laizismus (Fn. 190), S. 156. Beispielsweise ist für das Bundesverfassungsgericht der „mit zunehmender religiöser Pluralität verbundene gesellschaftliche Wandel" eventuell „Anlass zu einer Neubestimmung des zulässigen Ausmaßes religiöser Bezüge in der Schule", BVerfGE 108, 282 (309). Dies interpretiert *Heinig* als eine Erweiterung der religionspolitischen Handlungsmöglichkeiten, a.a.O. Auch eine stärker abgrenzende Trennung von Staat und Kirche scheint vor diesem Hintergrund möglich.

201 *Morlok* (Fn. 111), Art. 140 Rn. 36. Die friedenstiftende Wirkung betonen auch *Waldhoff*, Religionskonflikte (Fn. 121), S. 43; *Dreier*, Religionsverfassung (Fn. 104), S. 1014 f.

unterschiede hinweg und ermöglicht jedem gleichermaßen die Teilhabe am Staat. Indem sich der Staat mit keiner Religion oder Konfession identifiziert, kann er „Heimstatt aller Staatsbürger“ sein[202]. Zugleich wird die allgemeine Akzeptanz staatlicher Gesetze gefördert[203]. Nicht verbindend, sondern spaltend könnte Neutralität aber wirken, wenn der Staat sich bei der Beurteilung religiös motivierten Verhaltens so sehr zurückhielte, dass die Verschiedenheit mehr statt weniger sichtbar werden würde oder gar die Allgemeingültigkeit der Rechtsordnung Schaden nähme[204]. In jedem Fall wächst die Bedeutung des Neutralitätsgebotes bei der Lösung religionsverfassungsrechtlicher Streitfragen in Zeiten religiöser Pluralisierung[205].

IV. Parität

Das Grundgesetz verbietet an verschiedenen Stellen und in verschiedenen Situationen die Ungleichbehandlung aufgrund der Religionszugehörigkeit[206]. Hieraus wird ein Paritätsgebot abgeleitet, das in einer engen Beziehung zur Glaubensfreiheit, sowie zur religiös-weltanschaulichen Neutralität des Staates steht[207]. Inhaltlich verlangt das Paritätsgebot die rechtliche Gleichbehandlung von natürlichen Personen und Religionsgemeinschaften unabhängig von ihrer religiösen Überzeugung[208]. Das Paritätsgebot ist dogmatisch mit Art. 3 Abs. 1 GG vergleichbar. So zwingt es nicht dazu,

---

202 BVerfGE 19, 206 (216).

203 *Morlok* (Fn. 111), Art. 140 Rn. 36, Art. 140/Art. 137 WRV Rn. 21.

204 „Staatliche Neutralität besteht eben nicht in der beliebigen Zulassung und additiven Auffächerung religiös-weltanschaulicher Verschiedenheit, sondern im bewussten und konsequenten Absehen von dieser Art Verschiedenheit“ schreibt *Dreier*, Religionsverfassung (Fn. 104), S. 1015.

205 *Morlok* (Fn. 111), Art. 140 Rn. 36. *Waldhoff* stellt in Frage, ob ein ursprünglich zur Überbrückung von Konfessionsunterschieden erdachtes Konzept für die nun zunehmenden Religionsunterschiede ebenso tragfähig ist, *ders.* Religionskonflikte (Fn. 121), S. 43. Neue Aufgaben für den Staat in innerreligiösen Konflikten auf der Basis des Neutralitätsgebots erkennt *G. Sydow*, Moderator im Glaubensstreit: Der neutrale Staat in ungewohnter Rolle, in: JZ 2009, 1141 ff.

206 Diese religionsverfassungsrechtlichen Gleichheitsrechte individueller und korporativer Art finden sich in Art. 3 Abs. 3, Art. 33 Abs. 2 und 3 GG sowie Art. 140 GG i.V.m. Art. 136 Abs. 1 und 2 WRV.

207 *Morlok* (Fn. 111), Art. 140 Rn. 40; *Unruh*, Religionsverfassungsrecht (Fn. 3), § 4 Rn. 106.

208 *Unruh*, Religionsverfassungsrecht (Fn. 3), § 4 Rn. 106.

ungeachtet aller Unterschiede sämtlichen Religionsgemeinschaften strikt die gleichen Vor- und Nachteile angedeihen zu lassen[209]. Aus sachlichen Gründen kann und muss teilweise sogar zwischen den Religionsgemeinschaften differenziert werden, denn auch eine Gleichbehandlung von Ungleichem wäre unzulässig[210]. Mögliche Differenzierungskriterien sind „die Größe, die soziale Bedeutung oder der Grad an öffentlicher Wirksamkeit [...], nicht aber der Inhalt des Bekenntnisses oder der bloße Gesichtspunkt der Tradition“[211]. In der Verfassung selbst angelegt und somit zulässig sind die Unterscheidung zwischen Religionsgemeinschaften mit und ohne Körperschaftstatus[212] und die Existenz konfessionsgebundener Staatsämter in der Anstaltsseelsorge, dem Religionsunterricht und an den theologischen Fakultäten, bei deren Besetzung die Konfessionszugehörigkeit zur Voraussetzung gemacht wird und insofern als Unterscheidungskriterium dient[213]. Mit Rücksicht auf die weltanschaulich-religiöse Neutralität des Staates darf aber niemals nach Glaubensinhalten differenziert werden[214]. Eine Ungleichbehandlung mit Blick auf den religiösen Kernstatus einer Religionsgemeinschaft ist verboten[215]. Das Gleichbehandlungsgebot kann insofern als gestuft bezeichnet werden[216].

V. Zusammenfassung

Insgesamt stellt sich das Religionsverfassungsrecht des Grundgesetzes, wie auch schon das der Weimarer Reichsverfassung, als eine „jegliche Extreme vermeidende Konzeption“ dar[217]. Einerseits wird über das Verbot der Staatskirche die institutionelle Verflechtung von Staat und Kirche verboten, andererseits werden bestehende Formen des Zusammenwirkens beibehalten und als Ausdruck der Parität für alle Religionsgemeinschaften

209 Siehe nur *Classen,* Religionsrecht (Fn. 17), Rn. 128.

210 Siehe *Mückl,* Grundlagen (Fn. 3), § 159 Rn. 74. *Unruh* (Fn. 106), Art. 140 Rn. 34.

211 *Mückl,* Grundlagen (Fn. 3), § 159 Rn. 74.

212 *Classen,* Religionsrecht (Fn. 17), Rn. 128. Diesbezüglich wird auch von „zweistufiger Parität“ gesprochen, siehe *Unruh,* Religionsverfassungsrecht (Fn. 3), § 4 Rn. 106.

213 *Unruh,* Religionsverfassungsrecht (Fn. 3), § 4 Rn. 106.

214 Von „Begründungsverboten“ spricht insofern *Unruh,* Religionsverfassungsrecht (Fn. 3), § 4 Rn. 106.

215 *Classen,* Religionsrecht (Fn. 17), Rn. 129; *Korioth* (Fn. 106), Art. 140/Art. 137 WRV Rn. 69 (2003).

216 So *Mückl,* Glrundlagen (Fn. 3), § 159 Rn. 75 ff.

217 *Mückl,* Trennung und Kooperation (Fn. 104), S. 44.

geöffnet. Der Staat ist religiös-weltanschaulich neutral und ermöglicht gleichzeitig Religionsgemeinschaften unter dem Schutz einer extensiv ausgelegten Religionsfreiheit in der Öffentlichkeit zu wirken. Hinsichtlich ihrer Funktion lassen sich die inkorporierten Vorschriften der Weimarer Reichsverfassung als „weltliches Rahmenrecht" begreifen, dass Religionsgemeinschaften nach ihren religiösen Vorstellungen ausfüllen können[218]. Das deutsche Religionsverfassungsrecht ist so keineswegs nur durch sich ergänzende, gleichlaufende Prinzipien geprägt, sondern steht unter einer gewissen Grundspannung zwischen Trennung und Kooperation[219].

B. Grundlegendes zum Verhältnis von Staat und Religion im Vereinigten Königreich

Das eigene Religionsverfassungsrecht wird in der englischen Rechtswissenschaft seit längerem eher stiefmütterlich behandelt. Oft wird es auf die fortbestehenden Elemente der *established church* reduziert, die vielfach als Relikte eines unzeitgemäßen Systems gekennzeichnet werden, das wegen der schwindenden Bedeutung der *Church of England* aber kein ernstzunehmendes Problem mehr darstellt[220]. Der pittoreske Umstand, dass eine *established church* besteht, sollte allerdings nicht dazu verleiten, die übrigen Facetten des englischen Religionsverfassungsrechts zu vernachlässigen.

---

218 Treffend *M. Heckel,* Religionsfreiheit und Staatskirchenrecht in der Rechtsprechung des Bundesverfassungsgerichts (2001), in ders. (Hrsg.), Gesammelte Schriften. Staat – Kirche – Recht – Geschichte, Bd. V, 2004, S. 303 (307).; aufgegriffen u.a. durch *Unruh* (Fn. 106), Art. 140 Rn. 8.

219 Statt aller *Unruh* (Fn. 106), Art. 140 Rn. 11. Das bekannteste Ergebnis des Versuchs, die komplexe Konzeption unter eine prägnante Formel zu fassen, ist wohl die auf *U. Stutz* zurückgehende „hinkende Trennung", *ders.,* Die päpstliche Diplomatie unter Leo XIII. nach den Denkwürdigkeiten des Kardinals Domenico Ferrata, 1926, S. 54 Fn. 2. Zu dieser und weiteren Betitelungen siehe auch *K. Bielitz,* Kurzbegriffe zur Kennzeichnung des Verhältnisses von Staat und Kirche nach dem Grundgesetz, in: ZevKR 29 (1984), 103 (106 ff.) sowie überblicksweise *Unruh* (Fn. 106), Art. 140 Rn. 16.

220 Zum Beispiel habe vor dem Human Rights Act 1998 Religionsfreiheit in wichtigen Werken zum britischen Verfassungsrecht entweder nur am Rand oder überhaupt keine Beachtung gefunden, moniert *J. Rivers,* The Secularisation of the British Constitution, in: Ecclesiastical Law Journal 14 (2012), 371 (371 f.), dessen Werk Organized Religions (Fn. 60) zugleich eine bemerkenswerte Ausnahme ist. Eine ähnliche Feststellung trifft u.a. *M. Hill,* Judicial Approaches to Religious Disputes, in: R. O'Dair/A. Lewis (Hrsg.), Law and Religion, Oxford 2001, S. 409 (409).

Sie prägen die rechtliche Position der Religionsgemeinschaften, auch der *Church of England*, in der Praxis oft in viel entscheidenderer Hinsicht. Nach einem kurzen Überblick über die Besonderheiten, die die *Church of England* betreffen, wenden wir uns deshalb zügig dem Platz der Religionsfreiheit im englischen Recht und seinem Blick auf Religionsgemeinschaften zu.

I. Establishment: Die Church of England

Die *Church of England* ist die *established church* des Vereinigten Königreichs[221]. Praktisch bedeutet dies, dass Staat und Kirche über alle drei Gewalten miteinander verwoben sind[222]. Wenn man auf die Legislative blickt, sieht man, dass *qua* ihres Amtes 26 Bischöfe der Church of England als stimmberechtigte *Lords Spiritual* Mitglieder des *House of Lords* sind, der zweiten Kammer des britischen Parlaments[223]. Umgekehrt ist auch die kirchliche Gesetzgebung keineswegs frei von staatlichem Einfluss. Ganz im Gegenteil, das Kirchenrecht der anglikanischen Kirche ist zum großen

---

221 Die *Church of Scotland* ist ebenfalls *established*, in dem Sinne, dass sie eine Sonderstellung im Recht Schottlands hat. Gleichzeitig wird sie aber nicht von Staatsorganen geführt, sondern ist im Gegenteil eine Kirche mit besonders stark abgesicherter Selbstbestimmung, siehe *C. Munro*, Does Scotland Have an Established Church?, in: Ecclesiastical Law Journal 4 (1997), 639 ff. Zur Schwäche von *establishment* als Kategorie siehe auch *Rivers*, Organized Religions (Fn. 60), S. 324 ff.

222 *Mückl*, Europäisierung (Fn. 5), S. 93. Zum Wandel der Bedeutung des Begriffs *established* von der Bezeichnung einer dominanten Staatsreligion hin zur Markierung einer Sonderstellung der betroffenen Religionsgemeinschaft als Subjekt und Objekt im staatlichen Recht siehe *Rivers*, Organized Religions (Fn. 60), S. 322 ff.

223 Einige Bischöfe haben immer einen Sitz im *House of Lords*, nämlich die Erzbischöfe von Canterbury und York und die Bischöfe von London, Durham und Winchester. Die übrigen 21 Sitze, die Bischöfen zustehen, werden nach dem Senioritätsprinzip verteilt. Siehe *P. Edge*, Religious Remnants in the Composition of the United Kingdom Parliament, in: O'Dair/Lewis, Law and Religion (Fn. 220), S. 443 (446 ff.). Zur Arbeitsweise der *Lords Spiritual* siehe auch *M. Hill/R. Sandberg/N. Doe*, Religion and Law in the United Kingdom, Alphen an de Rijn 2011, S. 107 ff. Teilweise wird argumentiert, die Bischöfe im House of Lords sicherten die anglikanische Repräsentanz im Ausgleich zum fehlenden passiven Wahlrecht für ordinierte Mitglieder der Church of England im House of Commons seit dem House of Commons (Clergy Disqualification) Act 1801, siehe hierzu *V. Bogdanor*, The Monarchy and the Constitution, Oxford 1997, S. 216.

Teil allgemein gültiges staatliches Recht[224]. Die Verknüpfung von Staat und Kirche zeigt sich auch darin, dass in der englischen Rechtswissenschaft Staatskirchenrecht und Kirchenrecht nicht unterschieden, sondern unter dem Begriff *ecclesiastical law* zusammengefasst werden[225]. Die Generalsynode der *Church of England* übt die Gesetzgebung in diesem Bereich nicht als eigene, sondern als vom Parlament delegierte Kompetenz aus[226]. Sie beschließt *Measures*, die die Kraft eines allgemeinen Gesetzes haben und deshalb nicht nur des *Royal Assent*, d.h. der königlichen Zustimmung, sondern auch der Zustimmung beider Kammern des Parlaments bedürfen[227]. In den *Measures* kann die *General Synod* zum Erlass von *Canons* ermächtigt werden, die nur des *Royal Assents* bedürfen[228]. So wie die kirchlichen Gesetze staatliches Recht sind, sind auch die kirchlichen Gerichte Teil der ordentlichen Gerichtsbarkeit. Die *Church of England* ist auch selbst kein eigenständiges, vom englischen Staat losgelöstes Konstrukt: Sie hat keine Rechtspersönlichkeit und kann daher nicht Partei eines Gerichtsverfahrens sein[229]. Auch hinsichtlich der Führungspersönlichkeiten gibt es wechselseitige Interdepenzen. Die Königin ist zugleich als deren *Supreme Governor* das Oberhaupt der anglikanischen Kirche. Beispielsweise ernennt der Monarch als Kirchenoberhaupt die Bischöfe auf Vorschlag des Premierministers[230]. Die Krönung findet in Westminster Abbey, d.h. in

---

224 Im Englischen wird das hier angesprochene Recht als *law of the land* bezeichnet.

225 So auch *L. Bloss*, Cuius religio – EU ius regio? Komparative Betrachtung europäischer staatskirchenrechtlicher Systeme, status quo und Perspektiven eines europäischen Religionsverfassungsrechts, 2008, S. 79.

226 Der Church of England Assembly (Powers) Act 1919 delegierte die Befugnis, Kirchenangelegenheiten zu regeln, zunächst auf das Kirchenorgan *Church of England Assembly*. Das Gesetz ist als „Enabling Act“ bekannt. 1970 übernahm die *General Synod* diese Aufgabe und Kompetenz, zu den historischen Hintergründen *C. Podmore*, Self-Government without Disestablishment. From the Enabling Act to the General Synod, in: Ecclesiastical Law Journal 21 (2009), 312 (312 ff.).

227 *D. McClean* sieht hierin das hervorstechendste Merkmal der *Church of England* als *established church*, *ders.*, The Changing Legal Framework of Establishment, in: Ecclesiastical Law Journal 7 (2004), 292 (298).

228 Zur Vertiefung siehe *N. Doe*, The Legal Framework of the Church of England, Oxford 1996, S. 17 ff.

229 Hierauf weist hin *McClean*, The Changing Legal Framework of Establishment (Fn. 227), S. 298; siehe auch *M. Hill*, Ecclesiastical Law, 4. Aufl. Oxford 2018, Rn. 1.01 m.w.N.

230 Bis 1976 hatte die Church of England gar keine formelle Rolle bei der Ernennung von Bischöfen, wie *Bogdanor* berichtet, *ders*, The Monarchy and the Constitution (Fn. 223), S. 226.

einer Kirche statt. Zentraler Teil der Zeremonie ist die Salbung des Souveräns durch Bischöfe. Die Monarchin schwört hierbei auch als *Defender of the Faith* (lateinisch *defensor fidei*) den Schutz der anglikanischen Kirche. Allerdings hat der Thronfolger Prinz Charles erklärt, dass er bei seiner Krönung stattdessen den Titel „*Defender of Faith*" annehmen will, um zu betonen, dass er allen Untertanen gleich welcher Konfession gleichermaßen verpflichtet ist[231]. Ein solcher Titel wäre keineswegs mit der Funktion als Oberhaupt der anglikanischen Kirche unvereinbar. Denn die *Church of England* selbst hat traditionellerweise das Selbstbild und teilweise auch tatsächlich die rechtliche Pflicht, eine Kirche für alle Engländer zu sein. Jeder Engländer hat etwa – unabhängig von seiner Religionszugehörigkeit – das Recht, in der örtlichen Kirche zu heiraten und auf dem dazu gehörigen Friedhof bestattet zu werden[232]. Im Oberhaus, aber auch in den Feldern, die in den folgenden Kapiteln untersucht werden sollen, hat es sich die *Church of England* zudem zur Aufgabe gemacht, für alle Konfessionen zu sprechen[233].

Zusammenfassend lassen sich in ihrer heutigen, stark zurückgedrängten Form zwei Funktionen der *Church of England* erkennen: Zum einen gibt sie dem Staat und der Monarchie einen Überbau, der weitgehend symbolisch, aber gerade bei offiziellen Veranstaltungen deutlich sichtbar ist[234]. Zum anderen verhindert die Existenz einer *established church*, dass Religion als rein private Angelegenheit verstanden und damit aus der Öffentlichkeit und allem Staatlichen gedrängt wird[235]. Rufe nach einem *disestablishment* kommen weniger von anderen Religionsgemeinschaften, die teilweise sogar für eine Beibehaltung des *establishments* eintreten, sondern vielmehr von kleinen Gruppierungen innerhalb der anglikanischen Kirche, die sich mehr Freiheit für ihre Kirche wünschen, sowie von säkularistischen Vereinigungen[236]. Auch wenn die Frage vor allem angesichts einer immer pluraleren Gesellschaft und des sich verändernden Stellenwerts von Religion weiterhin diskutiert wird, wird sie überwiegend nicht mehr als so virulent

231 Siehe hierzu *Bogdanor*, The Monarchy and the Constitution (Fn. 223), S. 230.

232 Dies betont *Hill*, Ecclesiastical Law (Fn. 229), Rn. 1.21; siehe auch *Bogdanor*, The Monarchy and the Constitution (Fn. 223), S. 231.

233 Siehe hierzu *Hill/Sandberg/Doe*, Religion and Law (Fn. 223), S. 108.

234 So *Rivers*, Secularisation (Fn. 220), S. 375.

235 *S. Monsma/K. d. Dulk/C. Soper*, The Challenge of Pluralism. Church and State in Six Democracies, Lanham u.a., 3. Aufl. 2017, S. 159, 168 f.; *Rivers*, Organized Religions (Fn. 60), S. 344 f.; kritisch *Edge*, Remnants (Fn. 223), S. 451 ff.

236 So *Bogdanor*, Monarchy (Fn. 223), S. 229 m.w.N.

wie etwa noch zu Beginn des 20. Jahrhunderts wahrgenommen[237]. Unter anderem mag dies daran liegen, dass die wesentlichen Akteure ihr Verhalten in der Praxis so verändert haben, dass sich die Unterschiede zwischen der Behandlung der *Church of England* auf der einen und den anderen Religionsgemeinschaften auf der anderen Seite mehr und mehr abschwächen, wobei im geschriebenen Recht in weiten Teilen noch keine Gleichstellung stattgefunden hat[238]. Teilweise wird argumentiert, dass, auch wenn nur wenige faktisch hiervon profitieren dürften, eine Änderung dieser Regelungen in einem immer pluraleren England einen hohen symbolischen Wert haben würde[239].

II. Religionsfreiheit im englischen Verfassungsrecht

Nicht nur hinsichtlich der Existenz einer *established church* unterscheidet sich das englische Religionsverfassungsrecht sehr stark vom deutschen. Auch die Religionsfreiheit wirkt anders. Dies hängt auch mit den Besonderheiten des in entscheidenden Teilen ungeschriebenen Verfassungsrechts zusammen, in dem die Menschenrechte erst seit der Jahrtausendwende als solche verankert sind und eine andere Stellung haben als auf dem Kontinent. Grund dafür ist nicht allein der Umstand, dass die Verfassung gerade durch den Umstand, dass sie ungeschrieben ist, gleichermaßen durch althergebrachte Prinzipien und ständigen Wandel geprägt ist[240]. Auch die inhaltlichen Eigenheiten der Verfassung führen – im Vergleich zum europäischen Festland – zu anderen Rahmenbedingungen für die Verankerung von Menschenrechten[241]. Um die Art der Gewährleistung

237 Siehe hierzu *Bogdanor*, Monarchy (Fn. 223), S. 229 f.

238 Beispielsweise ist es üblich geworden, die Träger hoher religiöser Ämter als *life peers* in das *House of Lords* zu berufen, ohne dass hierauf allerdings ein Anspruch bestünde, *Edge*, Remnants (Fn. 223), S. 446 f.

239 So etwa *Edge*, Remnants (Fn. 223), S. 454 f.

240 Eine vollständige Kodifikation der Verfassungsgesetze wäre daher immer nur eine „Momentaufnahme“ wie *G. Sydow* feststellt, *ders.*, Parlamentssuprematie und *Rule of Law*. Britische Verfassungsreformen im Spannungsfeld von *Westminster Parliament*, *Common-Law*-Gerichten und europäischen Einflüssen, 2005, S. 9 f.

241 Wenig hilfreich ist dabei, dass die britischen Verfassungsrechtler sich oftmals eher auf eine Beschreibung des gegenwärtigen Systems beschränken, anstatt die Verfassung in ihrer Gesamtheit wirklich zu erklären und eine Rechtfertigung für jeden ihrer Bestandteile zu finden, wie *A. King* beklagt, The British Constitution, Oxford 2007, S. 350 f.

und die Funktionsweise der Religionsfreiheit als Menschenrecht im britischen Recht für einen Leser nachvollziehbar zu machen, dessen Denken der kontinentalen Verfassungstradition entstammt, sollte man daher etwas weiter ausholen.

1. Struktureller Rahmen des britischen Verfassungsrechts

Das Verfassungsrecht des Vereinigten Königreichs lässt sich mangels geschriebener Verfassung im formellen Sinn nur materiell vom übrigen Recht abgrenzen[242]. Es besteht aus ungeschriebenen und geschriebenen Teilen, die grundsätzlich jederzeit abänderbar sind[243]. Schon seit Jahrhunderten prägen allerdings zwei Prinzipien die ungeschriebene britische Verfassung: Die *rule of law* und die *parliamentary supremacy*[244].

Das Konzept der *rule of law* (Herrschaft des Rechts) enthält mehrere Aussagen[245]. Das Element hiervon, das wohl am ehesten dem landläufi-

---

242 Die damit verbundenen Abgrenzungsprobleme beschreibt *Mückl*, Europäisierung (Fn. 5), S. 75 f.

243 Seit Ende 1990er Jahren befindet sich die britische Verfassung in einem Veränderungsprozess von nie da gewesenem Umfang. Zahlreiche Gesetze haben die Verfassung an den verschiedensten Stellen reformiert und z.B. den Teilstaaten des Vereinigten Königreichs mehr Autonomie verschafft. Siehe hierzu *Sydow*, Parlamentssuprematie (Fn. 240), S. 49 ff. Wichtige Beispiele für diese Reformen finden sich auch bei *A. Fröhlich*, Von der Parlamentssouveränität zur Verfassungssouveränität. Der britische Verfassungswandel am Beispiel des Human Rights Act 1998, 2009, S. 19 Fn. 9. Angesichts der kaum durchschaubaren Mischung aus Alt und Neu bezeichnet *King* die aktuelle britische Verfassung als „*a mess*“ [ein Durcheinander], wobei er Wert darauflegt, dass dies keineswegs abwertend gemeint sei, sondern nur objektiv den Stand der Dinge beschreibe. Abgesehen davon sei auch nicht jedes Durcheinander schlecht: „*After all some people like messes, and there is even a famous pudding, said to be adored by English public school boys, called Eton mess*“ [Schließlich mögen manche Leute Durcheinander und es gibt sogar einen berühmten Nachtisch, den englische Privatschüler angeblich lieben, namens *Eton Mess*], *ders.*, Constitution (Fn. 241), S. 345.

244 Grundlegend *A. Dicey*, Lecture V. The Rule of Law: Its Nature, in: ders. (Hrsg.), Lectures Introductory to the Study of the Law of the Constitution, London 1885, S. 167 (167). Auch heute noch werden beide Prinzipien als maßgeblich anerkannt, wie sich in den einschlägigen Werken zum britischen Verfassungsrecht zeigt. Siehe nur: die ersten beiden Kapitel in: J. Jowell/D. Oliver/C. O'Cinneide (Hrsg.), The Changing Constitution, 8. Aufl. Oxford 2015.

245 *Dicey*, der bedeutende Verfassungsrechtler des 19. Jahrhunderts, maß der *rule of law* drei Bedeutungsgehalte zu: Erstens verstand er die *rule of law* als die Vorherrschaft der Gesetze vor jeglicher staatlichen Willkür und zu weit gefass-

gen Verständnis entspricht, ist *legality* (Gesetzmäßigkeit). *Legality* bedeutet nach englischem Verständnis zweierlei[246]: Der Staat darf nur im Rahmen dessen handeln, wozu ihn ein Gesetz oder eine (ungeschriebene) Regel ermächtigt[247]. Und: Jeder Bürger darf tun, was nicht gesetzlich verboten ist und die Rechte anderer nicht verletzt[248]. Hierin besteht seine sogenannte Residualfreiheit (*residual liberty*)[249]. Nach traditionellem englischem Verständnis leiten sich hieraus die Freiheiten des einzelnen Bürgers (*civil liberties*) ab, die der Staat zu respektieren hat[250]. Tief im britischen Rechtsverständnis verankert und ursprünglich ausgesprochen fortschrittlich ist damit die rechtliche Vermutung für die Freiheit des Einzelnen (*presumption of liberty*) als Kernelement der *rule of law*[251]. Die *rule of law* bleibt ein schwer greifbares Konzept, das als „*principle of institutional morality*"[252] Parlament und Gerichte dazu anhalten soll, die Freiheit der Bürger vor

---

tem Ermessen. Zweitens bedeutete die *rule of law* für ihn Gleichheit vor dem Gesetz und zwar unabhängig von Rang und Namen. Idealerweise sollten alle Streitigkeiten, auch öffentlich-rechtlicher Art vor die ordentlichen Zivilgerichte gebracht werden können. Drittens fasste er auch einen vielleicht überraschenden Aspekt unter die *rule of law*: Die Ableitung der ungeschriebenen Verfassung aus dem geschriebenen und gesprochenen Recht. Zu finden in: *ders.*, Rule of Law (Fn. 244), S. 215 f. Das heutige Verständnis der *rule of law* entspricht nicht mehr ganz dem historischen. Nach *J. Jowell*, The Rule of Law, in: ders./Oliver/O'Cinneide, Constitution (Fn. 244), S. 13–37 (20 ff.) schließt die *rule of law* nunmehr ein: das Gesetzmäßigkeitsprinzip (*legality*), das Gesetzlichkeitsprinzip (*certainty*), Gleichheit vor dem Gesetz (*equality*) sowie die Rechtsweggarantie und das Recht auf rechtliches Gehör (*access to justice and rights*). Obwohl es Parallelen gibt, ist die *rule of law* keineswegs mit dem deutschen Rechtsstaatsprinzip gleichzusetzen.

246 *Jowell*, Rule of Law (Fn. 245), S. 20 f.

247 Zum Zusammenspiel mit dem Human Rights Act siehe auch *D. Feldman*, The Human Rights Act 1998 and Constitutional Principles, in: Legal Studies 19 (1999), S. 165 (196).

248 Ähnliche Verbürgungen (wenn auch für einen eingeschränkten Personenkreis) finden sich bereits in der Magna Carta von 1215, siehe *C. O'Cinneide*, Human Rights and the UK Constitution, in: Jowell/Oliver/ders., Constitution (Fn. 244), S. 67 (69 f.).

249 *S. Foster*, Human Rights & Civil Liberties, Harlow 2008, S. 89.

250 *A. Lester/K. Beattie*, Human Rights and the British Constitution, in: J. Jowell/D. Oliver (Hrsg.), The Changing Constitution, 6. Aufl., Oxford 2007, S. 59 (61).

251 Mit historischen Bezügen leitet dies her *O'Cinneide*, Human Rights (Fn. 248), S. 69 ff.

252 So *Jowell*, Rule of Law (Fn. 245), S. 27. Im Human Rights Act sieht *Feldman* eine Sicherung der ungeschriebenen Werte und Regeln, deren Beachtung angesichts des Einzugs von Ökonomisierung und Individualismus auch in die Politik immer weniger vorausgesetzt werden könne. Umso wichtiger sei es geworden, den

allem durch Selbstbeschränkung im jeweils gebotenen Maß zu berücksichtigen[253]. Nach klassischem Verständnis sicherte die Einhaltung der *rule of law* durch das Parlament und die Behörden die Freiheiten der Bürger in hinreichender Weise, so dass auf die positive Verbürgung eben dieser Rechte verzichtet werden konnte[254]. Dementsprechend waren traditionell nur einzelne Rechte als sogenannte *rights* verschriftlicht und tatsächlich gerichtlich durchsetzbar[255].

Obwohl viele Vordenker der Menschenrechte aus dem Vereinigten Königreich stammen, schien die Idee, dass sich alles staatliche Handeln an ihnen messen lassen muss, den britischen Juristen lange nicht nur wegen der *rule of law* obsolet, sondern sogar inkompatibel mit dem britischen Rechtssystem zu sein[256]. Grund hierfür ist das zweite angesprochene Konzept, das zentral für das britische Verfassungsrecht ist: Die *parliamentary supremacy* (Parlamentssouveränität). Zentrale Aussage der *parliamentary supremacy* ist, dass nur das aktuelle Parlament über Einführung und Aufhebung von Gesetzen beschließen kann und bei dieser gesetzgeberischen Tätigkeit vollkommen frei und ohne Beschränkungen sein soll[257]. Menschenrechte

---

Rahmen für staatliches Handeln nun tatsächlich festzuschreiben. *ders.*, Human Rights Act (Fn. 247), S. 166 ff.

253 *Jowell*, Rule of Law (Fn. 245), S. 27 ff. m.w.N.

254 Die bei der Einschränkung bürgerlicher Freiheiten durch die *rule of law* gebotene, letztendlich aber nirgends verbindlich festgeschriebene Zurückhaltung des Parlaments geriet insbesondere in Situationen, in denen es um die nationale Sicherheit ging, immer wieder ins Wanken. Dies traf besonders Minderheiten. Das Funktionieren des Schutzes der persönlichen Freiheiten ohne jegliche positive Verankerung allein durch die Existenz parlamentarischer Gesetzgebungsprozesse zieht daher mit zahlreichen Beispielen aus der jüngeren Geschichte in Zweifel *O'Cinneide*, Human Rights (Fn. 248), S. 71 f.

255 Eine kurze, eingängige Unterscheidung der Begriffe findet sich bei *A. v. Ungern-Sternberg*, Religionsfreiheit in Europa, 2008, S. 152 ff.

256 Zum Wandel des englischen (Menschen-)Rechteverständnisses im Laufe der Jahrhunderte *B. Dickson*, Human Rights and the United Kingdom Supreme Court, Oxford 2013, S. 17 ff.

257 Insofern lässt sich von einer positiven und einer negativen Komponente der *parliamentary supremacy* sprechen: In positiver Hinsicht ist das Parlament frei, jedes von ihm gewünschte Gesetz zu verabschieden, ohne dabei durch geschriebenes oder ungeschriebenes Recht eingeschränkt zu sein. In negativer Hinsicht bedeutet die *parliamentary supremacy*, dass nichts und niemand über die Gültigkeit von Gesetzen entscheiden kann als das Parlament allein. Hierzu und zu weiteren zentralen Merkmalen der *parliamentary supremacy* aufschlussreich *Fröhlich*, Parlamentssouveränität (Fn. 243), S. 44 ff.; für einen hilfreichen Überblick siehe *Sydow*, Parlamentssupprematie (Fn. 240), S. 7 ff. Zum Zusammenspiel der *parliamentary supremacy* mit den Prinzipien des *common law* siehe *M. Elliott*, The

entfalten hingegen die Wirkung, die ihrer grundsätzlichen Idee entspricht, nur, wenn sie – wie in kontinentaleuropäischen Verfassungen – über den einfachen Gesetzen stehen. Ihnen widersprechende Gesetze können durch Gerichte aufgehoben werden, sie selbst sind nur erschwert abänderbar. Vor dem Hintergrund der Parlamentssouveränität ist kein Platz für eine Gesetzeshierarchie. Kein Gesetz genießt einen höheren Schutz als das andere, auch wenn in ihm Menschenrechte als *rights* verbürgt oder verfassungsrechtliche Grundsätze normiert sein sollten[258]. Alles andere würde die *parliamentary supremacy* beschneiden: Das aktuelle Parlament wäre nicht mehr vollkommen frei, sondern ein Stück weit an die Entscheidungen eines früheren Parlaments gebunden[259]. In England würde es als undemokratisch angesehen, wenn nichtgewählte Richter Parlamentsgesetze für nichtig erklären könnten, die von einem demokratisch gewählten und damit höher legitimierten Parlament geschaffen worden sind[260]. Mit der Parlamentssouveränität geht eine relativ weite Einschätzungsprärogative einher, die die Gerichte dem Gesetzgeber zubilligen. Gerichte sollen möglichst keine politischen Fragen entscheiden, also auch nicht den Bedeutungsgehalt von Rechten definieren. Insgesamt zeigt sich ein stark von der kontinentalen Sichtweise abweichendes Verständnis von Rechten des Einzelnen und ihrer Verteidigung gegenüber staatlichem Handeln.

Vor dem Hintergrund dieser speziellen Verfassungsstruktur wird es verständlicher, dass das Vereinigte Königreich die EMRK 1951 zwar ratifizierte, ein Individualklagerecht für britische Bürger aber zunächst ausschloss. Erst fünfzehn Jahre später schuf die Regierung diese Möglichkeit. Dem Thema wurde zu diesem Zeitpunkt keine große Bedeutung mehr beigemessen, denn vermeintlicherweise hatte die kleine Zahl der Prozesse vor dem EGMR gezeigt, dass dieser keine große Bedeutung entwickeln würde[261]. Ohne großes Aufsehen wurde auf diese Weise eine gewaltige Neue-

---

Principle of Parliamentary Sovereignty in Legal, Constitutional, and Political Perspective, in: Jowell/Dawn/O'Cinneide, Constitution (Fn. 244), S. 38 (54 ff.).

258 Statt aller *Foster*, Human Rights & Civil Liberties (Fn. 249), S. 89. Daher werden Individualrechte auch nicht als *fundamental rights* (Grundrechte) oder *constitutional rights* (Verfassungsrechte) bezeichnet, weil dies implizieren würde, dass sie über dem übrigen Recht stehen, worauf *v. Ungern-Sternberg* hinweist, Religionsfreiheit (Fn. 255), S. 153.

259 Dementsprechend zentral ist der *lex-posterior*-Grundsatz *(doctrine of implied repeal)*.

260 Siehe etwa im White Paper des *Secretary of State for the Home Department*, Rights Brought Home: The Human Rights Bill, 2017, Rn. 2.13.

261 Die Frage wurde in der Regierung nicht weiter diskutiert. Eine Beteiligung des Parlaments wurde nicht für nötig erachtet und auch eine Befragung der

rung in das englische Rechtssystem eingeführt[262]: Unabhängig davon, ob Behörden, Gerichte oder gar das Parlament gehandelt haben, kann seither jede staatliche Maßnahme des Vereinigten Königreichs vor den EGMR gebracht werden und auf ihre Konformität mit der EMRK überprüft werden. Ein Verstoß hat zwar nicht die Nichtigkeit der Maßnahme zur Folge, wohl aber drohen Konsequenzen auf internationaler Ebene bis hin zum Ausschluss aus dem Europarat.

2. Schutz der Religionsfreiheit vor dem Human Rights Act

Anders als dem EGMR blieb den britischen Gerichten vor der Einführung des Human Rights Act 1998 die Überprüfung staatlichen Handelns auf die Verletzung der Konventionsrechte hin weiterhin nicht möglich. Es dauerte nämlich noch lange, bis die EMRK in nationales Recht umgesetzt wurde[263]. Die Gerichte konnten im Wesentlichen nur entscheiden, ob sich behördliches Handeln auf eine Rechtsgrundlage stützen ließ und ob die Behörde die Verfahrensvorschriften eingehalten hatte[264]. Die Religionsfreiheit gehörte hingegen nicht zu den Rechten, die als *rights* positiv verankert waren, und damit staatlichem Handeln vor Gericht entgegengehalten werden konnten[265]. Dies bedeutet freilich nicht, dass religiöse Diskriminierung und Unterdrückung vor Inkrafttreten des Human Rights Act im Jahr 2000 an der Tagesordnung gewesen wären[266].

Die Geschichte des schrittweisen Abbaus von Einschränkungen der Religionsfreiheit geht – trotz einiger bedeutsamer Rückschritte – bis in die frühe Neuzeit zurück[267]. Bereits der Toleration Act 1689 gewährte nichtanglikanischen Protestanten eigene Gotteshäuser und Lehrer. Mitte des

---

Öffentlichkeit, ein im Vereinigten Königreich übliches Verfahren, wurde nicht durchgeführt, *Lester/Beattie*, Human Rights (Fn. 250), S. 63 m.w.N.

262 Von einer folgenschweren Entscheidung (*„this decision [...] was momentous“*) spricht *O'Cinneide*, Human Rights (Fn. 248), S. 78; *Lester/Beattie*, Human Rights (Fn. 250), S. 64.

263 *M. Arden*, Human Rights and European Law, Oxford 2015, S. 24.

264 So *O'Cinneide*, Human Rights (Fn. 248), S. 72 f.

265 Statt aller *Monsma/Soper*, Pluralism (Fn. 235), S. 173.

266 Vielmehr zeigt sich der britische Pragmatismus z. B. im Umgang mit dem Kopftuch muslimischer Schülerinnen: Dieses wurde ohne großes Aufsehen unter der Maßgabe erlaubt, dass es farblich mit der Schuluniform zusammenpasst. Hierauf weisen hin *Monsma/Soper*, Pluralism (Fn. 235), S. 175 f.

267 Instruktiv ist insbesondere die Darstellung bei *S. Knights*, Freedom of Religion, Minorities and the Law, Oxford 2007, Rn. 1.05 ff.

19. Jahrhunderts waren schließlich die meisten direkten und indirekten rechtlichen Diskriminierungen der damals im Vereinigten Königreich vertretenen, nicht-anglikanischen Religionsgemeinschaften abgebaut[268]. Zu Beginn des 20. Jahrhunderts waren so gut wie alle Gesetze abgeschafft, die einzelne Teilausprägungen der Religionsausübung verboten, jedoch ohne dass ein positives Recht auf Religionsfreiheit oder ein Diskriminierungsverbot eingeführt worden wären[269]. Die Religionsangehörigkeit wurde allerdings in einer immer säkularer werdenden Gesellschaft als zunehmend weniger wichtig angesehen. Als im 20. Jahrhundert mehr und mehr Menschen aus den Ländern des früheren Empires immigrierten, ging man davon aus, dass ein gesetzlicher Schutz vor ethnischer Diskriminierung ausreichend sein würde und vernachlässigte die religiöse Dimension[270]. Als in den Jahren danach doch zunehmend Probleme im Zusammenhang mit der Religionszugehörigkeit auftraten, unternahmen die Gerichte teilweise kreative Klimmzüge: Zum Beispiel betrachteten sie bestimmte Religionsgemeinschaften (Sikhs und Juden) als Ethnien, um so eine nicht justiziable religiöse Benachteiligung in eine verfolgbare rassistische Diskriminierung umdefinieren zu können[271]. Dies war durchaus gewagt und nicht bei allen Religionsgemeinschaften gleichermaßen möglich[272]. Um besonderen religiösen Bedürfnissen gerecht zu werden, wurden eine Reihe von Ausnahmevorschriften für spezielle Einzelfälle geschaffen[273]. Daneben kam rechtliche Diskriminierung durch in Vergessenheit geratenes und kaum noch angewandtes geschriebenes und ungeschriebenes Recht ans Licht,

---

268 Als Beispiele dieser Entwicklung lassen sich zum Beispiel die Öffnung der Universitäten für Angehörige aller Religionsgemeinschaften, die Schaffung von staatlichen Standesämtern und die Abschaffung der kirchlichen Gerichtsbarkeit über zivilrechtliche Fälle nennen. Diese und weitere Beispiele finden sich bei *Rivers*, Secularisation (Fn. 220), S. 374 f.

269 Auf die damit verbundenen Probleme weist hin *Knights*, Freedom of Religion (Fn. 267), Rn. 2.09 ff.

270 Siehe nur *J. Beckford/S. Gilliat*, Religion in Prison, Cambridge 1998, S. 3 m.w.N.; *Rivers*, Secularisation (Fn. 220), S. 377. Kraftvolles Mittel zum Schutz vor ethnischer Diskriminierung wurde der Race Relations Act 1976.

271 Vor allem aus deutscher Sicht ist diese Vorgehensweise zum Schutz von Minderheiten erstaunlich.

272 Diesen Zustand als unbefriedigend bezeichnet u.a. *Knights*, Freedom of Religion (Fn. 267), Rn. 2.21.

273 Hierzu gehört z. B. die Ausnahme von der Helmtragepflicht für Sikhs in Road Traffic Act 1988, s.16 (2). Dieses und weitere Beispiele finden sich bei *v. Ungern-Sternberg*, Religionsfreiheit (Fn. 255), S. 166 f. Siehe auch *Mückl*, Europäisierung (Fn. 5), S. 82 f.

als religiöse Muslime sich – vergeblich – auf das allein den christlichen Glauben schützende Blasphemieverbot des *common law* berufen wollten[274].

Nicht nur im Bereich der Religionsfreiheit, sondern besonders auch bei der Privatsphäre und anderen in der EMRK anerkannten Rechten offenbarten sich die Lücken der den britischen Bürgern zugebilligten *rights* in Aufsehen erregenden Gerichtsverfahren immer wieder[275]. Das Fehlen eines britischen Äquivalents zum EGMR wurde mit der wachsenden Zahl der Verfahren vor dem EGMR, auch gegen das Vereinigte Königreich, sichtbarer und der Wunsch nach einem Schutz der in der EMRK garantierten Rechte auch durch die heimischen Gerichte drängender[276]. Mit der Zeit wurden die Gerichte bei der Auslegung ihrer eigenen Befugnisse und damit auch der Überprüfung staatlichen Handelns mutiger[277]. Immer mehr nahm der Menschenrechtsgedanke Einzug ins britische Richterrecht. Ab den 1990er Jahren entwickelte sich eine eigene *common law rights jurisprudence*. Inspiriert von der Konvention fanden britische Gerichte Äquivalente zu Rechten der EMRK im *common law,* die sie *fundamental constitutional rights* nannten[278]. Die Richter verabschiedeten sich damit von ihrer

274 Als Salman Rushdie seine „Satanischen Verse" veröffentlichte, fühlten sich Muslime in ihren religiösen Gefühlen verletzt, es gab aber für sie keinen Weg, rechtlich gegen Rushdie vorzugehen. Die Proteste gegen die „Satanischen Verse" werden allgemein als Schlüsselereignis betrachtet, siehe nur: *Rivers,* Secularisation (Fn. 220), S. 378.

275 Siehe hierzu *Sydow,* Parlamentssuprematie (Fn. 240), S. 53 f.; *O'Cinneide,* Human Rights (Fn. 248), S. 74 f., 78; *Knights,* Freedom of Religion (Fn. 267), Rn. 2.10 ff.

276 *O'Cinneide* spricht in diesem Zusammenhang von einem *„growing disenchantment with the Diceyan constitutional orthodoxy"* [einer wachsenden Ernüchterung bezüglich der von Dicey geprägten reinen Verfassungslehre], *ders.,* Human Rights (Fn. 248), S. 74.

277 *King* schreibt: *„They have effectively rewritten their own brief so that it now encompasses not only procedural due process but substantive due process"* [Sie (die Richter) haben im Endeffekt ihren Auftrag neu gefasst, so dass er nun nicht mehr nur die formelle Rechtmäßigkeit des Verfahrens einschließt, sondern auch die materielle Rechtmäßigkeit], *ders.,* Constitution (Fn. 240), S. 346. Ähnlich, aber etwas vorsichtiger *A. Bradney,* Religion and Law in Great Britain at the End of the Second Christian Millenium, in: P. Edge (Hrsg.), Law and Religion in Contemporary Society, Aldershot 2002, S. 17 (22 f.).

278 Dazu zählen *Lester/Beattie* z.B. die Meinungsäußerungsfreiheit und Justizgrundrechte, *dies.,* Human Rights (Fn. 250), S. 65 f. m.w.N. Es ist allerdings kaum möglich eine abschließende Liste der *rights* des *common law* zu erstellen. Denn es herrscht keine Einigkeit, sondern im Gegenteil die größtmögliche Meinungsvielfalt in der Frage, welche Rechte genau dazugezählt werden, siehe *B. Hale,* UK Constitutionalism on the March?, in: Judicial Review 19 (2014), 201 (201f.).

traditionellen Zurückhaltung und nahmen eine deutlich aktivere Rolle in der Kontrolle staatlichen Handels ein[279]. In dieser Entwicklung wird – wie im später hinzukommenden Human Rights Act – eine bedeutende Annäherung an den kontinentaleuropäisch geprägten Konstitutionalismus gesehen[280].

3. Der Human Rights Act

Der wachsende Druck intensivierte die Debatte über die Übernahme der EMRK-Rechte ins englische Recht und führte schließlich im Jahr 1998 zur Verabschiedung des Human Rights Acts, der 2000 in Kraft trat. In Sch. 1 Part I Art. 9 dieses Gesetzes wurden die Religionsfreiheit und in Art. 14 das Verbot der religiösen Diskriminierung erstmals ausdrücklich im britischen Recht verankert.

a) Funktionsweise des Human Rights Act

Die Einfügung der dem kontinentalen Verständnis folgenden Menschenrechte in das mit ihnen aus den dargelegten Gründen eigentlich nicht kompatible britische System war eine Herausforderung[281]. Ohne die Kernpunkte der britischen Verfassung aus den Angeln zu heben, hätte der Gesetzgeber die EMRK nicht einfach im Inland in dergleichen Weise wie auf

---

Die Frage, welche Rechte genau umfasst sind und wie weit deren Schutzbereiche sind, ist Gegenstand einer auch nach Einführung des Human Rights Act 1998 fortlaufenden Entwicklung, siehe hierzu auch *O'Cinneide*, Human Rights (Fn. 248), S. 79 ff.

279 Die Gerichte überprüfen seither zusätzlich zum bisherigen Prüfungsumfang, ob die Lösungen des Staates geeignet und vertretbar sind, wie *King*, Constitution (Fn. 240), S. 346 schreibt. Bei der Auslegung der Gesetze gingen die Gerichte davon aus, dass das Parlament den Behörden nicht die Befugnis erteilen wollte, die (neu entdeckten) Grundrechte des *common law* zu verletzen, wie *O'Cinneide* erläutert, Human Rights (Fn. 248), S. 79.

280 Hierauf weist hin *King*, Constitution (Fn. 240), S. 149. Auch in den Urteilen des Supreme Court zum Brexit-Geschehen zeigt sich ein verstärkt in diese Richtung weisendes Selbstverständnis der höchsten Richter, wie *F. Meinel* anschaulich und prägnant erläutert, *ders.*, Wer im Ausnahmezustand entscheidet, ist nicht souverän, F.A.Z. v. 26.9.2019, S. 11.

281 Eine kurze, eingängige Beschreibung dieses Aufeinandertreffens zweier Systeme liefert *Fröhlich*, Parlamentssouveränität (Fn. 243), S. 135.

europäischer Ebene für anwendbar erklären können[282]. Stattdessen ist der Human Rights Act bemüht, die in der EMRK garantierten Rechte zwar gegenüber anderen Parlamentsgesetzen herauszuheben, sie aber gleichzeitig so in das britische Verfassungsgeflecht zu integrieren, dass dieses mit seinen Charakteristika, insbesondere der Parlamentssouveränität, weiter bestehen kann[283].

Im Ergebnis stellt der Human Rights Act eine Mischung aus kontinental-europäischem Gedankengut unter Berücksichtigung britischer Strukturprinzipien dar[284]. Das Parlament kann ohne formelle Einschränkung der *parliamentary supremacy* den Human Rights Act wie ein einfaches Gesetz verändern oder sogar aufheben und ihm widersprechende Gesetze verabschieden, ohne dass ein Gericht diese auf der Grundlage aufheben könnte, dass sie nicht mit dem Human Rights Act vereinbar sind[285].

---

282 Dies stellt z.B. *Feldman* fest, *ders.*, Human Rights Act (Fn. 247), S. 169. Es wäre daher zu kurz gegriffen und missverständlich, wenn man ohne weitere Erläuterung schriebe, dass der Human Rights Act „die EMRK in die britische nationale Rechtsordnung inkorporiert" und die „Religionsfreiheit als Grundrecht garantiert" habe, so aber *Bloss*, Cuius religio – EU ius regio? (Fn. 225), S. 95. Der Human Rights Act übernimmt erstens nicht die gesamte EMRK, sondern nur weite Teile ihres ersten Abschnitts, in dem die Rechte und Freiheiten verbürgt sind. Zweitens haben die übernommen Konventionsrechte im nationalen Recht des Vereinigten Königreichs eben nicht die Vorrangstellung, die ihnen auf europarechtlicher Ebene zukommt. Bemerkenswert ist auch, dass die gesetzgebende Gewalt nicht an die Konventionsrechte gebunden ist, Human Rights Act 1998, s. 6 (3). Daher spricht sich gegen derartige Formulierungen auch aus *Foster*, Human Rights & Civil Liberties (Fn. 249), S. 109 f.

283 Wieder einmal findet *King* ein sehr anschauliches Bild für diese Lösung: *„They did not attempt to square the circle. Instead, they retained both the square and the circle and super-imposed the one on the other"* [Sie haben nicht die Quadratur des Kreises versucht. Stattdessen haben sie beides behalten, das Quadrat und den Kreis, und lassen sie sich gegenseitig überlagern], Constitution (Fn. 241), S. 131.

284 Von einem „Mittelweg" spricht *Fröhlich*, Parlamentssouveränität (Fn. 243), S. 292. Die gefundene Lösung bezeichnet als *„compromise" Feldman*, Human Rights Act (Fn. 247), S. 179.

285 Unter formalen Gesichtspunkten ist auch für *A. Kavanagh* der Human Rights Act ein einfaches Gesetz, allerdings erkennt sie in ihm doch höheres Recht, und zwar aus folgenden Gründen: Erstens müssen alle Gesetze, die vor und nach dem Human Rights Act erlassenen, konform mit den in ihm enthaltenen Rechten ausgelegt werden. Zweitens gilt im Rahmen des Human Rights Act die *doctrine of implied repeal* [lex-posterior-Grundsatz] nicht. Weder werden Gesetze, die gegen den Human Rights Act verstoßen, unwirksam, noch wird er durch ihm entgegenstehende Gesetze außer Kraft gesetzt. Obwohl der Human Rights Act keine früheren Gesetze als *lex posterior* unanwendbar macht, wirkt der Human Rights Act nicht schwächer als andere Gesetze, weil dieser *implied repeal*

Das Parlament ist selbst nicht an die Konventionsrechte gebunden, wie ausdrücklich aus dem Human Rights Act hervorgeht[286]. Die Einhaltung des Human Rights Acts durch das Parlament ist eher „politisch" abgesichert[287]. Jeder Minister, der ein Gesetz in eine der beiden Kammern des Parlaments einführt, muss eine Erklärung darüber abgeben, ob das Gesetz seines Erachtens mit dem Human Rights Act vereinbar ist oder nicht[288]. Diese Pflicht hat Warnfunktion[289].

Unmittelbar bindet der Human Rights Act die Verwaltung und die Gerichte. Allen *public authorities* ist es verboten, in einer Weise zu handeln, die mit den Konventionsrechten unvereinbar ist[290]. Außerdem muss jegliches nationale Recht unabhängig von seinem Entstehungszeitpunkt so weit wie möglich konform mit den übernommenen Konventionsrechten ausgelegt werden[291]. An zentraler Stelle wacht die Rechtsprechung über die Wahrung der Konventionsrechte. Die höchsten Gerichte des Vereinigten Königreichs können ein Gesetz für unvereinbar mit dem Human Rights Act erklären (sog. *declaration of incompatibility*), wenn eine EMRK-

durch die im Human Rights Act selbst vorgesehenen Abhilfemöglichkeiten bei Menschenrechtsverstößen ersetzt wird. Stärker wirkt der Human Rights Act in der Hinsicht, dass er nicht durch späteres ihm zuwiderlaufendes Recht außer Kraft gesetzt wird. Er kann anders als andere Gesetze nur explizit geändert werden, *dies.*, Constitutional Review under the UK Human Rights Act, Cambridge 2009, S. 293 ff.; ähnlich *Feldman*, Human Rights Act (Fn. 247), S. 178 ff.; zurückhaltender *O'Cinneide*, Human Rights (Fn. 248), S. 82.

286 Human Rights Act 1998, s. 6 (3).

287 So auch *Sydow*, Parlamentssuprematie (Fn. 240), S. 57.

288 Diese Erklärung wird *statement of compatibility* genannt, Human Rights Act 1998, s. 19. Sie kann auch als Interpretationshilfe für das betroffene Gesetz von den Gerichten herangezogen werden, *Feldman*, Human Rights Act (Fn. 247), S. 183 f.

289 *Fröhlich*, Parlamentssouveränität (Fn. 243), S. 134. Gleichzeitig soll dadurch einer Verschiebung der politischen Diskussion vom Parlament auf die Gerichte ein Stück weit vorgebeugt werden. Durch die *declaration of compatibility* prüft das Parlament selbst die Vereinbarung mit den Menschenrechten und übernimmt die vorrangige Verantwortlichkeit, wie *Feldman* erläutert, *ders.*, Human Rights Act (Fn. 247), S. 168 und 183.

290 Human Rights Act 1998, s. 6.

291 Human Rights Act 1998, s. 3 (1): „*So far as it is possible to do so, primary legislation and subordinate legislation must be read and given effect in a way which is compatible with the Convention rights.*" Hierzu gehören auch die durch das Parlament beschlossenen *Measures* der *Church of England*, siehe *Hill*, Ecclesiastical Law (Fn. 229), Rn. 1.25 f.

konforme Auslegung des Gesetzeswortlauts scheitert[292]. Dabei müssen sie die Rechtsprechung aus Straßburg berücksichtigen, ihr aber nicht unbedingt folgen[293]. Diese Unvereinbarkeitserklärung zieht aber nicht die Nichtigkeit des Gesetzes nach sich, es bleibt – auch im konkreten Rechtsstreit – gültig, anwendbar und durchsetzbar[294]. Es handelt sich vielmehr um eine Aufforderung an das Parlament, Abhilfe zu schaffen, indem es das Gesetz durch ein neues Gesetz ändert oder aber in einem vereinfachten Verfahren (*remedial order*) an die Erfordernisse des Human Rights Act anpasst. Damit wird die *Parliamentary Sovereignty* gewahrt[295]. Der Gesetzgeber wird nämlich rechtlich in keiner Weise gebunden, tatsächlich eine Anpassung vorzunehmen[296]. Stattdessen entsteht politischer Druck von verschiedenen Seiten. Auf nationaler Ebene kommt potenziell Druck von der Wählerschaft, denn eine *declaration of incompatibility* rückt das jeweilige Gesetz in den Fokus der Öffentlichkeit. Auf internationaler Ebene kann es jederzeit zu einem Verfahren vor dem EGMR kommen, wenn das Parlament untätig bleibt[297]. Hier zeigt sich die Feinheit der Konstruktion: Das

---

292 Human Rights Act 1998, s. 4. Die zur Unvereinbarkeitserklärung befugten Gerichte sind der *Supreme Court*; das *Judicial Committee of the Privy Council*; der *Court Martial Appeal Court*; der *High Court* oder der *Court of Appeal*; der *Court of Protection*, soweit der Präsident der Familienrechtskammer, der *Chancellor* des *High Court* oder ein *puisne judge* [ein Richter, der nicht Vorsitzender Richter ist] des *High Court* an dem Verfahren mitwirkt.

293 Human Rights Act 1998, s. 2 (1); Urteil des *House of Lords* in der Sache „R. (Ullah) v. Special Adjudicator", [2004] UK House of Lords 26 (Rn. 20), [2004] 2 Appeal Cases, S. 323 (350); *Knights*, Freedom of Religion (Fn. 267), Rn. 2.31.

294 Human Rights Act 1998, s. 4 (6) (a). Zur Anwendbarkeit des Gesetzes in dem spezifischen Rechtsstreit: Human Rights Act 1998, s. 4 (6) (b). Im Ergebnis schützt der Human Rights Act im konkreten Verfahren daher nur, wenn die konventionskonforme Auslegung gelingt. Das Handeln der Behörde bleibt also so lange rechtmäßig, wie es entweder kein Menschenrecht verletzt oder dies aufgrund des Gesetzeswortlauts nicht vermeiden konnte, wie *Feldman* analysiert, *ders.*, Human Rights Act (Fn. 247), S. 167.

295 *Arden*, Human Rights (Fn. 263), S. 25; *O'Cinneide*, Human Rights (Fn. 248), S. 82.

296 In den Worten von *Lord Irvine*, dem damaligen Lord Chancellor: „*Then it is for Parliament to decide whether there should be remedial legislation. Parliament may, not must, and generally will, legislate.*" [Dann muss das Parlament entscheiden, ob durch eine Gesetzesänderung Abhilfe geleistet werden soll. Das Parlament darf und wird in der Regel tätig werden, muss es aber nicht.], Hansard vom 3. November 1997, House of Lords Debate, Series 5 Vol. 582, c. 1228 f.; siehe auch *Foster*, Human Rights & Civil Liberties (Fn. 249), S. 109.

297 Diese beiden Wirkungen beschreibt *King*, Constitution (Fn. 240), S. 132. Auf die letztere weist auch hin *Fröhlich*, Parlamentssouveränität (Fn. 243), S. 133.

Parlament ist zwar im nationalen Recht nicht durch den Human Rights Act an die übernommenen Konventionsrechte gebunden und handelt deshalb auch dann nicht verfassungswidrig, sondern rechtmäßig und gültig, wenn es menschenrechtswidrige Gesetze erlässt. Auf internationaler Ebene aber sind alle drei Gewalten des Vereinigten Königreichs als Signatarstaat an die Konventionsrechte gebunden.

Die gewandelten Aufgaben von Rechtsprechung und Gesetzgebung werden in der Literatur durchaus als Machtverschiebung vom Parlament hin zu den Gerichten verstanden[298]. Nie zuvor hatten Richter die Möglichkeit, derart offensiv gegen Regierungs- und Parlamentsentscheidungen vorzugehen[299]. Die zu schützenden Werte und Rechte sind nicht mehr nur ungeschriebener gesellschaftlicher Konsens. Ihre Beachtung ist gerichtlich überprüfbar geworden[300]. Vor dem Human Rights Act legten die Gerichte zwar Gesetze unter der Annahme aus, dass das Parlament nicht gegen völkerrechtliche Verpflichtungen habe verstoßen wollen[301]. Die Auslegung musste aber nah am Wortlaut bleiben (*literal rule*), schließlich ist die vorrangige Aufgabe der Richter, dem in den in den Gesetzen ausgedrückten Willen des Parlaments Geltung zu verschaffen[302]. Konnte der im Gesetzeswortlaut klar ausgedrückte Wille des Parlaments mit Individualrechten nicht in Einklang gebracht werden, waren die Richter machtlos[303]. Der Human Rights Act verändert massiv die bis dato übliche Auslegungsmethodik im Vereinigten Königreich, indem er verlangt, bei der Auslegung von Gesetzen nicht mehr nur den Willen des Gesetzgebers zu verfolgen, sondern – soweit möglich – die Vereinbarkeit mit den Konventionsrechten zu berücksichtigen. Unklar ist, wie weit der Wortlaut gedehnt werden darf, um ein Gesetz konventionskonform anwenden zu können, und welches Maß erreicht sein muss, damit eine *declaration of incompatibility*

298 *P. Norton*, Parliament: A New Assertiveness? in: Jowell/ Oliver/O'Cinneide, The Changing Constitution (Fn. 244), S. 171 – 193 (175).

299 So *King*, Constitution (Fn. 240), S. 135.

300 So deutet den Human Rights Act *Feldman*, Human Rights Act (Fn. 247), S. 166 ff.

301 *Arden*, Human Rights (Fn. 263), S. 25.

302 Die Erfüllung des gesetzgeberischen Willens (*„The intention of parliament"*) in der Urteilsfindung beschreibt *Arden*, Human Rights (Fn. 263) S. 113 f.; *O'Cinneide*, Human Rights (Fn. 248), S. 73; ob die Gerichte überhaupt je reine Anwender des durch das Parlament gesetzten Rechts waren, zieht allerdings in Zweifel *Kavanagh*, Constitutional Review (Fn. 285), S. 115 f.

303 So *Foster*, Human Rights & Civil Liberties (Fn. 249), S. 93; *O'Cinneide*, Human Rights (Fn. 248), S. 72 f.

erklärt werden kann und muss[304]. Allerdings spielen in der Praxis nicht nur die Grenzen des Wortlauts in die Entscheidung zwischen der Auslegung im Sinne der EMRK und einer *declaration of incompatibility* hinein. Vielmehr berücksichtigen die Richter auch geplante Gesetzesvorhaben, EGMR-Rechtsprechung[305] und die Folgen für den Kläger im Fall einer *declaration of incompatibility*, bei der das menschenrechtswidrige Gesetz ja schließlich erst einmal wirksam und damit sogar auf den Kläger anwendbar bleibt[306].

Durch den Human Rights Act hat auch das Verhältnismäßigkeitsprinzip erstmals Einzug in das britische Recht genommen[307]. Dessen Anwendung war bis dato im klassischen *common law* nicht üblich, das abstrahierbare Regeln und Grenzen einer konkreten Abwägung im Einzelfall vorzieht[308]. Die Prüfung der Verhältnismäßigkeit entspricht nun der beim EGMR. Es gibt damit drei Prüfungsstufen: Erstens muss es ein legitimes Ziel (*legitimate aim*) geben, aufgrund dessen Konventionsrechte eingeschränkt werden dürfen. Zweitens muss das Mittel zur Förderung dieses Ziels geeignet (*rational*) sein. Drittens muss das Mittel erforderlich (*no more than is necessary*) zur Erreichung des Ziels sein, das heißt, es darf kein milderes, gleich geeignetes Mittel geben[309]. Wie auch beim EGMR üblich,

---

304 Die Abgrenzungsprobleme erörtert anhand der Rechtsprechung unter Stellungnahme zu den verschiedenen Literaturpositionen ausführlich *Kavanagh*, Constitutional Review (Fn. 285), Kapitel 2–5, S. 19 ff.; siehe auch *Sydow*, Parlamentssuprematie (Fn. 240), S. 55 f.; *v. Ungern-Sternberg*, Religionsfreiheit (Fn. 255), S. 162. *v. Ungern-Sternberg* weist auch darauf hin, dass eine Umstellung für die Rechtsprechung auch darin liege, dass die Regelungen des Human Rights Act viel weiter und abstrakter gefasst sind als gewöhnliche britische Gesetze und deshalb eine ganz andere Herangehensweise erforderten. Außerdem entfalle die Bindungswirkung von Präzedenzfällen, die der EMRK nicht entsprechen, was zu noch mehr Unsicherheit führe.

305 Die britischen Gerichte müssen der Rechtsprechung des EGMR zwar nicht folgen und Abweichungen auch nicht begründen, die Entscheidungen des EGMR aber doch in der Urteilsfindung berücksichtigen, Human Rights Act 1998, s. 2. Dies wird auch als *mirror principle* [Spiegelungsprinzip] bezeichnet, *O'Cinneide*, Human Rights (Fn. 248), S. 87 ff. Zu den Gründen, aus denen eine Abweichung u.U. sinnvoll sein kann, *Feldman*, Human Rights Act (Fn. 247), S. 192.

306 *Kavanagh*, Constitutional Review (Fn. 285), S. 142 f.

307 In englischen Texten: *doctrine of proportionality* oder *principle of proportionality*.

308 So *Arden*, Human Rights (Fn. 263), S. 56.

309 Die Anwendung dieser Prüfungsstufen wurde durch *Lord Clyde* klargestellt im Urteil des *Privy Council* „De Freitas v. Permanent Secretary of Ministry of Agriculture, Fisheries, Lands and Housings", [1999] 1 Appeal Cases, S. 69 ff. (80) und übernommen durch *Lord Steyn* in dem die Rechtsprechung zum Verhältnismäßigkeitsprinzip maßgeblich prägenden Urteil des House of Lords, „R. v.

verschmilzt die in Deutschland separat geprüfte Angemessenheit mit der Erforderlichkeit[310].

Die Prüfung von staatlichem Handeln auf seine Vereinbarkeit mit den Menschenrechten anhand des im englischen Recht neuen Verhältnismäßigkeitsmaßstabs ist neben die bisher existierenden Maßstäbe der *judicial review,* der gerichtlichen Überprüfung von Verwaltungshandeln, getreten und damit ein weiterer Prüfungspunkt innerhalb der *judicial review* geworden[311]. Nur wenn man die traditionellen Maßstäbe kennt, sieht man, welche Neuerung die Einführung des Verhältnismäßigkeitsprinzips wirklich ist. Wichtig ist zunächst: Die Kontrolle behördlichen Handelns durch die Gerichte dient im *common law* vor allem der Durchsetzung des erkennbaren gesetzgeberischen Willens[312]. Dieser ermöglicht und begrenzt die gerichtliche Überprüfung. Das Parlament kann die Exekutive wiederum grundsätzlich zu allem ermächtigen. Hat es der zuständigen Behörde ein Ermessen in ihren Entscheidungen eingeräumt, müssen die Gerichte die von der Behörde getroffene Entscheidung grundsätzlich respektieren[313]. Vor der Einführung des Human Rights Act waren im Wesentlichen drei mögliche Angriffsflächen für Exekutivhandeln anerkannt, die nun durch ihn ergänzt sind: *Illegality, irrationality* und *procedural impropriety*[314]. *Illegality* liegt vor, wenn die Behörde einschlägige Gesetze nicht beachtet hat oder ohne gesetzliche Grundlage gehandelt hat. Auch wenn ein Gesetz einer Behörde Ermessen einräumt, kann die Entscheidung

---

Secretary of State for the Home Department, ex p. Daly", [2001] UK House of Lords 26 (Rn. 27), [2001] 2 Appeal Cases 532 (547).

310 Eine vierstufige Prüfung, die exakt der in Deutschland üblichen Vorgehensweise entspricht, sieht allerdings vor *O'Cinneide,* Human Rights (Fn. 248), S. 94.

311 Zur Bedeutung und den Wurzeln der *judicial review* siehe *Sydow,* Parlamentssuprematie (Fn. 240), S. 70 ff. Die britische Regierung hat am 31.7.2020 eine Überprüfung des Reformbedarfs der *judicial review* angekündigt, https://www.gov.uk/government/news/government-launches-independent-panel-to-look-at-judicial-review (zuletzt eingesehen am 17.8.2021).

312 *T.R.S. Allan,* The Sovereignty of Law. Freedom, Constitution and Common Law, Oxford 2013, S. 209.

313 „Associated Picture Houses Ltd v. Wednesbury Corporation", [1948] 1 King's Bench Division, 223 (223).

314 So die Zusammenfassung von *Lord Diplock* im Urteil des *House of Lords* in der Sache „Council of Civil Service Unions v. Minister for the Civil Serivce", [1985] All Cases, 374 (410). Instruktiv *A. Tomkins,* The Struggle to Delimit Executive Power in Britain, in: P. Craig/ders. (Hrsg.), The Executive and Public Law, 2005, S. 16 (42 ff.).

der Behörde gerichtlich auf *illegality* überprüft werden[315]. *Illegality* liegt in diesem Fall vor, wenn die handelnde Behörde dem gesetzgeberischen Willen und Zweck des Gesetzes zuwider entscheidet[316]. Die behördlichen Handlungsmöglichkeiten müssen sich nicht nur im Rahmen der vom Parlament durch Gesetz übertragenen Befugnisse bewegen, sie werden zusätzlich durch ungeschriebene Regeln des *common law* begrenzt, die zur Angemessenheit bzw. Sinnhaftigkeit und Verfahrensgerechtigkeit verpflichten. Handelt eine Behörde nicht nachvollziehbar *(irrational* oder *unreasonable)* oder verletzt Verfahrensgrundsätze *(procedural impropriety)*, so liegt darin ebenfalls eine Überschreitung ihrer Kompetenzen, ein Bruch mit dem angenommenen Willen des Parlaments[317]. Das behördliche Handeln ist also *ultra vires*[318]. Vor der Einführung des Human Rights Act mit seiner Verhältnismäßigkeitsprüfung ermöglichte die Überprüfung auf *irrationality* die breiteste Kontrolle von Verwaltungsakten. *Irrationality* wird durch den sogenannten *Wednesbury unreasonableness test* überprüft. Behördliches Handeln ist demnach dann unrechtmäßig, soweit es so unvernünftig ist, dass keine vernünftige Behörde je so gehandelt hätte[319]. Nach einem zweiten zentralen Urteil ist eine Entscheidung dann *irrational*, wenn sie so „haarsträubend angesichts ihrer Missachtung der Gesetze der Logik oder allgemeinen Moral ist, dass kein vernünftiger Mensch, der über die fragliche Angelegenheit nachgedacht hat, je zu ihr hätte kommen können“[320]. Nach beiden Definitionen von *irrationality* wird die Rechtmäßigkeit von Verwaltungshandeln erkennbar gröber überprüft als mit dem Verhältnismäßigkeitsprinzip im Sinne des Human Rights Act[321]. Vereinfachend ge-

---

315 Urteil des House of Lords „Padfield v. Minister of Agriculture, Fisheries, and Food“, [1968] Appeal Cases, 997 (998).

316 So *Tomkins*, Executive Power (Fn. 314), S. 42.

317 So *Allan*, der diese Position mit einer anderen Herleitung der *judicial review* kontrastiert, nach der eine eigenständige Kompetenz der Judikative zur Durchsetzung der *rule of law* aus dem *common law* selbst besteht, *ders.* Sovereignty (Fn. 312), S. 208. Siehe zu beiden Positionen auch *Sydow*, Parlamentssuprematie (Fn. 240), S. 81 ff.

318 *Allan*, Sovereignty (Fn. 312), S. 208.

319 Im Englischen: *„so unreasonable that no reasonable authority could ever have come to it“*. Diese Formulierung wählte *Lord Greene MR* im Urteil „Associated Picture Houses Ltd v. Wednesbury Corporation“, [1948] 1 King's Bench Division, 223 (230).

320 Übersetzung der Definition von *Lord Diplock* im Urteil des *House of Lords* „Council of Civil Service Unions v. Minister for the Civil Service“, [1985] All Cases, 374 (410).

321 Die Prüfung der Verhältnismäßigkeit wird allgemein als präziser geschätzt. Für einen strengeren Maßstab als den *Wednesbury unreasonableness test* hält die Ver-

sagt ist allen drei herkömmlichen Prüfungsmaßstäben gemein, dass sie den Schwerpunkt auf das Verfahren und die Perspektive der Behörde legen, anstatt auf das materielle Ergebnis für den einzelnen Bürger[322].

Der Human Rights Act führt nun individuelle Rechte ein, die mit staatlichen Zielen in einen verhältnismäßigen Ausgleich gebracht werden müssen. Da sich alle Akte öffentlicher Exekutiv- und Judikativgewalt an ihm messen lassen müssen, besteht nun erstmals die Möglichkeit, dass die Gerichte als vierten Prüfungsmaßsstab die mittels eines Verwaltungsverfahrens gefundene Entscheidung mit der möglichen Beeinträchtigung von Konventionsrechten kontrastieren. Daneben wird nach teilweise vertretener Ansicht aber auch die traditionelle Prüfung verändert, denn Menschenrechte seien nun bereits im Verwaltungsverfahren als wichtige Erwägungsgründe einzubeziehen[323]. Dementsprechend hätte auch die Prüfung einer Entscheidung auf *unreasonableness* weiterhin ihre uneingeschränkte Berechtigung, ja nähme sogar an Bedeutung zu. Andere sind der Ansicht, dass der *Wednesbury unreasonableness test* nur noch dann Anwendung finden solle, soweit kein im Human Right Act verbürgtes Recht berührt werde[324]. Insgesamt ist das Zusammenspiel von Human Rights Act und *Common Law* noch nicht ganz gefestigt. Zumindest haben sich die Strukturen des *Common Law* stärker behauptet, als bei Einführung des Human Rights Act erwartet wurde[325]. Das Verhältnismäßigkeitsprinzip hat die althergebrachten Prüfungsmaßsstäbe auch dort, wo es denkbar gewesen wäre, nicht verdrängt.

---

hältnismäßigkeit *Lord Steyn* im Urteil des *House of Lords*, „R. v. Secretary of State for the Home Department, ex p. Daly", [2001] UK House of Lords 26 (Rn. 27 f.), [2001] 2 Appeal Cases 532 (547); a.A. *Kavanagh*, Constitutional Review (Fn. 285), S. 245 ff.

322 Statt aller *Sydow*, Parlamentssuprematie (Fn. 240), S. 74 f.

323 Gegen eine zu strikte Unterscheidung zwischen dem *common law* als Maßsstab für das Verfahren und den Konventionsrechten als Maßsstab für das Ergebnis wehrt sich daher *Allan*, Sovereignty (Fn. 312), S. 242.

324 *Arden*, Human Rights (Fn. 263), S. 73; vertiefend *Kavanagh*, Constitutional Review (Fn. 285), S. 245 ff.

325 Dies beobachtet die britische Verfassungsrichterin *Hale*, Constitutionalism (Fn. 278), S. 201 ff.

b) Religionsgemeinschaften unter dem Human Rights Act

Bisher weichen die britischen Gerichte bei der Auslegung des Human Rights Act kaum von der Interpretation der EMRK durch den EGMR ab[326]. Dementsprechend wird die Religionsfreiheit zunächst vor allem als individuelles Recht verstanden[327]. Hierauf bauen kollektive Gewährleistungsgehalte auf, eine eigenständige korporative Dimension wird in der Rechtsprechung bisher kaum erkannt. Dies lässt sich jedoch nicht nur auf das Vorbild des EGMR zurückführen, sondern hängt mit dem gesellschaftsrechtlichen Verständnis von religiösen Gruppen und dem fehlenden rechtlichen Konzept der Religionsgemeinschaft zusammen, das das englische Religionsverfassungsrecht bestimmt.

Besonders hervorzuheben ist aber, dass Religionsgemeinschaften nicht nur Begünstigte, sondern ebenso Verpflichtete des Human Rights Act

---

326 *Rivers*, Secularisation (Fn. 220), S. 381 f. Einen Überblick über die Rechtsprechung des britischen Supreme Courts zur Religionsfreiheit gibt *Dickson*, Human Rights (Fn. 256), S. 261 ff. Da der EGMR eher zurückhaltend an strukturelle Fragen des Religionsverfassungsrechts herangeht – wie schon oben auf S. 13 festgestellt – kann sich der Human Rights Act aber nur dann zum Werkzeug für den Schutz religiöser Minderheiten entwickeln, wenn die britischen Gerichte in ihrer Rechtsprechung tatsächlich über den EGMR hinausgehen, wie *Bradney* feststellt, *ders.*, Religion and Law (Fn. 277), S. 23, 27 f.

327 Interessant ist es, einen Blick auf die Kritik zu werfen, die dem Human Rights Act entgegengebracht wurde. Dadurch, dass Menschenrechte neu ins Rechtssystem eingefügt wurden, kamen grundsätzliche Fragen auf. So wurde beispielsweise diskutiert, ob ein auf individuelle Rechte setzendes Instrument wie der Human Rights Act bestimmten religiösen Minderheiten überhaupt den Schutz bieten könne, nach dem sie verlangen. Erstens lägen dem Human Rights Act philosophische, eventuell sogar theologische Annahmen zugrunde, die nicht notwendigerweise in die Weltsicht jeder im Vereinigten Königreich vorzufindenden Religion passen würden. Er setze zum Beispiel eine – wie auch immer im Detail geartete – Trennung von Staat und Religion voraus, die zum Beispiel im konservativen Islam nicht vorgesehen, wenn nicht sogar mit ihm inkompatibel sei. Zweitens passe auch der Schutz von Religionsfreiheit als Individualrecht dann nicht zu den Bedürfnissen einer Religionsgemeinschaft, wenn nach ihrer Weltsicht nicht die Position und Freiheit des einzelnen Gläubigen schützenswert sei, sondern vielmehr die Religion als solche geschützt werden solle, was ebenfalls beim Islam der Fall sei. Drittens schütze der Human Rights Act bestimmte Rechte, wie z.B. die Ehre, nicht in einem Maße, der ihrem Rang in bestimmten Religionen entspreche. So *Bradney*, Religion and Law (Fn. 277), S. 25. Auch die negative Religionsfreiheit ist eventuell mit dem Christentum leichter als mit anderen Religionen zu vereinbaren, wie *Ahdar/Leigh* argumentieren, Religious Freedom (Fn. 80), S. 23 ff.

sein können[328]. Grund hierfür ist die weite Definition der Adressaten des Human Rights Act in s. 6 (3). Adressat ist die *public authority* (staatliche Gewalt). *Public authority* im Sinne des Gesetzes sind zum einen die Gerichte und staatlichen Behörden, aber eben auch jede andere Person, soweit sie öffentliche Aufgaben wahrnimmt[329]. Religionsgemeinschaften, die beispielsweise – wie im Vereinigten Königreich üblich – rechtlich gültige Eheschließungen vornehmen, unterliegen zumindest in dieser Funktion also den Wertungen des Human Rights Act[330]. Um den damit verbundenen Sorgen der *Church of England* Rechnung zu tragen, wurde s. 13 als Kompromiss in den Human Rights Act eingefügt[331]. Er verpflichtet die Gerichte bei einer möglichen Beeinträchtigung der Ausübung der Religionsfreiheit einer *religious organisation*, die Bedeutung der Religionsfreiheit besonders zu berücksichtigen. Der Begriff der *religious organisation* bezeichnet nicht nur die Religionsgemeinschaft selbst, sondern kann gleichermaßen die rechtlich von ihr verselbstständigten Subjekte umfassen[332]. Die tatsächliche rechtliche Wirkung der s. 13 ist nach wohl einhelliger Ansicht sehr begrenzt. Überwiegend wird sie so verstanden, dass sie lediglich deklaratorisch auf die ohnehin gewährleisteten Konventionsrechte der in Art. 9 geregelten Religionsfreiheit und des in Art. 14 erfassten Diskriminierungsverbot hinweise, ohne ihnen aber zusätzliches Gewicht in der konkreten Abwägung zu verleihen[333]. Nach der maßgeblichen Rechtsprechung des

---

328 Dies war für die Religionsgemeinschaften überraschend, *P. Cumper,* Religious Organisations and the Human Rights Act 1998, in: Edge, Law and Religion (Fn. 277), S. 69 (70 ff.).

329 Das Parlament wird in Human Rights Act 1998, s. 6 (3) von der Bindung an den Human Rights Act ausgenommen.

330 Wann dies der Fall ist, erklärt *Mückl,* Europäisierung (Fn. 5), S. 105 ff. Für eine durchgängige Bindung der *Church of England* als *public authority* an den Human Rights Act sprechen sich hingegen aus *M. Hill,* Church Autonomy in the United Kingdom, in: G. Robbers (Hrsg.), Church Autonomy: A Comparative Survey, 2001, S. 267 (269); *A. Pearce,* Religious Denomination or Public Religion? The Legal Status of the Church of England, in: O'Dair/Lewis, Law and Religion (Fn. 220), S. 457.

331 Statt aller *Hill,* Church Autonomy (Fn. 330), S. 270. Die meisten dieser Sorgen hält für unbegründet *P. Cumper,* The Protection of Religious Rights under Section 13 of the Human Rights Act 1998, in: Public Law 2000, Sum, 254 (257 ff.).

332 Statt aller *Mückl,* Europäisierung (Fn. 5), S. 105.

333 Als völlig unumstritten wird diese Auslegung etwa dargestellt in „R. (Amicus – MSF Section) v. Secretary of State for Trade and Industry“, [2004] England and Wales High Court 869 (Administrative Cases) (Rn. 41), [2007] Industrial Cases Reports 1176 (1190).

EGMR können Vereinigungen nämlich auch dann grundrechtsberechtigt sein, wenn sie Teil einer Staatskirche sind[334]. Gleichzeitig verlangt der EGMR allerdings, dass auch in diesem Fall eine gewisse Unabhängigkeit gegenüber dem Staat bestehen muss[335]. Dies ist für die *Church of England* nicht einfach zu bejahen. Teilweise wird vor diesem Hintergrund argumentiert, dass das gesamte anglikanische Kirchenrecht, soweit möglich, konform mit den Konventionsrechten ausgelegt werden müsse, da es aufgrund des *establishment* staatliches Recht sei[336]. Dies würde Human Rights Act s. 13 einen eigenen Bedeutungsgehalt verleihen. Zumindest ist aber die symbolische Bedeutung der s. 13 in einer immer säkulareren Zeit nicht zu unterschätzen[337].

c) Zusammenfassung

Teilweise werden die praktischen Auswirkungen des Human Rights Act von britischen Juristen noch als schwach eingeschätzt[338]. Der Human Rights Act habe dem bestehenden Recht nichts hinzugefügt, das nicht schon vorher bestanden hätte[339]. Daher seien auch die Verfahren, in denen sich die Kläger auf den Human Rights Act stützten, entweder gescheitert

---

334 Urteil des EGMR Urteil des EGMR v. 9.12.1994, Nr. 13092/87; 13984/88 [ECLI:CE:ECHR:1994:1209JUD001309287], „Case of the Holy Monasteries v. Greece“, Rn. 49.

335 Urteil des EGMR Urteil des EGMR v. 9.12.1994, Nr. 13092/87; 13984/88 [ECLI:CE:ECHR:1994:1209JUD001309287], „Case of the Holy Monasteries v. Greece“, Rn. 49. So auch *Walter*, Religionsverfassungsrecht (Fn. 51), S. 386.

336 Hierauf weist hin *Cumper*, Protection (Fn. 331), S. 256. Da der Staat die „formale Letztverantwortung für kirchliche Hoheitsakte“ trägt, findet dies schlüssig *Mückl*, Europäisierung (Fn. 5), S. 106 f.

337 So *Cumper*, Religious Organisations (Fn. 328), S. 79 ff.; *ders.* Protection (Fn. 331), S. 265; ähnlich *J. Rivers*, Religious Liberty as a Collective Right, in: O'Dair/Lewis, Law and Religion (Fn. 220), S. 227 (227).

338 Als Kritiker ist besonders *K. Ewing* hervorgetreten. Er hat den Human Rights Act wiederholt als wirkungslos bezeichnet, *ders.*, The Futility of the Human Rights Act, in: Public Law 2004, Win, S. 829 ff.; *ders./J.-Ch. Tham*, The Continuing Futility of the Human Rights Act, in: Public Law 2008, Win, S. 668 ff. Unter Berufung auf ihn kommt zu einem ähnlichen Schluss *Rivers*, Secularisation (Fn. 220), S. 381.

339 So ausdrücklich *Rivers*, Secularisation (Fn. 220), S. 381.

oder wären schon vorher erfolgreich gewesen[340]. Die Frage ist aber auch, ob die britischen Juristen und unter ihnen vor allem die Richter bereits von allen ihnen nun zur Verfügung stehenden Möglichkeiten tatsächlich Gebrauch machen oder ob sie nicht schlicht noch etwas zurückhaltend sind[341]. Zumindest wenn sich die Rechtsprechung etwas von der des EGMR zur Religionsfreiheit emanzipiert und ihre neuen Kompetenzen mutiger auslebt, kann der Human Rights Act durchaus starken Wandel bewirken, wie auch seine Kritiker einräumen[342]. Man kann nicht abstreiten, dass er strukturell gewaltige Neuerungen in das britische Verfassungsrecht eingebracht hat. Die Gerichte sind massiv gestärkt worden, indem ihnen neue Mittel zum Individualrechtsschutz an die Hand gegeben sind. Menschenrechte bekommen eine gegenüber anderem Recht herausgehobene Stellung und dienen als Auslegungsmaßstab, darunter auch das erste Mal im britischen Recht die Religionsfreiheit.

III. Die Religionsgemeinschaft als Rechtssubjekt und -objekt

Es gibt keinen der deutschen „Religionsgemeinschaft" entsprechenden, allgemein verwendeten englischen Rechtsbegriff. Das Fehlen der Bezeichnung allein deutet schon darauf hin, dass es kein abstraktes Konzept der „Religionsgemeinschaft" im englischen Recht gibt. Die *Church of England* nimmt zwar eine Sonderrolle ein, die aber konzeptionell keineswegs so ausgeprägt ist, wie man vielleicht annehmen würde[343].

---

340 Eine ganze Reihe von wenigen erfolgreichen und vor allem nicht erfolgreichen Beispielen hierfür sind nachgewiesen bei *Rivers,* Secularisation (Fn. 220), S. 380 f.

341 Hiervon gehen aus *Dickson,* Human Rights and the United Kingdom Supreme Court (Fn. 256), S. 375; *King,* Constitution (Fn. 240), S. 133.

342 *King* spricht von einem *„revolutionary potential"* des Human Rights Acts, von dem niemand wisse, ob es sich nicht langfristig doch noch zeigen werde, *ders.,* Constitution (Fn. 240), S. 133. Deutlich skeptischer *Rivers,* Secularisation (Fn. 220), S. 382.

343 Ob man tatsächlich mit Blick auf die *Church of England* und die übrigen Religionsgemeinschaften von einer „Dichotomie" der englischen Rechtsordnung, zwei Mengen ohne Schnittmenge, sprechen kann, erscheint insofern fraglich. Es gibt ganz erhebliche Gemeinsamkeiten, beispielsweise in der Konzeption der *autonomy* zu der wir noch kommen werden. So aber *Mückl,* Europäisierung (Fn. 5), S. 89; *N. Doe/J.Nicholson,* Das Verhältnis von Gesellschaft, Staat und Kirche in Großbritannien, in: B. Kämper/M. Schlagheck (Hrsg.), Zwischen nationaler

1. Bezugnahme auf Religionsgemeinschaften im Recht

Religionsgemeinschaften bzw. aus Religionsgemeinschaften heraus gegründete Organisationen finden im englischen Recht an verschiedenen Stellen Erwähnung. Für sie wird allerdings kein einheitlicher Begriff verwendet. Vielmehr treten sie in den Gesetzen, Urteilen und der Literatur als *religious associations*[344], *religious communities*[345], *religious bodies*[346], *religious groups*[347] oder *faith groups*[348], *religious organisations*[349] und *organised religions*[350] in Erscheinung. Teilweise wird in Gesetzen und Rechtsprechung auch nur auf die Religionen und Konfessionen (*religions and denominations*[351]) selbst Bezug genommen. Schon die Vielfalt der verwendeten Begriffe macht deutlich, dass es kein einheitliches rechtliches Konzept der „Religionsgemeinschaft" gibt, der gebündelt bestimmte Rechte zugewiesen sind, wie es etwa in Deutschland der Fall ist. Vielmehr wird bereichsspezifisch festgelegt, wie eine Religion, Religionsgemeinschaft oder religiöse Organisation zu behandeln ist, ohne dass die Auslegung des jeweils verwendeten Begriffs über die Zwecke des Gesetzes hinaus auch für andere Regelungsgebiete Geltung beanspruchen würde[352]. Das Selbstverständnis einer religiösen Gemeinschaft ist für die Auslegung nicht von Belang[353]. Vielmehr ist der Staat frei in seiner Entscheidung, was als Religionsgemeinschaft oder Religion zu betrachten ist und was nicht. Teilweise

---

Identität und europäischer Harmonisierung. Zur Grundspannung des zukünftigen Verhältnisses von Gesellschaft, Staat und Kirche in Europa, 2002, S. 59 (60).

344 *Doe*, Law and Religion (Fn. 5), S. 125.

345 Beispielsweise im Urteil des Supreme Courts „Shergill and others v. Khaira and others", [2014] UK Supreme Court 33 (Rn. 46), [2015] Appeal Cases 359 (379).

346 Beispielsweise bei *Rivers*, Organized Religions (Fn. 60), S. 207.

347 *Rivers*, Organized Religions (Fn. 60), S. 219.

348 The Queen's Regulations for the Royal Navy J.1601.

349 Human Rights Act 1998, S. 13 (1); *Knights*, Freedom of Religion (Fn. 267), Rn. 1.43.

350 *Knights*, Freedom of Religion (Fn. 267), Rn. 1.44; *Rivers*, Organized Religions (Fn. 60).

351 Beispielsweise in Education Act 1996, sch. 31 para. (4) (2) (a).

352 So *Mückl*, Europäisierung (Fn. 5), S. 88. Beispielsweise wird die Definition von Religion im Hodkin-Urteil mit der Einschränkung eingeleitet *„For the purposes of the PWRA [Places of Worship Registration Act], I would describe religion [...]"* [Für die Zwecke des Places of Worship Registration Act, würde ich Religion als [...] beschreiben], Urteil des Supreme Court, „R. (Hodkin and another) v. Registrar General of Births, Deaths and Marriages", [2013] UK Supreme Court 77 (Rn. 54), [2014] Appeal Cases 610 (627).

353 Siehe *Mückl*, Europäisierung (Fn. 5), S. 88 m.w.N.

werden auch Weltanschauungen unter den Begriff *religion* gefasst[354]. An anderer Stelle wird zwischen *religions* und *worldviews* unterschieden. Nicht selten scheuen die Gerichte davor zurück, eine abstrakte Definition für die Auslegung eines Gesetzes vorzunehmen. Sie ziehen sich dann hinter die Feststellung zurück, dass eine bestimmte Gruppe „offensichtlich“ eine Religionsgemeinschaft sei. Über die verschiedenen Gebiete hinweg lässt sich beobachten, dass für die rechtliche Einordnung nur daran angeknüpft wird, ob es um eine Religion oder etwas Religiöses bzw. Weltanschauliches geht. nicht aber an dem Vorhandensein einer Religionsgemeinschaft. Die *religious association* respektive *group, body etc.* als Rechtsbegriff hat insgesamt hingegen kaum eine eigenständige Bedeutung, die über die Summe ihrer Teile hinausgeht.

2. Rechtsstatus von Religionsgemeinschaften

Per se sind Religionsgemeinschaften im englischen Recht keine Rechtsträger. Sie können als solche daher kein Eigentum haben und nicht Partei in einem Gerichtsverfahren sein[355]. Ihnen, auch der *Church of England,* fehlt zunächst die Rechtsfähigkeit[356]. Zwar wird in einigen Gesetzen auf einzelne Religionsgemeinschaften ausdrücklich Bezug genommen, diese Anerkennung bedeutet aber nicht, dass das englische Recht der jeweiligen Religionsgemeinschaft automatisch die Rechtsfähigkeit verleihen würde[357]. In England gibt es auch keine spezielle Rechtsform, die nur Religionsgemeinschaften annehmen könnten. Es kommen die verschiedensten gesellschaftsrechtlichen Konstrukutionen in Betracht. Der einzige Weg zur Rechtsfähigkeit besteht darin, innerhalb der Religionsgemeinschaft eine oder (in der Praxis meist) mehrere Organisationen aufzubauen, die die Voraussetzungen für die Annahme einer Rechtsform erfüllen[358]. Es ist

354 Aus dem Charities Act 2011, s. 3 (2) (a): *„religion includes [...] a religion which does not involve belief in a god“*.

355 *Doe/Nicholson*, Großbritannien (Fn. 343), S. 62.

356 *„[The]Church of England is not itself a legal entity“*, Urteil des House of Lords in der Sache „Aston Cantlow and Wilmcote with Billesley Parochial Church Council v. Wallbank“, [2003] UK House of Lords 37 (Rn. 84), [2004] 1 Appeal Cases 546 (577).

357 Hierauf weisen hin *Hill/Sandberg/Doe,* Religion and Law (Fn. 223), S. 73.

358 Statt aller *Hill,* Church Autonomy (Fn. 330), S. 271. Einen Überblick über die Entwicklung verschiedener Rechtsformen und ihre Praktikabilität für Religionsgemeinschaften gibt *Rivers,* Organized Religions (Fn. 60), S. 72 ff.

auch nicht immer möglich, dass die Religionsgemeinschaft als solche eine Rechtsform annimmt und damit Rechtspersönlichkeit erlangt.

Häufig wird für Vermögen, das zugunsten einer Religionsgemeinschaft gebunden werden soll, die Struktur eines *trust* (Treuhandgesellschaft) gewählt, der zugunsten von natürlichen Personen oder gemeinnützigen Zwecken errichtet werden kann. Im Fall von Religionsgemeinschaften kommt vor allem letzteres in Betracht[359]. Unter der Rechtsform des *charitable trust* laufen größtenteils auch die Organisationen zur politischen Interessenvertretung auf nationaler Ebene bzw. Dachverbände, die viele Religionsgemeinschaften aufgebaut haben. Hierzu zählen insbesondere der *Muslim Council of Britain*, das *Network of Sikh Organisations*, der *Hindu Council* und das *Board of Deputies of British Jews*.

Der Status als gemeinnützige *charity* ist ein zweischneidiges Schwert. Neben Steuererleichterung bringt er auch eine nicht zu vernachlässigende staatliche Kontrolle über die religiöse Organisation mit sich. Um als gemeinnützig anerkannt zu werden, muss die Gemeinschaft die Vorgaben des Gemeinnützigkeitsrechts einhalten und sich der Überprüfung durch die staatliche *Charity Commission* unterwerfen, die weitreichende Befugnisse hat[360]. Stiftungen (*trusts*) zur Förderung der Religion werden dann als gemeinnützig anerkannt, wenn sie dem Gemeinwohl dienen. Die Religionsförderung wird hierbei zwar grundsätzlich als förderungswürdiger Zweck anerkannt[361]. Es ist aber immer ein darüberhinausgehender Beitrag zum Gemeinwohl durch die Verfolgung dieses Zwecks erforderlich, der wiederum rein weltlich verstanden wird[362]. Der Beitrag zum Gemeinwohl wird mittlerweile nicht mehr widerleglich vermutet, sondern muss positiv festgestellt werden[363]. Ist die Organisation als *charity* registriert und erkennt die *Charity Commission*, dass die *charity* einen anderen Kurs als den

---

359 *P. Edge*, Legal Responses to Religious Difference, Den Haag 2002, S. 114.

360 Die Befugnisse der *Charity Commission* wurden 2016 noch einmal durch den Charities (Protection and Social Investment Act) ausgeweitet, der den Charities Act 2011 insoweit abgeändert hat.

361 Charities Act 2011, s. 3 (1) (c).

362 Charities Act 2011, s. 2 (1). Dieses Erfordernis eines zusätzlichen weltlichen Zwecks kritisiert *J. Rivers*, Counter-Extremism, Fundamental Values and the Betrayal of Liberal Democratic Constitutionalism, German Law Journal 19 (2018), 267 (297). *Ders.* macht auch immer weltlichere Anforderungen an religiöse *charities* aus, *ders.*, Organized Religions (Fn. 60), S. 339.

363 Charities Act 2011, s. 4 (2). Dies stärkt laut *Rivers* eine Weltsicht, in der Religion kein originärer Wert mehr beigemessen wird, solange sie keinen nachweislichen weltlichen Nutzen hat, *ders*, Secularisation (Fn. 220), S. 395. Vgl. den Wortlaut von § 52 AO.

erklärten nimmt, kann sie Gebrauch von weitreichenden Befugnissen machen, die bis hin zur Absetzung von Amtsinhabern und sogar Neubesetzung von Ämtern reichen[364]. In Reaktion auf die islamistischen Anschläge in London im Jahr 2005 hat die Regierung begonnen, die *Charity Commission* mehr und mehr zu einem Mittel für die Kontrolle religiöser Gruppen zu machen, um den Einfluss radikaler Prediger einzudämmen[365]. Dies ist etwa durch den Aufbau einer *Faith and Social Cohesion Unit* innerhalb der *Charity Commission* geschehen. Diese soll sich nicht nur mit religiösen Gemeinschaften beschäftigen, die schon den Status einer *charity* haben, sondern auch mit denen, die noch nicht als *charity* registriert sind. Hierin wird ein Versuch gesehen, auch nicht-registrierte Gemeinden der strengen Kontrolle der *Charity Commission* mit ihren weitreichenden Befugnissen zu unterwerfen[366].

Es gibt noch weitere denkbare, aber viel seltenere Varianten, eine religiöse Organisation gesellschaftsrechtlich zu strukurieren[367]. Wird keine Rechtsform gewählt, lassen sich religiöse Vereinigungen und teilweise auch Religionsgemeinschaften, in der Regel als *unincorporated associations* (nicht-eingetragene Vereine) einstufen[368]. Sie werden wie jeder andere

---

364 Eine Vermutung gegen die Verfolgung des anerkannten Zwecks oder gegen den Beitrag zum Gemeinwohl besteht etwa dann, wenn die Organisation extremistische Ansichten verbreitet, *Charity Commission*, Protecting Charities from Abuse for Extremist Purposes, 2013, Teil 7, zu finden unter: https://www.gov.uk/government/publications/protecting-charities-from-abuse-for-extremist-purposes/chapter-5-protecting-charities-from-abuse-for-extremist-purposes#what-are-my-legal-duties-as-a-charity-trustee (zuletzt eingesehen am 17.8.2021). Extremismus bezeichnet dabei das Vorgehen gegen britische Grundwerte durch Worte und Taten. Zu britischen Grundwerten zählen die Demokratie, die *rule of law*, die individuelle Freiheit und die Toleranz von Andersgläubigen, a.a.O.

365 Im Zuge des britischen Anti-Terror-Programms *CONTEST* wurden auch moderate islamische Gemeinschaften finanziell gefördert und die Fortbildung von Imamen in „britischen Werten“ lanciert. Dies betrachtet *P. Edge* sehr kritisch als staatliche Unterstützung bestimmter religiöser Positionen, *ders.*, Hard Law and Soft Power. Counter-Terrorism, the Power of Sacred Places, and the Establishment of an Anglican Islam, in: Rutgers Journal of Law and Religion 12 (2010), 358 (374 f.) m.w.N. Ähnlich sieht dies in Auseinandersetzung mit Böckenförde *Rivers*, Counter-Extremism (Fn. 362), S. 290, 294 f.

366 So zumindest *Edge*, Hard Law (Fn. 365), S. 374 f. m.w.N.

367 Einen Einblick in die recht komplexen Möglichkeiten gibt *Rivers*, Organized Religions (Fn. 60), S. 83 ff.

368 Siehe *Hill*, Church Autonomy (Fn. 330), S. 271; *Hill/Sandberg Doe*, Religion and Law (Fn. 223), S. 72.

nicht-eingetragene Verein behandelt[369]. Sie sind keine juristischen Personen, sondern eine Vorstufe auf dem Weg zur Rechtsfähigkeit. Mangels eigener Rechtspersönlichkeit können *unincorporated associations* kein Eigentum haben und sind nicht parteifähig. Die Amtsträger der *unincorporated association* können allerdings im Rahmen der ihnen übertragenen Befugnisse die Mitglieder nach innen und als Stellvertreter auch nach außen binden und stellvertretend für alle Mitglieder gemeinsam klagen. Da Religionsgemeinschaften als privatrechtliche Vereinigungen betrachtet werden, werden auch ihre intern geschaffenen Regeln je nach Gestaltung als gültige zivilrechtliche Verträge verstanden[370]. Auch Religionsgemeinschaften, deren Aufbau teilweise durch staatliche Gesetze geregelt ist, werden zuvörderst wie durch einen privaten Vertrag entstanden behandelt[371]. Das religiöse Recht über die Struktur der jeweiligen Religionsgemeinschaft wird z.B. bei religiösen Gruppen, die sich als *unincorporated associations* einstufen lassen, als Vereinssatzung betrachtet[372]. Staatliche Gerichte können und müssen – wie bei anderen privaten Vereinigungen auch – bei entsprechenden Klagen, über die Einhaltung der innerhalb der Gemeinschaft aufgestellten organisatorischen Regeln als gesellschaftsrechtlichen Vertrag wachen[373].

---

369 Eine religiöse Vereinigung wird mit den Worten von *R. Sandberg* rechtlich nicht anders als ein Sportverein behandelt, *ders.,* Law and Religion, Cambridge 2011, S. 72.

370 Statt aller *D. Harte,* Defining the Legal Boundaries of Orthodoxy for Public and Private Religion in England, in: O'Dair/Lewis, Law and Religion (Fn. 220), S. 471 (474). Er spricht sich dafür aus, einen öffentlichen Status für Religionsgemeinschaften zu schaffen, um eine für sie passendere Beziehung zum Staat aufbauen zu können, a.a.O. S. 481 ff.

371 Siehe *Rivers,* Organized Religions (Fn. 60), S. 107. Einen Überblick über die rechtliche Berücksichtigung und Anerkennung verschiedener Kirchen geben *Doe/Nicholson,* Großbritannien (Fn. 343), S. 62.

372 Urteil des Supreme Courts „Shergill and others v. Khaira and others", [2014] UK Supreme Court 33 (Rn. 46), [2015] Appeal Cases 359 (379).

373 *„The civil court does not resolve the religious dispute. [...] Its role is more modest: it keeps the parties to their contract"* [Das Zivilgericht löst keine religiösen Konflikte. [...] Seine Rolle ist bescheidener: Es sorgt dafür, dass die Parteien ihren Vertrag einhalten], Urteil des *Supreme Court* in der Sache „Shergill and others v. Khaira and others", [2014] UK Supreme Court 33 (Rn. 48), [2015] Appeal Cases 359 (380). Ein häufiges „Einfallstor" für die staatliche Gerichtsbarkeit in innerreligionsgemeinschaftliche Auseinandersetzungen wie die Weiterentwicklung der Lehre sind damit verbundene vermögensrechtliche Fragen. Verändert sich die Lehre in einem Teil der Religionsgemeinschaft, kann es zu Prozessen vor staatlichen Gerichten kommen, in denen diese darüber urteilen müssen, welcher Teil der Religionsgemeinschaft eher dem Zweck dient, zu dem das Vermögen

Andere Rechte werden nicht an den Rechtsträger, sondern an ihm gehörende Immobilien geknüpft. Die Rede ist von der privilegierten Stellung der *places of worship*. Werden Gotteshäuser nach dem Places of Worship Registration Act 1855 eingetragen, sind sie von bestimmten kommunalen Steuern befreit[374]. Nach erfolgter Anerkennung als *place of worship* kann außerdem auf Antrag die Befugnis verliehen werden, rechtsgültige Ehen in dem Gotteshaus zu schließen[375]. In diesem Fall übernimmt die Religionsgemeinschaft als private Vereinigung staatliche Aufgaben[376].

Im Ergebnis ist die Religionsgemeinschaft als solche kaum je selbst Rechtsträger und lässt sich vielmehr als ein mehr oder weniger komplexes Geflecht von natürlichen und juristischen Personen mit unterschiedlichen Rechten beschreiben[377]. Denkbar ist aber auch, dass die Religionsgemeinschaft rechtlich vollkommen unsichtbar bleibt[378].

IV. Selbstbestimmung der Religionsgemeinschaften und Neutralität des Staates?

Englischen Juristen ist der Begriff der *church autonomy* oder heute treffender *religious group autonomy* keinesfalls unvertraut. Denn die Idee, dass Religionsgemeinschaften in bestimmten Angelegenheiten frei von staatlicher Einmischung sein sollen, ist schon lange im englischen Recht verwur-

---

ursprünglich gestiftet worden ist. Diese Entscheidung erfordert in der Regel eine Untersuchung der Frage, welche Gruppierung eher den grundlegenden Lehren der Religionsgemeinschaft dient. In letzter Zeit versuchen die Gerichte aber zunehmend im Fall einer Spaltung, das Vermögen zu gleichen Teilen aufzuteilen und so eine Entscheidung über die Lehre zu vermeiden. Dies wird in der Literatur durchaus kritisch gesehen, weil sich damit das Maß der Durchsetzbarkeit des religionsgemeinschaftlichen „Gesellschaftsvertrages" verringert. Siehe hierzu *Rivers*, Organized Religions (Fn. 60), S. 96 ff., 100.

374 Für die Gotteshäuser und ihre Nebengebäude muss keine *Council Tax* abgeführt werden, Local Government Finance Act 1988, sch. 5, s. 11.

375 Marriage Act 1949, s. 41; siehe auch *Hill/ Sandberg/Doe*, Religion and Law (Fn. 223), S. 187 ff.

376 Mit der Folge, dass sie an den Human Rights Act 1998 gebunden ist, siehe oben auf S. 53.

377 „Aston Cantlow and Wilmcote with Billesley Parochial Church Council v. Wallbank", [2003] UK House of Lords 37 (Rn. 84), [2004] 1 Appeal Cases 546 (577); *Rivers*, Organized Religions (Fn. 60), S. 88.

378 Siehe *Rivers*, Organized Religions (Fn. 60), S. 72.

zelt[379]. *Religious group autonomy* besteht dann, wenn Religionsgemeinschaften ihre eigenen Angelegenheiten selbstbestimmt regeln und verwalten können[380]. Die Selbstbestimmung wird im englischen Recht allerdings nicht systematisch geschützt. Sie ist daher mehr ein tatsächlicher Zustand als ein Rechtsbegriff.

Ein Abwehrrecht der Religionsgemeinschaften gegen staatliche Einmischung in ihre inneren Angelegenheiten ist dem englischen Recht unbekannt[381]. Die Selbstbestimmung der Religionsgemeinschaften könnte regelungstechnisch aber auch durch objektiv-rechtliches Prinzip gesichert werden. Ob es ein Gebot der religiös-weltanschaulichen Neutralität im englischen Recht gibt, ist eine ausgesprochen schwierige Frage. Auf der einen Seite sind religiöse Gleichheits- und Freiheitsrechte im Human Rights Act 1998, aber auch im Equality Act 2010 verankert. Hieraus allein lässt sich aber kein eigenständiges und rechtlich bindendes Neutralitätsgebot ableiten[382]. Auf der anderen Seite besteht weiterhin eine *established church*, zu der der Staat *per se* andere Beziehungen als zu den übrigen Religionsgemeinschaften unterhält[383]. Wie bereits oben festgestellt wurde, sind die Angelegenheiten der *Church of England* rechtlich gesehen nicht ihre eigenen, sondern gehören zu den Kompetenzfeldern des Parlaments – wenn auch heute der Großteil der Befugnisse an kirchliche Organe delegiert ist[384]. Teilweise wird ausdrücklich gesagt, dass die religiös-weltanschauliche Neutralität im Vereinigten Königreich keine Tradition habe[385]. Der EGMR hingegen erkennt ein Neutralitätsgebot an, dass es den Signatarstaaten verbietet, über die Richtigkeit religiöser Überzeugungen

379 Darauf macht aufmerksam *P. Smith*, The Problem of Non-Justiciability of Religious Defamations, in: Ecclesiastical Law Journal 18 (2016), 36 (36 f.). Schon in der Magna Carta von 1215 wird die Freiheit der englischen Kirche garantiert, die damals freilich noch katholisch war.

380 Statt aller *Hill*, Church Autonomy (Fn. 330), S. 267.

381 Statt aller *Hill*, Church Autonomy (Fn. 330), S. 267.

382 Erhellend zu den Schwierigkeiten aus den Konventionsrechten allein Verfassungsprinzipien für das Religionsverfassungsrecht herzuleiten *Rivers*, Organized Religions (Fn. 60), S. 318 ff.

383 Die historische Präsenz des Christentums und darin eingeschlossen die überdauernden Elemente der historischen Staatskirche sieht als Grenze der Neutralität *Rivers*, Organized Religions (Fn. 60), S. 342 f.

384 Siehe oben S. 57 f.

385 „*There is no tradition of religious neutrality such as one finds in the German Basic Law*“, schreibt etwa *N. Harris*, Education, Law and Diversity, Oxford 2007, S. 430. Anderer Ansicht scheint *Mückl* zu sein, wenn er vom Neutralitätsgrundsatz als „Strukturprinzip des englischen Staatskirchenrechts“ spricht, *ders.*, Europäisierung (Fn. 5), S. 82 f.

zu urteilen[386]. Äußerungen des EGMR zur Neutralität des Staates und der Trennung von Staat und Kirche sowie *mutatis mutandis* Entscheidungen US-amerikanischer Gerichte hierzu werden in der Literatur mit Interesse verfolgt[387].

Trotz des Fehlens eines abstrakten Neutralitätsgebots lässt sich in der englischen Rechtspraxis ein Bemühen darum erkennen, sich aus den internen Angelegenheiten der Religionsgemeinschaften, wie religiösen Lehrmeinungen und der inneren Verwaltung der Gruppen, herauszuhalten. Der englische Staat erkennt an, dass er in religiösen Fragen unwissend ist. Schon gar nicht erlauben sich die staatlichen Akteure, vor allem die Gerichte, ein Urteil über die Wertigkeit religiöser Inhalte[388]. Dies kann durchaus als paritätisches Element gedeutet werden. Außerdem erkennen die Gerichte, dass sie nicht selbst festlegen können, was die religiösen Überzeugungen einer Religionsgemeinschaft sind. Gleichzeitig wird diese Befugnis nicht im Sinne einer Aufgabentrennung den Religionsgemeinschaften und ihrem Lehramt zugestanden. Vielmehr wird geschlussfolgert, dass der Staat nicht darüber urteilen kann, ob eine Autorität, die die Glaubensgrundsätze einer Religion festlegen kann, *überhaupt* existiert. Auch aus den weiteren inneren Angelegenheiten von Religionsgemeinschaften halten sich die Gerichte grundsätzlich heraus[389]. Ein Fall wird dann für *non-justiciable* erklärt und auf ein Urteil verzichtet[390]. Diese Zurückhal-

386 Siehe nur Urteil des EGMR v. 22.1.2009, Nr. 412/03 und 35677/04 [ECLI:CE:ECHR:2009:0122JUD000041203], „Holy Synod of the Bulgarian Orthodox Church (Metropolitan Inokentiy) and Others v. Bulgaria“, Rn. 120.

387 Entsprechende Rechtsprechung wird gerade auch zu den Anti-Terror-Maßnahmen der britischen Regierung in Beziehung gesetzt. Siehe etwa *Edge,* Hard Law (Fn. 365), S. 358 ff., 376 ff.

388 Ein schon älteres, aber oft angeführtes Beispiel ist die Äußerung des Richters *Scrutton L. J.* im Urteil „Re J. M. Caroll (An Infant)“, [1931] 1 King's Bench Division 317 (336): *„It is, I hope, unnecessary to say that the Court is perfectly impartial in matters of religion, for the reason that it has as a Court no evidence, no knowledge, no views as to the respective merits of the religious views of various denominations.“* [Es ist hoffentlich nicht erforderlich, darauf hinzuweisen, dass das Gericht gänzlich neutral in religiösen Fragen ist, da ein Gericht keine Beweise, kein Wissen, keine Ansichten zu den jeweiligen Vorteilen der religiösen Ansichten verschiedener Konfessionen hat.]. Zu der Unmöglichkeit, eine ganz und gar neutrale Position zu finden, *A. Bradney,* Law and Faith in a Sceptical Age, Abingdon 2009, S. 30 ff.

389 Teilweise wird dies zu einem *principle of non-interference* erhoben, wobei dies mehr eine Beobachtung als ein bindendes rechtliches Prinzip ist.

390 Der Grundsatz der *non-justiciability* und die praktischen Abgrenzungsbemühungen werden besonders deutlich in dem Urteil zu dem kuriosen Fall „Blake v.

tung beruht auf einer Selbstbeschränkung der Gerichte, nicht einer systematisch verankerten Pflicht hierzu[391]. Auch hierin zeigt sich das Fehlen eines abstrakten Neutralitätsgebots. Es gibt es keinen festen Maßstab, der bestimmt, wie weit sich ein Gericht zurücknehmen muss[392]. Der Grund für die Zurückhaltung ist weniger in der Religionsfreiheit zu suchen, als vielmehr in der Betrachtung von Religionsgemeinschaften als privaten Vereinigungen[393]. Hier zeigen sich entfernte Parallelen zu Ländern mit Trennungssystemen wie Frankreich[394]. Da die meisten Religionsgemeinschaften rein private Vereinigungen sind, hat sich der Staat für ihre Beschlüsse grundsätzlich nicht zu interessieren[395]. Weil diese Überlegung auf die *Church of England* nicht zutrifft, ist die Bereitschaft der Richter hier größer als bei anderen Religionsgemeinschaften, sich in Urteilen mit deren inneren Angelegenheiten zu befassen[396].

Auftrieb bekam das Konzept der *non-justiciability* durch das „Wachmann"-Urteil, in dem der *Supreme Court* vermeintlich deshalb keine Stellung bezog, weil er sich in innerreligiöse Streitigkeiten hätte einmischen müssen[397]. Die Reichweite der *non-justiciability* in religiösen Fragen wurde in der Folge überwiegend so verstanden, dass Gerichte sich bei Streitigkeiten über religiöse Lehrmeinungen und die inneren Angelegenheiten von Religionsgemeinschaften *per se* heraushalten sollten. Man ging davon aus, dass der Streit in eine überwiegend weltliche Rechtsfrage übersetzt werden

Associated Newspapers Limited", [2003] High Court of Justice 1960 (Queen's Bench Division) (Rn. 21, 24 ff.); siehe auch *Hill*, Church Autonomy (Fn. 330), S. 267, 272 ff.; *Hill/ Sandberg/Doe*, Religion and Law (Fn. 223), S. 74; *Mückl*, Europäisierung (Fn. 5), S. 82 f.

391 *Hill*, Church Autonomy (Fn. 330), S. 267, 272 ff.; *Hill/ Sandberg/Doe*, Religion and Law (Fn. 223), S. 74.

392 Von einem *„variable yardstick of neutrality"* [einem variablen Neutralitätsmaßstab] spricht treffend *Hill*, Judicial Approaches (Fn. 220), S. 413.

393 Man betrachtet die Religionsgemeinschaften als *„members' club"*, wie *Hill* treffend schreibt, *ders.*, Judicial Approaches (Fn. 220), S. 411.

394 *Doe* nennt in Zusammenhang mit der Betrachtung von Religionsgemeinschaften als rein private Organisationen das laizistische Frankreich und das Vereinigte Königreich sogar in einem Atemzug, *ders.*, Law and Religion (Fn. 5), S. 118.

395 Dieses Begründungsmuster erkennen *Doe*, Law and Religion (Fn. 5), S. 118; *Hill*, Church Autonomy (Fn. 330), S. 272; *ders.*, Judicial Approaches Disputes (Fn. 220), S. 411.

396 Siehe hierzu *Hill*, Judicial Approaches (Fn. 220), S. 410 ff., 415 ff.

397 Diese Deutung nahm zunächst etwa vor *Rivers*, Organized Religions (Fn. 60), S. 73.

können müsse, um justiziabel zu sein[398]. Teile der Literatur äußerten in der Folge Kritik am Konzept der *non-justiciability*. Es würde zu großer Rechtsunsicherheit und zu großen Lücken führen, wenn ein Fall den staatlichen Gerichten nicht mehr zugänglich sei, nur weil Religion in ihm eine Rolle spiele[399]. Das Recht müsse immer dann reagieren können, wenn Religionen nach außen wirken.

Jahre später stellte der *Supreme Court* aber klar, dass sich Gerichte nur grundsätzlich aus den Interna von reliösen Vereinigungen heraushalten sollen. Im Wachmann-Urteil sei lediglich deshalb keine Entscheidung erfolgt sei, weil weltliches Recht nicht berührt gewesen sei[400]. Die *non-justiciability* bedeutet entgegen der Annahmen nach dem Wachmann-Urteil in der Rechtsprechung des *Supreme Court* also nicht (mehr), dass die Gerichte sich *per se* aus den inneren Angelegenheiten der Religionsgemeinschaften heraushalten sollten. Zwar ist der Staat grundsätzlich nicht für die Entscheidung religiöser Fragen zuständig, sobald aber weltliches Recht berührt wird, wächst den staatlichen Gerichten die Entscheidungskompetenz wieder zu. Bei der Urteilsfindung können und müssen alle für die Entscheidung relevanten Aspekte betrachtet werden, bei Bedarf eben auch innerreligiöse Gesichtspunkte[401]. Darüberhinaus können Gerichte tätig

398 *Smith*, Non-justiciability (Fn. 379), S. 50; siehe aus dieser Zeit *Sandberg*, Law and Religion (Fn. 369), S. 76 f.

399 So z.B. *Rivers*, The Law of Organized Religion (Fn. 60), S. 73.

400 Aus dem Urteil des Supreme Court in „Shergill and others v. Khaira and others“: *„The ratio of the judgment in Ex p Wachmann [...] was that the Chief Rabbi's decision that the applicant was not religiously and morally fit to hold office as a rabbi did not raise an issue of public law which was amenable to judicial review. The case is not an authority for a proposition that the legality of such disciplinary proceedings is not justiciable“* [Die Argumentation des Urteils im Fall Wachmann war, dass die Entscheidung des obersten Rabbiners, dass der Bewerber religiös und moralisch nicht für das Rabbineramt geeignet sei, kein öffentlich-rechtliches Problem aufwarf, das einer gerichtlichen Beurteilung zugänglich gewesen wäre. Der Fall ist kein Argument für die Behauptung, dass die rechtliche Zulässigkeit solcher Disziplinarmaßnahmen nicht Gegenstand einer Klage sein könnte], [2014] United Kingdom Supreme Court 33 (Rn. 58), [2015] Appeal Cases 359 (383).

401 Aus dem Urteil des Supreme Court in „Shergill and others v. Khaira and others“: *„unless the parties are able to resolve their differences [...] the court may have to adjudicate on matters of religious doctrine and practice in order to determine who are the trustees entitled to administer the trusts“* [Wenn nicht die Parteien in der Lage sind, ihre Differenzen beizulegen, wird das Gericht vermutlich über Fragen religiöser Lehre und Praxis entscheiden müssen, um zu festzulegen, wer die Trustees sind, die die Befugnis haben, den Trust zu verwalten], [2014] United Kingdom Supreme Court 33 (Rn. 59), [2015] Appeal Cases 359 (383). Der Supreme Court kehrt damit zu einem älteren Verständnis der non-justicia-

werden, wenn zivilrechtliche Fragen beantwortet werden müssen bzw. rechtlich geschützte Interessen Einzelner oder Vorschriften des öffentlichen Recthts verletzt worden sein könnten[402]. Sie dürfen sich lediglich kein Urteil in der Frage erlauben, was aus religiöser Sicht richtig oder falsch ist.

Aufgrund der Fiktion, dass viele religiöse Gruppen als *unincorporated associations* einen Gesellschaftsvertrag haben, und der tatsächlichen Struktur anderer religiöser Vereinigungen als *trusts, associations* etc. geschieht es sehr schnell, dass weltliches Recht berührt ist, obwohl es sich um interne Streitigkeiten handelt. Das Gesellschaftsrecht ist zum einen berührt, wenn Mitglieder ihre satzungsgemäßen Rechte geltend machen wollen. Zum anderen kann aber, wenn die Religionsgemeinschaft einen *trust* aufgesetzt hat, auch gerichtlich überprüft werden, ob das Vermögen zur Förderung des Zwecks des jeweiligen *trusts* verwendet wird[403]. In diesen Zusammenhängen, muss zum Beispiel überprüft werden, ob das Vermögen entsprechend des Gründungsvertrags eingesetzt wird, soweit dies objektiv feststellbar ist. Bei der Beurteilung dessen, ob Amtsinhaber nach den Gründungsstatuten *ultra vires* handeln, wird durchaus die Überlegung eine Rolle spielen, ob die zu bewertende Handlung mit der im Gesellschaftsvertrag festgehaltenen religiösen Lehrmeinung in Einklang steht[404]. Die Durchsetzung

---

bility zurück, hierauf weisen hin *Smith,* Non-justiciability (Fn. 379), S. 51; siehe auch *Rivers,* Organized Religions (Fn. 60), S. 73. Exemplarisch für die ältere Rechtsprechung ist das Urteil des House of Lords im Fall Forbes v. Eden: „*A Court of Law will not interfere with the rules of a voluntary association unless to protect some civil right or interest which is said to be infringed by their operation. Least of all will it enter into questions of disputed doctrine, when not necessary to do so in reference to civil interests*“ [Ein Gericht wird sich nicht in die Satzung einer freiwilligen Vereinigung einmischen, es sei denn, um privatrechtliche Rechte oder Interessen zu schützen, die durch ihr Agieren beeinträchtigt worden sein könnten. Am allerwenigsten wird es auf Fragen bezüglich umstrittener Lehrmeinungen eingehen, es sei denn, dies ist erforderlich in Bezug auf privatrechtliche Interessen], (1866–69) Law Reports 1 Scotch Appeals 568 (588).

402 Urteil des Supreme Courts „Shergill and others v. Khaira and others“, [2014] United Kingdom Supreme Court 33 (Rn. 46), [2015] Appeal Cases 359 (379).

403 Diese beiden gesellschaftsrechtlichen Hauptfelder für entsprechende Prozesse macht aus *Smith,* Non-justiciability (Fn. 379), S. 45.

404 In „Barker and Another v. O'Gorman and Others“ musste der *High Court* beispielsweise darüber entscheiden, ob die Konferenz der Methodistischen Kirche in England als höchste Instanz der Religionsgemeinschaft innerhalb ihrer Befugnisse gehandelt hatte, als sie die schrittweise Vereinigung mit der *Church of England* beschloss. Hierzu musste das Gericht beurteilen, wie weit die Lehrmeinungen beider Kirchen in bestimmten Fragen auseinander lagen, [1971] Chan-

der aus dem Gesellschaftsvertrag abgeleiteten Rechte der Mitglieder stellt daher ein wesentliches Einfallstor für das Tätigwerden von staatlichen Gerichten in inneren Angelegenheiten der Religionsgemeinschaften dar.

Auch die Rechtsprechung von religiösen Gerichten kann oder muss Berücksichtigung vor staatlichen Gerichten finden. Außer bei Urteilen der Gerichte der *Church of England*, die Teil des staatlichen Instanzenzugs sind, gibt es zwar keine grundsätzliche Pflicht weltlicher Gerichte, die religionsgemeinschaftliche Rechtsprechung durchzusetzen[405]. In bestimmten Bereichen ist in England allerdings die verbindliche Klärung von zivilrechtlichen Konflikten vor Schiedsgerichten möglich. Entsprechende Entscheidungen müssen auch dann anerkannt werden, wenn es sich um ein religiöses Gericht handelt, sofern dieses ein Schiedsgericht im Sinne des Arbitration Act 1996 darstellt[406]. In anderen Bereichen können die staatlichen Gerichte Rücksicht auf religiöse Rechtsprechung nehmen, müssen dies aber nicht tun[407].

Interessanterweise wurde nicht in der jüngeren Rechtsprechung des *Supreme Court* eine Schmälerung der *religious group autonomy* gesehen, sondern vielmehr in der vorhergegangen und teilweise weiter andauernden Weigerung staatlicher Gerichte, bei Vermögensstreitigkeiten innerhalb von Religionsgemeinschaften deren religiösen Lehren und interner Verwaltungsstruktur auf den Grund zu gehen[408]. Dies verdeutlicht, dass die Selbstbestimmung nach englischem Verständnis nicht dann floriert, wenn ein möglichst großer Abstand zwischen Staat und Religionsgemeinschaften besteht, sondern dann, wenn das religiöse Recht staatliche Berücksichtigung findet, es „sichtbar" für den Staat wird und vor seinen Gerichten durchsetzbar ist.

---

cery 215 (215 ff.). Die Vereinbarkeit mit der EMRK darf bezweifelt werden, siehe nur in einem grundsätzlich ähnlich gelagerten, wenn auch deutlich weitergehenden Fall das Urteil des EGMR v. 22.1.2009, Nr. 412/03 und 35677/04 [ECLI:CE:ECHR:2009:0122JUD000041203], „Holy Synod of the Bulgarian Orthodox Church (Metropolitan Inokentiy) and others v. Bulgaria".

405 Zur Situation der *Church of Scotland* siehe zum Vergleich *Knights*, Freedom of Religion (Fn. 267), Rn. 3.30.

406 Das jüdische Gericht Beth Din und das islamische Schiedsgericht Muslim Arbitration Tribunal fallen unter den Arbitration Act 1996, sog. *Sharia Councils* hingegen nicht, siehe *F. Hötte*, Religiöse Schiedsgerichtsbarkeit, 2013, S. 178 ff.; *Knights*, Freedom of Religion (Fn. 267), Rn. 3.28.

407 Siehe *Knights*, Freedom of Religion (Fn. 267), Rn. 3.28.

408 Das diese Haltung zunehme beklagt beispielsweise *Rivers* als *„erosion of autonomy"*, *ders.*, Organized Religions (Fn. 60), S. 338.

Eine positive Form der Neutralität wird teilweise darin erkannt, dass der Staat punktuell Rücksicht auf religiöse Gebräuche nimmt, indem er entsprechende detaillierte Ausnahmen von allgemein gültigen Gesetzen gewährt[409]. Hierzu gehört zum Beispiel, dass Turban tragende Sikhs per Gesetz beim Motorradfahren von der Helmtragepflicht befreit sind[410]. Partiell scheint also eine positive Neutralität durch, wenngleich diese bereits in ihrer Struktur insofern angezweifelt werden kann, als dass aufgrund des fehlenden rechtlichen Konzeptes der selbstbestimmten Religionsgemeinschaft ungeklärt bleiben muss, wer die Kompetenz hat, den Bedarf für entsprechende detaillierte Ausnahmeregelungen auszusprechen, und nach welchen Gesichtspunkten darüber entschieden wird, ob eine solche Ausnahme gewährt wird[411].

Es wird deutlich, dass es keinen Staat und Gerichte verpflichtenden „Abstandhalter" zwischen staatlichen und religionsgemeinschaftlichen Angelegenheiten gibt[412]. Weder besteht ein solcher in Form eines subjektiven Selbstimmungs*rechts* der Religionsgemeinschaften noch in Form eines den Staat objektiv bindenden Neutralitäts*gebots.* Dies bedeutet aber nicht, dass *Selbstbestimmung* oder religiöse *Neutralität* in England nicht existieren. Sie sind aber mehr Folge staatlichen Handelns denn Bedingungen und Grenzen für staatliches Handeln. Die „Zahnlosigkeit" dieser Konzeption zeigt wenig Auswirkungen, wenn sich der Staat tatsächlich zurückhält. Tut er dies aber nicht, haben die Religionsgemeinschaften außer dem Konventionsrecht der Religionsfreiheit wenig in der Hand. Staatliche Gesetze beanspruchen bezüglich der eigenen Angelegenheiten der Religionsgemeinschaften genauso Geltung wie in allen anderen Bereichen. Besonders stark ist die (potentielle) Einschränkung der Selbstbestimmung der Religionsgemeinschaften durch die Antidiskriminierungsgesetze. Weder stellen religiöse Überzeugungen einen Rechtfertigungsgrund für Unterscheidungen dar, noch gibt es generelle Bereichsausnahmen für Reli-

---

409 Als Neutralitätsaspekt erkennt dies auch an *Rivers*, Organized Religions (Fn. 60), S. 342. Problematisch ist allerdings, dass diese Ausnahmen immer nur bestimmten Religionsgemeinschaften gewährt werden und nicht abstrakt gefasst sind, siehe hierzu: *Bradney*, Law and Faith (Fn. 388), S. 34 f.

410 Road Traffic Act 1988, s.16 (2). Vgl. aber BVerwG, NJW 2019, 3466 f.

411 Diese Schwierigkeit deutet an *Knights*, Freedom of Religion (Fn. 267), Rn. 1.34.

412 Vergleiche aber die Situation der *Church of Scotland*, der die Selbstbestimmung *„in matters spiritual"* im Church of Scotland Act 1921 s. 1 im Sinne einer Nichteinmischung des Staates explizit zugesichert wird. Siehe auch *Rivers*, Organized Religions (Fn. 60), S. 317 f.

gionsgemeinschaften oder Tendenzbetriebe[413]. Einzig recht eng gefasste Ausnahmeregelungen ermöglichen beispielsweise der katholischen Kirche, weiterhin nur Männer zu Priestern zu weihen, ohne gegen staatliches Recht zu verstoßen[414]. Die Ausnahmeregelungen werden nur punktuell gewährt, den Religionsgemeinschaften steht hingegen keine besonders geschützte rechtliche Position, die die freie Regelung ihrer eigenen Angelegenheiten sichert[415]. Besonders wenig Schutz besteht dann, wenn die Religionsgemeinschaft eine eigene Rechtsposition gegenüber ihren Mitgliedern behaupten will. Dies liegt daran, dass religiöse Vereinigungen als Zusammenschlüsse von Individuen verstanden werden, von denen die Vereinigung ihre Rechte ableitet, und Religionsgemeinschaften nicht als Subjekte mit originären Rechten verstanden werden. Problematisch ist das nicht nur für die Abgrenzung zum Staat, sondern auch für die Behauptung einer eigenen Rechtsposition gegenüber individuellen Rechtsträgern im staatlichen Recht. Denn Religionsgemeinschaften können dadurch gegenüber Einzelpersonen in die Pflicht genommen, ihrer Selbstbestimmung beraubt werden. So wäre es beispielsweise nicht vollkommen abwegig, wenn Religionsgemeinschaften sich zum Beibehalten des Gemeinnützigkeitsstatus in Zukunft rechtfertigen müssen, wieso sie bestimmte Personen nicht aufnehmen, die in Ausübung ihrer individuellen Religionsfreiheit gerne Teil der Religionsgemeinschaft werden würden[416]. Werden lediglich die Rechte Einzelner gebündelt, entsteht hieraus noch kein starkes Selbstbestimmungsrecht der Gemeinschaft. Auch wenn der *Supreme Court* vorläufig Klarheit geschaffen hat, ist sein letztes wichtiges Urteil in der Frage noch so frisch, dass abzuwarten bleibt, wie sich das Spannungsfeld zwischen Neutralität und *religious group autonomy* und insbesondere die Anwendung des Konzeptes der *non-judiciability* weiterentwickelt[417].

---

413 Diese – aus seiner Sicht wünschenswerten – Varianten beschreibt *Rivers*, Organized Religions (Fn. 60), S. 333 f.

414 Siehe auch zu der verwandten Frage, ob Kirchen verpflichtet werden könnten, homosexuelle Menschen zu Pfarrern zu weihen, *R. Ahdar*, Religious Group Autonomy, Gay Ordination, and Human Rights Law, in: O'Dair/Lewis, Law and Religion (Fn. 220), S. 275 ff.

415 *Rivers* geht davon aus, dass die Ausnahmeregelungen einzig durch politischen Druck entstanden sind und bei einer geänderten politischen Stimmungslage nicht existieren würden, *ders.*, Organized Religions (Fn. 60), S. 334.

416 Eine solche Entwicklung erahnt *Rivers* beispielsweise in der *Charity Commission*, *ders.*, Organized Religions (Fn. 60), S. 312 f.

417 Angewandt wird eine Auslegung der *non-justiciability* entsprechend des „Khaira"-Urteils des *Supreme Courts* aber beispielsweise in dem Fall „Saini v. National Offender Management Services", 2015 Westlaw 12591127 Rn. 71, einem eher

C. Vergleichende Zusammenfassung

Im Religionsverfassungsrecht macht das englische Recht seinem Ruf alle Ehre, pragmatische Einzelfalllösungen abstrakten Prinzipien vorzuziehen. Der Mangel an Lehrbüchern, die ansonsten erheblich zur Systematisierung des englischen Rechts beitragen, erschwert es zusätzlich, die Strukturprinzipien des englischen Religionsverfassungsrechts zu erkennen und herauszuarbeiten[418]. Das Religionsverfassungsrecht des Vereinigten Königreichs wird nicht durch ein übergeordneten Prinzip oder eine grundlegende Idee geprägt, sondern steht in einem Spannungsverhältnis zwischen der Bewahrung der *established church* und einem fortschreitenden Säkularismus und religiösen Pluralismus. Gegen letzteren setzt die *Church of England* oftmals ihre hervorgehobene Position ein, um die Präsenz des Religiösen im staatlichen Raum aufrechtzuerhalten und dabei auch für andere Religionsgemeinschaften zu öffnen. Gleichzeitig zeigt sich die Schwäche der bereits dargestellten üblichen Typisierung von religionsverfassungsrechtlichen Systemen. England hat zwar eine *established church*, ein Umstand, der einige interessante Besonderheiten und Merkwürdigkeiten hervorbringt. Dieser Befund allein sagt allerdings über die konkrete rechtliche Position der übrigen Religionsgemeinschaften wie auch der *Church of England* selbst wenig aus.

Hinsichtlich der rechtlichen Position der Religionsgemeinschaften gegenüber dem Staat fällt auf, dass sie durch zwei divergierende Konzepte geprägt ist. Neben der neueren menschenrechtlichen Perspektive der EMRK und des Human Rights Act 1998, scheinen vor allem im Bereich des Selbstbestimmungsrechts immer noch Anklänge an die älteren *civil liber-*

---

niedriginstanzlichen Urteil, was zeigt, dass die Khaira-Rechtsprechung recht weite Kreise zieht. Die Frage der Justiziabilität innerreligiöser Konflikte wird nicht nur in England, sondern auch in anderen Common-Law-Jurisdiktionen aktuell aufgeworfen, was wiederum in England mit Interesse beobachtet wird, siehe beispielsweise die Stellungnahme von *F. Cranmer* zu den Argumenten im Fall „Aga v. Ethiopian Orthodox Tewahedo Church of Canada", 2020 ONCA 10 (CanLII) in seinem Blogpost vom 16.3.2020 „Can church members have contractual rights? Aga v. Ethiopian Orthodox Church of Canada", zu finden unter https://www.lawandreligionuk.com/2020/03/16/can-church-members-have-contractual-rights-aga-v-ethiopian-orthodox-church-of-canada/ (zuletzt eingesehen am 17.8.2021). Zur Parallelfrage im deutschen Recht siehe *F. Wittreck*, Rechtsschutz der Religionsgemeinschaften durch staatliche Gerichte, in: D. Pirson/W. Rüfner/M. Germann/S. Muckel (Hrsg.), Handbuch des Staatskirchenrechts der Bundesrepublik Deutschland, Bd. III, 3. Aufl. 2020, § 77 Rn. 4 ff.

418 Diese Tatsache benennt *Rivers*, Organized Religions (Fn. 60), S. 316 ff.

ties durch. Zwar wird auch in England mit Blick auf die Rechtsprechung des EGMR die Selbstbestimmung der Religionsgemeinschaften als schützenswert anerkannt. Ein Selbstbestimmungsrecht mit abwehrrechtlicher Dimension, wie es in Deutschland für zentral gehalten wird, ist hingegen kaum auszumachen. Wenn die Zuständigkeiten des Staates berührt werden, darf er tätig werden, unabhängig davon, ob eigene Angelegenheiten der Religionsgemeinschaften betroffen sind oder nicht – solange er sich einer Bewertung religiöser Lehren enthält. Im Gegenteil wird es als Kerngehalt der *religious group autonomy* angesehen, dass Religionsgemeinschaften ihre Angelegenheiten so regeln können, dass sie gerichtlich durchsetzbar sind. In einem Spannungsverhältnis hierzu steht die Idee der *non-justiciability*, die man als Teilgehalt einer negativen Neutralität des Staates in religiös-weltanschaulichen Fragen verstehen kann. Staatlichen Gerichten wird aufgegeben, sich aus religiösen Fragen weitgehend herauszuhalten. Entsprechend wirken beide Konzepte im Grundsatz gegeneinander. Die Idee der *non-justiciability* ist zwar als Argument weit verbreitet, ihre tatsächliche Bedeutung ist aber aufgrund der Rechtsprechungsänderung des *Supreme Court* schwer einzuschätzen.

In Deutschland konvergieren das Selbstbestimmungsrecht und die Neutralität des Staates hingegen weitgehend. Das deutsche Selbstbestimmungsrecht der Religionsgemeinschaften ist als Abwehrrecht gegen staatliche Einmischung ausgeprägt. Neutralität wird in weiten Teilen als positive, zulassende Neutralität und ein Gebot der Nichteinmischung verstanden. Die objektivrechtliche Neutralitätspflicht des Staates und das subjektivrechtliche Selbstbestimmungsrecht der Religionsgemeinschaften wirken daher in eine Richtung und verstärken auf diese Weise einander. Nicht nur das Selbstbestimmungsrecht, auch andere korporative Rechte der Religionsgemeinschaften bestimmen ganz wesentlich den institutionellen Teil des deutschen Religionsverfassungsrechts. Religionsgemeinschaften sind mehr als die „Summe ihrer Teile". Ihnen stehen Rechte zu, die originär im Grundgesetz angelegt sind und nicht nur aus der individuellen Religionsfreiheit ihrer Mitglieder abgeleitet werden. Voraussetzung dafür ist die Eigenschaft, „Religionsgemeinschaft" auch im rechtlichen Sinne zu sein, denn hierbei handelt es sich im deutschen Kontext auch um einen Rechtsbegriff, den nicht jede religiöse Vereinigung automatisch für sich beanspruchen kann, ohne bestimmte Kriterien zu erfüllen. Insgesamt haben Religionsgemeinschaften originäre Rechte, die auch gegebenenfalls in eine Abwägung mit Rechten ihrer Mitglieder einbezogen werden können.

In England liegt der Fall ganz anders. Es gibt kein rechtliches Konzept der Religionsgemeinschaft. Religionsgemeinschaften haben *per se* keine besondere rechtliche Stellung oder nur ihnen zustehende Rechte. Denn die Religionsfreiheit wird grundsätzlich vom Individuum her verstanden. Die korporative Religionsfreiheit spielt im Diskurs kaum eine Rolle. Die Rechte der Gemeinschaft werden mehr als Bündelung der individuellen Religionsfreiheit ihrer Mitglieder verstanden. Religionsgemeinschaften treten in aller Regel zivilrechtlich in Erscheinung. Wie andere zivilrechtliche Gruppierungen auch können sie bei der Gründung von juristischen Personen aus einer Vielfalt von Rechtsformen wählen. Liegen die Voraussetzungen vor, sind Religionsgemeinschaften darüber hinaus unter Umständen als *unincorporated associations* (nicht-eingetragene Vereine) zu qualifizieren. Es gibt allerdings keine besondere Rechtsform, die nur Religionsgemeinschaften zu stehen würde. Im Gegenteil, um die Voraussetzungen für die Gründung einer bestimmten Gesellschaft zu erfüllen, werden teilweise nur das Vermögen und bestimmte Amtsinhaber in die Gründung einbezogen, nicht alle Mitglieder der Religionsgemeinschaft. Die rechtliche Behandlung religiöser Rechtsträger folgt im Wesentlichen der anderer juristischer Personen des Zivilrechts. Religionsgemeinschaften in Deutschland haben hingegen die Wahl zwischen zivilrechtlichen und öffentlich-rechtlichen Rechtsformen. Insbesondere können Religionsgemeinschaften Körperschaft des öffentlichen Rechts werden, was mit verschiedenen Vorteilen, aber auch Pflichten verbunden ist. Anderen privaten Vereinigungen, die nicht Religionsgemeinschaften sind, steht das Recht, diesen besonderen Status zu erlangen, nicht zu. Auch im Vereinigten Königreich gibt es Rechtsformen, die mit besonderen Vorteilen verknüpft sind. Hier sind insbesondere die verschiedenen gemeinnützigen Rechtsformen zu nennen. Diese stehen indes nicht nur religiösen Gruppen offen. Zwar ist die Religionsförderung weiterhin ein grundsätzlich anerkannter förderungswürdiger Zweck. Die Anerkennung der Gemeinnützigkeit setzt aber zusätzlich einen Beitrag zum rein weltlich zu bestimmenden Gemeinwohl voraus.

Insgesamt ist das englische Recht gegenüber Religionsgemeinschaften weitgehend blind. Erst wenn aus ihnen heraus juristische Personen gegründet werden oder *unincorporated associations* entstehen, sind diese Gruppierungen auch für das Recht sichtbar. Religionsfreiheit wird stärker individuell verstanden. Dementsprechend ist auch kein dem deutschen entsprechendes Selbstbestimmungsrecht der Religionsgemeinschaften anerkannt. In Deutschland sind die Religionsgemeinschaften hingegen schon als solche Träger von bedeutenden Rechten, die sich von denen ihrer Mitglieder unterscheiden. „Religionsgemeinschaft“ bzw. „Weltanschauungsgemeinschaft“ ist ein definierbarer Rechtsbegriff. Gerade mit Blick auf das Selbstbestimmungsrecht zeigt sich, welche Vorsicht man bei vermeintlich äquivalenten Begriffen in beiden Rechtsordnungen walten lassen muss. Denn wie gezeigt, ist die englische *religious group autonomy* etwas ganz anderes als das deutsche Selbstbestimmungsrecht der Religionsgemeinschaften.

Zweiter Teil: Vergleichende Betrachtung der Stellung der Religionsgemeinschaften in Religionsunterricht und Anstaltsseelsorge in Deutschland und England

3. Kapitel: Kooperation an staatlichen Schulen

Der Religionsunterricht lässt das Religiöse in den säkularen Raum der staatlichen Schule hinein. Dies gilt vor allem dann, wenn Religion wie in Deutschland aus der Bekenntnisperspektive gelehrt wird. Der weltanschaulich-neutrale Staat kann nicht die inhaltliche Verantwortung für solche Lehrinhalte übernehmen. Dementsprechend muss eine Kooperation mit den Religionsgemeinschaften stattfinden, soll es bekenntnisorientierten Religionsunterricht geben. Dies sieht das Grundgesetz auch eigens vor, wenn es in Art. 7 Abs. 3 GG den Religionsunterricht von der Initiative der Religionsgemeinschaften abhängig macht und ihnen die inhaltliche Verantwortung überlässt. Aber auch die Lehre von religiösen Inhalten aus der Außenperspektive wirft die Frage auf, inwiefern das Selbstbestimmungsrecht der Religionsgemeinschaften auch hier eine Kooperation erfordert und wie ein solcher Unterricht mit dem Neutralitätsgebot vereinbar ist. In England findet trotz religionskundlichen Unterrichts, anders gearteter Neutralität des Staates und des fehlenden Äquivalents zum deutschen Selbstbestimmungsrecht eine Kooperation statt. Dies gilt auch für die vorgeschriebenen Schulandachten. Die rechtliche Position der Religionsgemeinschaften ist im Gegensatz zu Deutschland nicht ausdrücklich in den Religionsunterricht und Schulandacht regelnden Bestimmungen formuliert, sondern muss im Folgenden erst herausgearbeitet werden.

A. Religionsunterricht in Deutschland

Die ersten Schulen in Deutschland waren kirchliche Einrichtungen, die überwiegend religiöse Bildung vermittelten[419]. Schon recht früh begann

---

419 Eine überblicksartige historische Einführung findet sich bei *F. Brosius-Gersdorf*, in: H. Dreier (Hrsg.), Grundgesetz. Kommentar, Bd. I, 3. Aufl 2013,

die weltliche Obrigkeit aber, Einfluss auf das Schulwesen zu nehmen und selbst Schulen zu gründen[420]. Das Verhältnis des staatlichen Schulwesens zur Religion blieb dabei stets ein Thema. Auch in den Beratungen zur Weimarer Reichsverfassung brauchte es in dieser Hinsicht einen mühsam errungenen Kompromiss. Man einigte sich auf staatliche Gemeinschaftsschulen als Regelschulen, die weder bekenntnisfrei noch bekenntnisgebunden sein sollten und an denen Religionsunterricht als „ordentliches Lehrfach" und „in Übereinstimmung mit den Grundsätzen der betreffenden Religionsgesellschaft unbeschadet des Aufsichtsrechts des Staates" erteilt werden würde[421]. Fast wortgleich ist die Regelung zum Religionsunterricht im Grundgesetz ausgefallen, die allem gesellschaftlichen Wandel zum Trotz bis heute Bestand hat[422]. Das Konzept, Religionsunterricht an staatlichen Schulen als ordentliches Lehrfach anzubieten, dabei aber die inhaltliche Gestaltung der Verantwortung der Religionsgemeinschaften zu überlassen, ermöglicht es, den umfassenden Erziehungsanspruch des Staates mit dem Neutralitätsgebot zu vereinbaren[423].

I. Rechtsquellen

Die Regelungskompetenz für das öffentliche Schulwesen liegt ausschließlich bei den Ländern. Bei der Ausgestaltung müssen sie allerdings die Vorgaben des Grundgesetzes beachten. Die hauptsächliche Kooperationsform von Staat und Religionsgemeinschaften in der Schule, der Religionsunterricht, ist in Art. 7 Abs. 3 GG geregelt. Weiterhin sind insbesondere das Verbot der Staatskirche, das Neutralitäts- und Paritätsgebot, sowie die Religionsfreiheit zu berücksichtigen.

Gemäß Art. 141 GG findet Art. 7 Abs. 3 GG in den Bundesländern keine Anwendung, in denen der Religionsunterricht zum Zeitpunkt des 1. Januar 1949 abweichend geregelt war. Nach dieser „Bremer Klausel" muss der Religionsunterricht in diesen Ländern nicht den in Art. 7 Abs. 3 GG

Art. 7 Rn. 1 ff.; *M. Ogorek*, Religionsunterricht, in: D. Pirson/W. Rüfner/M. Germann/S. Muckel (Hrsg.), Handbuch des Staatskirchenrechts der Bundesrepublik Deutschland, Bd. II, 3. Aufl. 2020, § 44 Rn. 4 ff.

420 *Brosius-Gersdorf* (Fn. 419), Art. 7 Rn. 1 ff.

421 Art. 149 Abs. 1 S. 1 und 3 WRV.

422 Zu den Beratungen im Parlamentarischen Rat siehe *Brosius-Gersdorf* (Fn. 419), Art. 7 Rn. 7.

423 Siehe nur *M. Germann*, in: V. Epping/C. Hillgruber (Hrsg.), BeckOK Grundgesetz, 45. Edition, 15.11.2020, Art. 7 Rn. 43.

beschriebenen Anforderungen genügen, sondern kann dahinter zurückbleiben[424]. Art. 141 GG betrifft nach überwiegender Ansicht Bremen und Berlin[425]. Für die ostdeutschen Bundesländer ist die Geltung umstritten[426]. Alle neuen Bundesländer bis auf Brandenburg haben jedoch nach der Wiedervereinigung Art. 7 GG weitgehend entsprechende Gewährleistungen eingeführt[427]. In Brandenburg ist der Religionsunterricht kein ordentliches Lehrfach. Allerdings trägt das Land dessen Kosten und die Schüler können sich nach einem Vergleich vor dem Bundesverfassungsgericht bei Teilnahme am Religionsunterricht vom Pflichtfach Lebensgestaltung–Ethik–Religionskunde (LER) befreien lassen. Die Geltung des Art. 141 GG für Brandenburg und damit die verfassungsrechtliche Zulässigkeit sind noch nicht abschließend geklärt[428].

Die Landesverfassungen sehen zum Teil Gewährleistungen vor, die über die grundgesetzliche Regelung hinausgehen[429]. Als Ausnahme vom Grundsatz „Bundesrecht bricht Landesrecht" in Art. 31 GG gelten gemäß Art. 142 GG nicht nur inhaltsgleiche Regelungen, sondern auch weitergehende Gewährleistungen fort, soweit das Bundesrecht nichts Gleiches oder Abweichendes bestimmt, wobei darauf hinzuweisen ist, dass die Länder die Gesetzgebungskompetenz für das Recht der Schulen haben. In der Folge sind nicht nur Verfassungsbeschwerden zum Bundesverfassungsgericht gestützt auf Art. 7 GG, sondern auch solche zu den Landesverfassungsgerichten zur Durchsetzung der in den Landesverfassungen enthaltenen Gewährleistungen denkbar.

---

424 BVerwGE 110, 326 (337 ff.). Wird dennoch ein Religionsunterricht im Sinne von Art. 7 Abs. 3 S. 1 GG eingerichtet, sind Art. 7 Abs. 2 und 3 S. 2 und 3 GG eventuell anwendbar, siehe *Jarass* (Fn. 155), Art. 141 Rn. 2.

425 *Brosius-Gersdorf* (Fn. 419), Art. 7 Rn. 96 m.w.N.; *Ogorek* (Fn. 419), § 44 Rn. 93 f. Da das heutige Land Berlin 1949 als Rechtssubjekt noch nicht existiert hat, hält Art. 141 GG hingegen in Bezug auf dieses Bundesland für nicht anwendbar *Unruh*, Religionsverfassungsrecht (Fn. 3), § 12 Rn. 445.

426 Siehe hierzu *Brosius-Gersdorf* (Fn. 419), Art. 7 Rn. 96.

427 Die Regelungen finden sich für den Freistaat Sachsen in Art. 105 SächsVerf.; für Thüringen in Art. 25 ThürVerf.; für Sachsen-Anhalt in Art. 27 Abs. 3 LSAVerf. Mecklenburg-Vorpommern verzichtet auf eine Gewährleistung in der Landesverfassung, eine Art. 7 GG im Wesentlichen entsprechende Regelung findet sich aber in § 8 Abs. 1 und 2 SchulG M-V.

428 Siehe auch *K. Landes*, Ein neuer Kulturkampf? Eine verfassungsrechtliche Untersuchung zum schulrechtlichen Sonderweg Brandenburgs mit Schwerpunkt auf der Auslegung des Art. 141 GG, 2006. Gegen die Erfassung der neuen Bundesländer durch Art. 141 GG spricht sich aus *Unruh*, Religionsverfassungsrecht (Fn. 3), § 12 Rn. 444.

429 Einen Überblick hierüber gibt *Ogorek* (Fn. 419), § 44 Rn. 9 ff.

Die weitere Ausgestaltung der grundgesetzlichen und landesverfassungsrechtlichen Vorgaben erfolgt teilweise in den Schulgesetzen und Schulverordnungen der Länder. Weite Teile werden aber durch Kirchenverträge und Konkordate ausgeformt[430]. Neben der Bestätigung der grundgesetzlichen Garantien finden sich darin Vereinbarungen zu den sachlichen und personellen Mitteln sowie eine genauere Ausgestaltung der Aufsichts- und Mitgestaltungsrechte. Neben diesen umfassenden Abkommen gibt es auch Vereinbarungen zu einzelnen Themen, z.B. zur Stellung von Geistlichen als Religionslehrer durch die Religionsgemeinschaften und zu finanziellen Gegenleistungen des Staates.

II. Religionsunterricht an öffentlichen Schulen nach Art. 7 Abs. 2 und 3 GG

Religionsunterricht ist das einzige Schulfach, das im Grundgesetz erwähnt wird und bundesrechtlich verpflichtend ist[431]. Es ist wohl auch das Schulfach, das die meisten verfassungsrechtlichen Fragen aufwirft.

1. Religionsunterricht ist ordentliches Lehrfach

Der Religionsunterricht in Deutschland wird in Art. 7 Abs. 3 S. 1 GG zum ordentlichen Lehrfach erklärt. Dies hat mehrere Implikationen.

Erstens bedeutet die Stellung des Religionsunterrichts als ordentliches Lehrfach, dass es sich bei ihm um eine „staatliche Aufgabe und Angelegenheit" handelt[432]. Die Unterichtsziele des Religionsunterrichts sind ein Teil des staatlichen Bildungsauftrags[433]. Auch in dem deklaratorischen

---

430 Siehe hierzu *Ogorek* (Fn. 419), § 44 Rn. 14 ff.

431 Darauf weist hin *H. Wißmann*, in: Kahl/Waldhoff/Walter, Bonner Kommentar (Fn. 15), Art. 7 Rn. 131. Die Formulierung des Art. 7 Abs. 2 und 3 GG entspricht in weiten Teilen der des Art. 149 Abs. 1 und 2 WRV, siehe *Unruh*, Religionsverfassungsrecht (Fn. 3), § 12 Rn. 413; *Ogorek* (Fn. 419), § 44 Rn. 4.

432 BVerfGE 74, 244 (251). Irreführend ist in diesem Zusammenhang die Formulierung in den landesverfassungsrechtlichen Regelungen von Rheinland-Pfalz und dem Saarland: In Art. 34 S. 2 RhPfVerf. (und dem fast wortgleichen Art. 29 SVerf.) heißt es: „er [der Religionsunterricht] wird erteilt im Auftrag [...] der betreffenden Kirche oder Religionsgemeinschaft".

433 *Ogorek* (Fn. 419), § 44 Rn. 56; *Unruh*, Religionsverfassungsrecht (Fn. 3), § 12 Rn. 425.

Hinweis auf das fortbestehende staatliche Aufsichtsrecht in Art. 7 Abs. 3 S. 2 GG kommt zum Ausdruck, dass trotz der Mitwirkung der Religionsgemeinschaften der Staat sachlich und rechtlich verantwortlich für den Religionsunterricht ist[434]. Er ist der Veranstalter, der „Unternehmer"[435] des Religionsunterrichts. Weil der Religionsunterricht ordentliches Lehrfach ist, trägt auch der Staat dessen Kosten[436]. Da der Unterricht inhaltlich von den Religionsgemeinschaften verantwortet wird, sprechen sich einige aber auch für eine Kostenteilung zwischen Staat und Religionsgemeinschaften aus[437]. Zweitens ist der Einordnung des Religionsunterrichts als „ordentliches Lehrfach" eine Pflicht des Staates zu entnehmen, den Religionsunterricht an allen öffentlichen Schulen vorzusehen[438]. Vielfach wird Art. 7 Abs. 3 S. 1 GG in diesem Zusammenhang eine institutionelle Garantie entnommen[439]. Diese wird teilweise so verstanden, dass der Staat nicht nur die Voraussetzungen für den Religionsunterricht schaffen, sondern ihn tatsächlich als selbstständiges Unterrichtsfach anbieten müsse[440]. Dies ist unproblematisch, solange man nicht davon ausgeht, dass der Unterricht ohne Mitwirkung der Religionsgemeinschaften angeboten werden kann. Drittens bedeutet „ordentliches Lehrfach", dass der Religionsunterricht die gleiche Stellung wie die übrigen Schulfächer haben muss[441]. Dies

434 Als „deklaratorisch" bezeichnet den Hinweis auf das staatliche Aufsichtsrecht auch u.a. *Unruh*, Religionsverfassungsrecht (Fn. 3), § 12 Rn. 427.

435 *C. M. Corlazzoli*, Religionsunterricht von kleineren Religionsgemeinschaften an öffentlichen Schulen in Deutschland, 2009, S. 305, 307; *Unruh*, Religionsverfassungsrecht (Fn. 3), § 12 Rn. 425; *H. Wißmann*, Religionsunterricht für alle? Zum Beitrag des Religionsverfassungsrechts für die pluralistische Gesellschaft, 2019, S. 44.

436 BVerwGE 110, 326 (333); *Corlazzoli*, Religionsunterricht (Fn. 435), S. 57, 305, 318 f.; *H. Maurer*, Die verfassungsrechtliche Grundlage des Religionsunterrichts, in: F. Ruland/B. v. Maydell/H.-J. Papier (Hrsg.), Verfassung, Theorie und Praxis des Sozialstaats, 1998, S. 577 (579); *Unruh*, Religionsverfassungsrecht (Fn. 3), § 12 Rn. 425.

437 Hierfür spricht sich aus *Brosius-Gersdorf* (Fn. 419), Art. 7 Rn. 94.

438 *Brosius-Gersdorf* (Fn. 419), Art. 7 Rn. 87.

439 BVerfGE 74, 244 (253); *F. Hufen*, Staatsrecht II. Grundrechte, 8. Aufl. 2020, § 32 Rn. 20; *Ogorek* (Fn. 419), § 44 Rn. 23 f.; *G. Robbers*, in: H. v. Mangoldt/F. Klein/C. Starck, Grundgesetz. Kommentar, Bd. I, 7. Aufl. 2018, Art. 7 Rn. 119; *Wißmann* (Fn. 431), Art. 7 Rn. 134.

440 *Ogorek* (Fn. 419), § 44 Rn. 24. Skeptisch *Unruh*, Religionsverfassungsrecht (Fn. 3), § 12 Rn. 416.

441 BVerfGE 74, 244 (251); von einem „Gleichbehandlungsgebot" bzw. „Diskriminierungsverbot" spricht *Unruh*, Religionsverfassungsrecht (Fn. 3), § 12 Rn. 428.

gilt grundsätzlich für die Benotung genauso wie für die Versetzungsrelevanz[442]. Weiterhin ist er personell und sachlich wie sie auszustatten.

Aus der Stellung als ordentliches Lehrfach lässt sich auch folgern, dass der Religionsunterricht grundsätzlich ein Pflichtfach ist[443]. Er ist kein Wahlfach, sondern nur gemäß Art. 7 Abs. 2 GG mit einer Befreiungsmöglichkeit ausgestattet[444]. Alle Schüler, die der Glaubensgemeinschaft angehören, nach deren Glaubensgrundsätzen der Unterricht stattfindet, müssen dementsprechend am Religionsunterricht teilnehmen, so ihre Eltern sie nicht abmelden oder die Schüler dies nach dem Eintritt ihrer Religionsmündigkeit selbst tun[445]. Das Recht, über die Teilnahme zu entscheiden, ist in Art. 7 Abs. 2 GG enthalten und konkretisiert die negative Religionsfreiheit sowie das Erziehungsrecht der Eltern aus Art. 6 Abs. 2 GG[446]. Bei Abmeldung müssen die jeweiligen Schüler an einem Ersatzfach, meist sogenanntem Ethikunterricht, teilnehmen. Insofern findet formell ebenso wenig eine Wahl zwischen beiden Fächern als gleichrangigen Alternativen wie eine Anmeldung zum Religionsunterricht statt[447]. Nur die rechtliche Gestaltung als Abmeldung vom Religionsunterricht ist angesichts seines in der Verfassung garantierten Pflichtfachcharakters zulässig[448]. Als ordent-

---

442 Das BVerwG hat außerdem festgestellt, dass die Benotung und Versetzungserheblichkeit des Fachs mit der religiös-weltanschaulichen Neutralität des Staates vereinbar sind, BVerwGE 42, 346 (347 ff.). Art. 7 GG durchbreche hier die Neutralität des Staates, a.a.O. (348).

443 BVerfGE 74, 244 (251).

444 BVerfGE 74, 244 (251 f.). Hierauf weisen auch hin *Ogorek* (Fn. 419), § 44 Rn. 77; *Unruh*, Religionsverfassungsrecht (Fn. 3), § 12 Rn. 429.

445 Siehe *Ogorek* (Fn. 419), § 44 Rn. 79.

446 Siehe *Jarass* (Fn. 155), Art. 7 Rn. 19a.

447 Hierauf weist hin *Robbers* (Fn. 439), Art. 7 Rn. 136 ff. m.w.N.

448 *Robbers* (Fn. 439), Art. 7 Rn. 136 ff. m.w.N. Bei Religionsgemeinschaften, die keine klare mitgliedschaftliche Struktur haben, kann es hingegen keine automatische Teilnahmepflicht geben, da nicht klar ist, welche Schüler als Angehörige der Religionsgemeinschaft zu betrachten sind. In der Praxis verwenden die meisten Schulen aber ohnehin ein Anmeldesystem für alle Konfessionen, für die Religionsunterricht angeboten wird. Dies ist dann kein Problem, wenn sich die Anmeldung zum Ethikunterricht rechtlich als Abmeldung vom Religionsunterricht qualifizieren lässt. So *J. Oebbecke*, Die rechtliche Ordnung des islamischen Religionsunterrichts in Deutschland – Stand und Perspektiven, in: Essener Gespräche 49 (2015), S. 153 (163). Für ein Anmeldemodell spricht sich bei den skizzierten praktischen Schwierigkeiten aus *Unruh*, Religionsverfassungsrecht (Fn. 3), § 12 Rn. 459. Für „unverzichtbar" hält eine klare Regelung der Mitgliedschaft hingegen *Muckel*, Religionsunterricht (Fn. 144), S. 61; ebenso *C. Schmischke*, der allerdings für Unterricht nach dem Beiratsmodell eine Ausnahme macht, *ders.*, Das Beiratsmodell – Neue Wege für den islamischen Unter-

liches Fach ist der Religionsunterricht grundsätzlich von Lehrkräften im öffentlichen Dienst abzuhalten[449]. Lehrer können gemäß Art. 7 Abs. 3 S. 3 GG nicht zur Erteilung von Religionsunterricht verpflichtet werden. Dieses Abwehrrecht konkretisiert die negative Religionsfreiheit der Lehrer und versagt es dem Staat, sich in dieser Hinsicht auf seine Rechte als öffentlicher Dienstherr zu stützen und zwar unabhängig davon, ob die Religionslehrer verbeamtet sind oder nicht[450]. Zulässig ist auch die Erteilung des Unterrichts durch Vertreter der Religionsgemeinschaften, soweit eine staatliche Beauftragung erfolgt, durch die das erforderliche Ausbildungsniveau und die Unterwerfung unter die Schulaufsicht sichergestellt werden[451]. Die Stellung als ordentliches Lehrfach bedeutet ferner, dass der Unterricht wie die übrigen Fächer auf Wissensvermittlung ausgerichtet sein muss[452]. Finden ausschließlich Meditation, Gebet oder eine reine Glaubensunterweisung statt, reicht das nicht aus[453]. Die Sprache im Unterricht muss wie in anderen Fächern und nicht zuletzt zur Ermöglichung der staatlichen Schulaufsicht Deutsch sein[454]. Angesichts der großen – auch theologischen – Bedeutung bestimmter Sprachen für einige Religionen dürfen aber auch fremdsprachliche Teile vorkommen[455].

---

richt. Verfassungsrechtliche Untersuchungen zur Zulässigkeit alternativer Kooperationsformen zwischen Staat und religiösen Organisationen, 2018, S. 200 f.

449 *Ogorek* (Fn. 419), § 44 Rn. 56; *Unruh,* Religionsverfassungsrecht (Fn. 3), § 12 Rn. 425.

450 *Jarass* (Fn. 155), Art. 7 Rn. 23; *Ogorek* (Fn. 419), § 44 Rn. 74; *Unruh,* Religionsverfassungsrecht (Fn. 3), § 12 Rn. 426.

451 Statt aller *Brosius-Gersdorf* (Fn. 419), Art. 7 Rn. 94. Die hinreichende Qualifikation der externen Lehrpersonen verlässlich zu ermitteln, hält für problematisch *Muckel,* Religionsunterricht (Fn. 144), S. 60; zu den verschiedenen Gruppen von Vertretern der Religionsgemeinschaften siehe auch *Corlazzoli,* Religionsunterricht (Fn. 435), S. 307 ff.

452 BVerfGE 74, 244 (253); *Muckel,* Religionsunterricht (Fn. 144), S. 59; *M. Thiel,* in: Sachs, GG (Fn. 111), Art. 7 Rn. 39; *Wißmann,* Religionsunterricht (Fn. 435), S. 44.

453 „Daß eine Religion Gegenstand des Unterrichts ist, reicht [...] nicht" fasst *Muckel* diese Anforderung zusammen, *ders.,* Religionsunterricht (Fn. 144), S. 59; *Thiel* (Fn. 452), Art. 7 Rn. 39; *Wißmann* (Fn. 431), Art. 7 Rn. 139.

454 *Brosius-Gersdorf* (Fn. 419), Art. 7 Rn. 94; *Corlazzoli,* Religionsunterricht (Fn. 435), S. 314 f.; *Oebbecke,* Ordnung (Fn. 448), S. 163; mit Verweis auf die Durchführung der staatlichen Schulaufsicht *Muckel,* Religionsunterricht (Fn. 144), S. 60 sowie *Unruh,* Religionsunterricht (Fn. 3), § 12 Rn. 462; *Waldhoff,* Religionskonflikte (Fn. 121), S. 107 f.

455 Darauf weisen hin *Corlazzoli,* Religionsunterricht (Fn. 435), S. 314; *Oebbecke,* Ordnung (Fn. 448), S. 164. Die fremdsprachlichen Teile dürfen allerdings nur

2. Öffentliche Schulen

Der Religionsunterricht ist gemäß den grundgesetzlichen Vorgaben nur an öffentlichen Schulen ordentliches Lehrfach. Öffentlich sind Schulen, die staatliche oder kommunale Träger haben, sodass die Schule der Erfüllung des staatlichen Bildungsauftrags dient[456]. Bekenntnisfreie Schulen sind nach dem Wortlaut vom Geltungsbereich des Art. 7 Abs. 3 GG ausgenommen. Hierzu zählen auch Weltanschauungsschulen[457]. Keine öffentlichen Schulen im Sinne des Art. 7 Abs. 3 GG sind die Privatschulen[458]. Dies gilt selbst in dem Fall, dass sie als Ersatzschulen genehmigt worden sind, also mit öffentlichen Mitteln gefördert werden und staatliche Bildungsabschlüsse anbieten können[459]. Grund hierfür ist, dass die Existenz von Privatschulen gerade auch eine Vielfalt an religiösen bzw. weltanschaulichen Ausrichtungen im Bildungswesen ermöglichen soll. Ist eine Schule aber religiös oder weltanschaulich geprägt, würde dies konterkariert, wenn die Schule zugleich Religionsunterricht aus der Bekenntnisperspektive einer Gemeinschaft mit gänzlich anderen Überzeugungen erteilen müsste[460].

3. Übereinstimmung mit den Grundsätzen der Religionsgemeinschaften

Inhaltlich muss der Unterricht gemäß Art. 7 Abs. 3 S. 2 GG mit den Grundsätzen der Religionsgemeinschaften übereinstimmen. Hieraus wird zunächst abgeleitet, dass der Religionsunterricht als Bekenntnisunterricht

---

untergeordnete Bedeutung haben, siehe *Muckel*, Religionsunterricht (Fn. 144), S. 60.

456 *Ogorek* (Fn. 419), § 44 Rn. 34. Die Rechtsform spielt hingegen keine Rolle, *Unruh*, Religionsverfassungsrecht (Fn. 3), § 12 Rn. 420.

457 BVerwGE 89, 368 (376 f.); *Brosius-Gersdorf* (Fn. 419), Art. 7 Rn. 93; *Unruh*, Religionsverfassungsrecht (Fn. 3), § 12 Rn. 421. Diese Schulform ist quasi nicht mehr existent in Deutschland, siehe *J. Keller/K. Hesse/I. Krampen*, Genehmigungsvoraussetzungen der Ersatzschule, in: J. Keller/I. Krampen(A. Surwehme (Hrsg.), Das Recht der Schulen in freier Trägerschaft, 2. Aufl. 2021, S. 84 (92).

458 Statt aller *Brosius-Gersdorf* (Fn. 419), Art. 7 Rn. 93; *Robbers* (Fn. 439), Art. 7 Rn. 128; *Thiel* (Fn. 452), Art. 7 Rn. 50; *Wißmann* (Fn. 431), Art. 7 Rn. 173.

459 *Robbers* (Fn. 439), Art. 7 Rn. 128.

460 Siehe *Robbers* (Fn. 439), Art. 7 Rn. 128.

„in konfessioneller Positivität und Gebundenheit“[461] erfolgt[462]. Denn Bekenntnisunterricht bedeutet in Abgrenzung zu einem religionskundlichen Unterricht, dass Religion nicht aus der Außenperspektive als gesellschaftliches Phänomen, sondern aus der Innenperspektive mit dem damit einhergehenden Wahrheitsanspruch gelehrt wird[463]. Die Glaubenssätze der Religionsgemeinschaften werden als Überzeugungen gelehrt[464]. Dementsprechend wird im Religionsunterricht nach Konfessionen getrennt[465]. Eine Ausnahme im Geltungsbereich des Art. 7 GG bildet Hamburg, das schon seit langem die Schüler unabhängig von ihrer Konfession im sogenannten Religionsunterricht für alle („RUfa“) zusammen unterrichtet und auch inhaltlich den Religionsunterricht überkonfessionell ausgestaltet. Ob dieses Modell die Anforderungen des Art. 7 GG erfüllt, ist umstritten[466]. Allerdings ist der hauptsächliche Stein des Anstoßes, die alleinige Verantwortung der evangelisch-lutherischen Nordkirche durch die mittlerweile eingeführte gleiche Beteiligung der übrigen Religionsgemeinschaften wohl beseitigt[467].

Aufgrund seiner weltanschaulich-religiösen Neutralität ist es dem Staat verwehrt, die Inhalte des Bekenntnisunterrichts selbst zu bestimmen. Er kann und darf nicht bewerten, was die gültigen Glaubenssätze einer Reli-

---

461 BVerfGE 74, 244 (252) als Zitat von *Anschütz*, Die Verfassung des Deutschen Reichs (Fn. 139), Art. 149 Rn. 4.

462 Einen Überblick über die Argumente für die Konfessionsgebundenheit des Religionsunterrichts nach dem Grundgesetz gibt *Unruh*, Religionsverfassungsrecht (Fn. 3), § 12 Rn. 419.

463 „Er [der Religionsunterricht] ist keine überkonfessionelle vergleichende Betrachtung religiöser Lehren, nicht bloße Morallehre, Sittenunterricht, historisierende und relativierende Religionskunde, Religions- oder Bibelgeschichte. Sein Gegenstand ist vielmehr der Bekenntnisinhalt“, BVerfGE 74, 244 (252).

464 BVerfGE 74, 244 (252).

465 Abweichend von diesem Ideal gibt es aber in der Praxis jenseits des katholischen Religionsunterrichts notwendige „Unschärfen“, diese zeigt auf *Wißmann*, Religionsunterricht (Fn. 435), S. 52 ff.

466 Siehe hierzu überblicksweise *Unruh*, Religionsverfassungsrecht (Fn. 3), § 12 Rn. 440. Ausführlich zum „Religionsunterricht für alle“ in gemeinsamer Verantwortung *Schmischke*, Beiratsmodell (Fn. 448), S. 289 ff.

467 Die verfassungsrechtliche Zulässigkeit dieses nun „trägerpluralen“ RUfa 2.0 bejaht überzeugt und hält sogar für eine mögliche Alternative zum konfessionellen Religionsunterricht *Wißmann*, Religionsunterricht (Fn. 435), S. 59 ff.; aus soziologischer Perspektive hält die Abkehr vom konfessionellen Religionsunterricht auch *M. Koenig* für empfehlenswert, *ders.*, Islamischer Religionsunterricht an öffentlichen Schulen. Kommentar zu Bernd Grzeszick, in: ZevKR 62 (2017), 389 (393 f.).

gionsgemeinschaft sind[468]. Die Bestimmung der im Religionsunterricht zu lehrenden Glaubensinhalte fällt nach der grundgesetzlichen Konzeption vielmehr in den Verantwortungsbereich der Religionsgemeinschaften[469]. Dementsprechend wird Art. 7 Abs. 3 GG und besonders die notwendige Übereinstimmung mit den Grundsätzen der Religionsgemeinschaften als bereichsspezifische Konkretisierung des Selbstbestimmungsrechts der Religionsgemeinschaften und des Neutralitätsgebots angesehen[470]. Die Gestaltung des Art. 7 Abs. 3 GG zwingt dazu, dass die Religionsgemeinschaften die inhaltliche Verantwortung übernehmen und der Staat sich entsprechend zurückhält. Der Religionsunterricht im Sinne des Grundgesetztes kann nur durch eine Kooperation zwischen Staat und Religionsgemeinschaften gestaltet werden. Gleichzeitig bleibt der Religionsunterricht eine staatliche Aufgabe. Er ist damit eine „gemeinsame Angelegenheit“ von Staat und Religionsgemeinschaften[471]. Weil die Religionsgemeinschaften die Inhalte festlegen, kann sich der Staat dem Neutralitätsgebot entsprechend inhaltlich zurücknehmen und dennoch sicherstellen, dass die staatliche Aufgabe erfüllt wird, Religionsunterricht in Übereinstimmung mit den Grundsätzen der Religionsgemeinschaften anzubieten. Daher wird Art. 7 Abs. 3 GG auch als spezielle Ausprägung des Neutralitätsgrundsatzes verstanden[472]. Die Zuständigkeiten von Staat und Religionsgemeinschaften müssen aber streng unterschieden werden[473]. Die Religionsgemeinschaften müssen ihre Lehren nicht an religionspädagogische Ziele anpassen, sondern der Staat ist grundsätzlich an das Selbstverständnis der Religionsgemeinschaften gebunden[474]. Die Religionsgemeinschaften können aber nicht vollumfänglich den Inhalt und die Gestaltung des Religionsunterrichts bestimmen[475]. Ihre Aufgabe ist vielmehr, die zentralen Glaubens-

---

468 Statt aller *Ogorek* (Fn. 419), § 44 Rn. 32; *Germann* (Fn. 423), Art. 7 Rn. 54.

469 Die Festlegung der zu lehrenden Glaubensinhalte kann schon nach den Grundstrukturen des Religionsverfassungsrechts nur Aufgabe der Religionsgemeinschaften sein, die Regelung des Art. 7 Abs. 3 GGG ist daher keine Durchbrechung des Neutralitätsprinzips, *Ogorek* (Fn. 419), § 44 Rn. 32.

470 BVerwGE 110, 326 (340); *Germann* (Fn. 423), Art. 7 Rn. 54; *Wißmann* (Fn. 431), Art. 7 Rn. 133.

471 Statt aller *Wißmann*, Religionsunterricht (Fn. 435), S. 43 f.

472 Siehe nur *Germann* (Fn. 423), Art. 7 Rn. 43; *Brosius-Gersdorf* (Fn. 419), Art. 7 Rn. 88.

473 BVerfGE 74, 244 (251).

474 Dies gilt auch für die Vorstellungen von den Zielen des Religionsunterrichts, BVerfGE 74, 244 (252); *Thiel* (Fn. 452), Art. 7 Rn. 40.

475 *Ogorek* (Fn. 419), § 44 Rn. 61 f.

lehren zu benennen, die vermittelt werden sollen[476]. Die Religionsgemeinschaften dürfen die Glaubenslehren auch bei Bedarf weiterentwickeln, sie sind also nicht statisch[477]. Der Staat übernimmt hingegen die äußere Organisation und Finanzierung. Auch das Aufsichtsrecht des Staates besteht fort, auf dessen Basis sichergestellt werden kann, dass die inhaltlichen und didaktischen Anforderungen an ein ordentliches Lehrfach erfüllt werden, die auch für den Religionsunterricht gelten[478].

Die Übereinstimmung mit den Grundsätzen der Religionsgemeinschaften wird über verschiedene Ansatzpunkte hergestellt. Die Religionsgemeinschaften arbeiten nicht nur bei der Erstellung der Lehrpläne mit, sondern können auch auf die Auswahl der Religionslehrer Einfluss nehmen. Letzteres geschieht dadurch, dass die Religionslehrer nicht nur durch den Staat, sondern auch durch die Religionsgemeinschaften bevollmächtigt werden[479]. Die Erarbeitung des Lehrplans erfolgt durch vom Kultusministerium des jeweiligen Landes einberufene Kommissionen, der Vertreter der betreffenden Religionsgemeinschaft angehören[480]. Kleinere Religionsgemeinschaften erstellen die Lehrpläne oft selbst, die dann im Anschluss durch das Kultusministerium geprüft und genehmigt werden[481]. Früher wurde teilweise vertreten, dass die Sicherung der Übereinstimmung mit den Glaubensüberzeugungen der Religionsgemeinschaften auch gebiete, dass sich die Schülerschaft ausschließlich aus solchen des jeweiligen Bekenntnisses zusammensetze[482]. Mittlerweile wird hingegen angenommen, dass das Gestaltungsrecht der Religionsgemeinschaften auch die Entscheidung darüber einschließe, ob auch konfessionsfremde Schüler an dem durch sie verantworteten Religionsunterricht teilnehmen dürfen[483].

Festzuhalten ist allerdings, dass auch die Religionsgemeinschaften an die dargestellten Vorgaben des Art. 7 Abs. 3 GG für den Religionsunter-

---

476 Von der „Definitionskompetenz“ der Religionsgemeinschaften spricht insoweit *Link*, Religionsunterricht (Fn. 425), § 54 S. 489.

477 Darauf weist hin *Unruh*, Religionsverfassungsrecht (Fn. 3), § 12 Rn. 435.

478 Siehe *Germann* (Fn. 423), Art. 7 Rn. 62.

479 Statt aller *Germann* (Fn. 423), Art. 7 Rn. 59. Das Institut der katholischen Kirche nennt sich *missio canonica*, das der evangelischen *vocatio*, überblicksartig *Ogorek* (Fn. 419), § 44 Rn. 59; *Unruh*, Religionsverfassungsrecht (Fn. 3), § 12 Rn. 436.

480 *Corlazzoli*, Religionsunterricht (Fn. 435), S. 303.

481 *Corlazzoli*, Religionsunterricht (Fn. 435), S. 304.

482 Sog. Homogenitätsprinzip, siehe *C. Link/A. Pahlke*, Religionsunterricht und Bekenntniszugehörigkeit, in: J. Listl (Hrsg.), Der Religionsunterricht als bekenntnisgebundenes Lehrfach, 1983, S. 13 (29 f.).

483 BVerfGE 74, 244 (253 ff.); aus der aktuellen Literatur statt aller *Germann* (Fn. 423), Art. 7 Rn. 60; *Ogorek* (Fn. 419), § 44 Rn. 41.

richt gebunden sind, wollen sie verhindern, dass der Schutz durch die Gewährleistung des Art. 7 Abs. 3 GG für den Unterricht entfällt[484]. Dem Staat ist es umgekehrt verwehrt, gegen oder ohne den Willen der Religionsgemeinschaften Religionsunterricht an öffentlichen Schulen einzurichten[485]. Teilweise wird daraus gefolgert, dass auch ausländische Staaten keine Hoheit über die Lehrinhalte haben dürfen[486]. Die dogmatische Begründung dieser Position fällt aber keineswegs leicht, denn das Verbot der Staatskirche in der deutschen Verfassung richtet sich nur an den deutschen Staat[487]. Allerdings dürfte es sich ab einem bestimmten Grad der Einflussnahme nicht mehr um die Grundsätze der in Deutschland vertretenen Religionsgemeinschaft, sondern die eines ausländischen Staates handeln[488].

4. Anspruch aus Art. 7 Abs. 3 GG

Der Religionsunterricht dient aus staatlicher Sicht zwar auch dazu, Wissen über Religion zu vermitteln und die Schüler zu ethischem Verhalten zu befähigen[489]. Gleichzeitig ist der Religionsunterricht nach der Rechtsprechung des Bundesverwaltungsgerichts aber für die Religionsgemeinschaften „ein Mittel zur Entfaltung und Unterstützung der ihnen gewährten Religionsfreiheit“ und dient damit zumindest auch ihren Interessen[490].

---

484 BVerfGE 74, 244 (252 f.); *Unruh*, Religionsverfassungsrecht (Fn. 3), § 12 Rn. 438.

485 *Brosius-Gersdorf* (Fn. 419), Art. 7 Rn. 95.

486 So argumentiert *Oebbecke*, Ordnung (Fn. 448), S. 168 gegen die Tauglichkeit der türkischen DITIB als Kooperationspartner für den Religionsunterricht nach Art. 7 GG.

487 Mit Verweis auf die viel weniger umstrittene Präsenz von Staatskirchen wie der *Church of England* oder der dänischen Seemanskirche *Grzeszick*, Religionsunterricht (Fn. 192), S. 381; so auch *Schmischke*, Beiratsmodell (Fn. 448), S. 106 ff.

488 Entsprechende Bedenken äußern *H. de Wall*, Rechtsgutachten über die Eigenschaft von „DITIB Landesverband Hamburg e. V.“ „SCHURA – Rat der Islamischen Gemeinschaften in Hamburg e. V.“ und „Verband der Islamischen Kulturzentren e. V.“ Köln als Religionsgemeinschaften und weitere Aspekte ihrer Eignung als Kooperationspartner der Freien und Hansestadt Hamburg in religionsrechtlichen Angelegenheiten, in: G. Klinkhammer/H. de Wall (Hrsg.), Staatsvertrag mit Muslimen in Hamburg. Die rechts- und religionswissenschaftlichen Gutachten, 2012, S. 1 (51 ff.); *Grzeszick*, Religionsunterricht (Fn. 192), S. 381 f.

489 BVerwGE 123, 49 (53).

490 BVerwGE 123, 49 (53). Die Rechtsprechung des BVerwG ist nicht eindeutig so zu lesen, dass es sich an die Interpretation des institutionellen Teils des Religionsverfassungsrechts als verlängerter Arm der Religionsfreiheit anschlösse. Viel-

Aus diesem Grund hat die Norm, die den Staat objektiv zur Einrichtung von Religionsunterricht verpflichtet, auch einen subjektiven Rechtsgehalt, der den Religionsgemeinschaften das Recht gibt, die Erfüllung dieser Pflicht durchzusetzen[491]. Art. 7 Abs. 3 GG geht über den Regelungsgehalt von Art. 4 GG hinaus, indem er den Religionsgemeinschaften erlaubt, innerhalb eines nicht öffentlich zugänglichen, staatlichen Bereichs zu wirken[492]. Das Recht der Religionsgemeinschaften wird beeinträchtigt, wenn kein Religionsunterricht an einer öffentlichen Schule eingerichtet wird, obwohl eine ausreichende Zahl von Schülern dem jeweiligen Bekenntnis angehören[493]. Die Religionsgemeinschaften können in diesem Fall den Verwaltungsrechtsweg beschreiten.

Einige wollen neben den Religionsgemeinschaften außerdem Eltern und Schüler in den subjektiven Schutzbereich des positiven Rechts auf Religionsunterricht einbeziehen[494]. Aus Perspektive der Schüler wird der Religionsunterricht als Sicherung ihrer Religionsausübungsfreiheit betrachtet: Wenn der Staat die Schüler schon während eines großen Teils ihrer Zeit in Anspruch nehme, müsse er ihnen auch gewisse religiöse Entfaltungsmöglichkeiten entsprechend ihrer Konfession bieten[495]. Als weiteres Argument wird genannt, dass es das Kind selbst bzw. bis zu dessen Reli-

mehr lässt es die Frage, ob das institutionelle Religionsverfassungsrecht (siehe S. 19 ff.) grundrechtlich betrachtet werden soll, offen, indem es der Dogmatik des subjektiven öffentlichen Rechts zur Begründung eines Anspruchs aus Art. 7 Abs. 3 GG folgt und prüft, ob die Norm auch individuellen Interessen dient, siehe *Grzeszick*, Religionsunterricht (Fn. 192), S. 367 f.

491 BVerwGE 123, 49 (52 ff.). Als Grundrecht bezeichnen das subjektive Recht der Religionsgemeinschaften aus Art. 7 Abs. 3 GG u.a. *Brosius-Gersdorf* (Fn. 419), Art. 7 Rn. 89; *Jarass* (Fn. 155), Art. 7 Rn. 10; auch zu den Einwänden gegen diese Funktion des Art. 7 Abs. 3 GG *Unruh*, Religionsverfassungsrecht (Fn. 3), § 12 Rn. 416 f.

492 Statt aller *Jarass* (Fn. 155), Art. 7 Rn. 10.

493 *Jarass* (Fn. 155), Art. 7 Rn. 17.

494 So etwa *U. Hildebrandt*, Das Grundrecht auf Religionsunterricht, 2000, S. 216 ff.; *Germann* (Fn. 423), Art. 7 Rn. 69 ff.; *Unruh*, Religionsverfassungsrecht (Fn. 3), § 12 Rn. 416 f., 446 ff.; *Wißmann*, Religionsunterricht (Fn. 435), S. 45. *H. de Wall*, Das Grundrecht auf Religionsunterricht: Zur Zulässigkeit der Verfassungsbeschwerden gegen das Brandenburgische Schulgesetz, in: NVwZ 1997, 465 (466 f.); *Hufen*, Staatsrecht II (Fn. 439), § 32 Rn. 21; auch *Maurer*, Grundlage (Fn. 436), S. 584 ff.

495 Als „bereichsspezifische Konkretisierung der Schutzpflichtendimension des Art. 4 Abs. 1 und 2 GG" fasst den Religionsunterricht auf *Unruh*, Religionsverfassungsrecht (Fn. 3), § 12 Rn. 415, 447 ff.; in diese Richtung auch *Maurer*, Grundlage (Fn. 436), S. 581 ff.; *Robbers* (Fn. 439), Art. 7 Rn. 118 m.w.N.

gionsmündigkeit die Eltern seien, die darüber entscheiden würden, ob das Kind am Religionsunterricht teilnehme oder nicht[496]. Andere lehnen dies ab[497]. Die entsprechende Ansicht verkenne zunächst, dass keine Wahl zwischen Religionsunterricht und Ersatzunterricht bestehe, sondern der Religionsunterricht den Charakter eines Pflichtfachs mit Befreiungsmöglichkeit habe. Fraglich sei aber vor allem, gegen wen der Anspruch gerichtet sein solle. Denn das Angebot eines Religionsunterrichts hänge von der Bereitschaft der Religionsgemeinschaft zu seiner inhaltlichen Gestaltung ab[498]. Der „Mehrwert" eines Rechtes der Eltern bzw. Kinder auf Religionsunterricht bleibe insofern im Dunkeln[499].

5. Anforderungen an Religionsgemeinschaften im Rahmen des Art. 7 Abs. 3 GG

Der Begriff der „Religionsgemeinschaft" in Art. 7 GG entspricht dem der „Religionsgesellschaft" in Art. 137 Abs. 3 WRV[500]. Auch im Bereich des Religionsunterrichts sind Weltanschauungsgemeinschaften in Anlehnung an Art. 140 GG i.V.m. Art. 137 Abs. 7 WRV den Religionsgemeinschaften gleichgestellt[501]. Der Anspruch aus Art. 7 Abs. 3 GG wird aber noch vom Vorliegen weiterer Voraussetzungen abhängig gemacht als der, dass eine Religionsgemeinschaft im verfassungsrechtlichen Sinne ihn erhebt. Der Wortlaut des Art. 7 GG enthält zwar keine weiteren Einschränkungen. Auch aus dem Gegenstand des Anspruchs folgen keine weiteren Anforderungen. Allerdings ist Art. 7 Abs. 3 GG nach dem Grundsatz der Einheit der Verfassung zu betrachten. Die übrigen Verfassungsbestimmungen kön-

---

496 *Hildebrandt,* Grundrecht (Fn. 494), S. 216, 219 ff. Art. 7 Abs. 2 wird auch bemüht von *Unruh,* Religionsverfassungsrecht (Fn. 3), § 12 Rn. 446. Dagegen wendet sich mit Rückgriff auf die Beratungen im Parlamentarischen Rat *Brosius-Gersdorf* (Fn. 419), Art. 7 Rn. 90.

497 So auch *Brosius-Gersdorf* (Fn. 419), Art. 7 Rn. 90; *Ogorek* (Fn. 419), § 44 Rn. 30; etwas vorsichtiger *Jarass* (Fn. 155), Art. 7 Rn. 16a m.w.N.

498 „Ein ‚bedingtes' Grundrecht [...] ist dem Grundgesetz fremd" schreibt *Brosius-Gersdorf* (Fn. 419) Art. 7 Rn. 90. Gegen die Einordnung als unzulässigerweise bedingtes Grundrecht wendet sich *Maurer,* Grundlage (Fn. 436), S. 584 ff.

499 So *Brosius-Gersdorf* (Fn. 419), Art. 7 Rn. 90.

500 Statt aller *Thiel* (Fn. 452), Art. 7 Rn. 41. Zum Begriff der Religionsgemeinschaft siehe oben auf S. 42.

501 Siehe *Ogorek* (Fn. 419), § 44 Rn. 48; *Unruh,* Religionsverfassungsrecht (Fn. 3), § 12 Rn. 453; etwas vorsichtiger auch *Jarass* (Fn. 155), Art. 7 Rn. 13, 16. A. A. *Waldhoff,* Religionskonflikte (Fn. 121), S. 90.

nen dem Art. 7 GG wie anderen vorbehaltlos gewährten Grundrechten Grenzen setzen[502]. Verlangt der Staat Voraussetzungen, die über den Wortlaut des Art. 7 GG hinausgehen, sind diese als Schranken des Rechts der Religionsgemeinschaften aus Art. 7 GG zu qualifizieren[503]. Eine in der Regel zulässige Schranke ist etwa innerhalb enger Grenzen die Festlegung von Mindestschülerzahlen durch den Staat[504]. Vor allem aber werden Anforderungen an die Religionsgemeinschaften gestellt.

a) Anforderungen an die Organisationsstruktur

Einige Anforderungen beziehen sich auf die Struktur der Religionsgemeinschaft[505]. Sie folgen aus der grundgesetzlichen Gestaltung des Religionsunterrichts[506]: Eine Religionsgemeinschaft muss überhaupt in der Lage sein, ihre Aufgaben im Rahmen von Art. 7 Abs. 3 GG auszufüllen. Die Religionsgemeinschaft muss zwar keine besonderen formalen Voraussetzungen erfüllen und nicht den Status einer Körperschaft des öffentlichen Rechts oder sonst eine besondere Rechtsform haben[507]. Weder verlangt der Wort-

---

502 BVerwGE 123, 49 (72).

503 So auch *Unruh*, Religionsverfassungsrecht (Fn. 3), § 12 Rn. 454. In diese Richtung scheint auch das BVerwG zu tendieren, wenn es Art. 7 Abs. 3 GG mit dem „ebenfalls schrankenlos gewährleistete[n] Grundrecht der Religionsfreiheit" in dieser Hinsicht gleichsetzt: BVerwGE 123, 49 (72).

504 *C. Link*, Konfessioneller Religionsunterricht in einer gewandelten sozialen Wirklichkeit? Zur Verfassungskonformität des Hamburger Religionsunterrichts für alle, in: ZevKR 46 (2001), 257 (281); *Waldhoff*, Religionskonflikte (Fn. 121), S. 92; *Wißmann*, Religionsunterricht (Fn. 435), S. 44. Einen Einblick in den Bekenntnisunterricht kleinerer Religionsgemeinschaften gibt *Corlazzoli*, Religionsunterricht (Fn. 435), S. 61 ff.

505 Eine ähnliche Unterscheidung wie hier trifft *Grzeszick*, Religionsunterricht (Fn. 192), S. 368 ff.

506 In den Worten des BVerwG folgen sie „aus dem Gegenstand [...] des Anspruchs, BVerwGE 123, 49 (72). Hieraus folgert *Grzeszick*, dass Art. 7 Abs. 3 GG nicht rein grundrechtlich zu lesen sei, denn hier werde der Anspruch von bestimmten Voraussetzungen beim potentiell Berechtigten abhängig gemacht, was für Grundrechte untypisch sei, *ders.*, Religionsunterricht (Fn. 192), S. 368.

507 BVerfGE 102, 370 (396); BVerwGE 123, 49 (70). Dem stimmt das breite Schrifttum zu, siehe nur *Brosius-Gersdorf* (Fn. 419), Art. 7 Rn. 91; *Classen*, Religionsrecht (Fn. 17), Rn. 480; *Jarass* (Fn. 155), Art. 7 Rn. 16; *Ogorek* (Fn. 419), § 44 Rn. 43; *Waldhoff*, Religionskonflikte (Fn. 121), S. 91 f. Für eine Beschränkung auf Religionsgemeinschaften mit Körperschaftsstatus sprechen sich aber aus *S. Korioth*, Islamischer Religionsunterricht und Art. 7 Abs. 3 GG, in: NVwZ 1997, S. 1041 (1046 ff.); *ders.:* Islamischer Religionsunterricht und Art. 7 Abs. 3 GG,

laut des Art. 7 GG den Körperschaftstatus, noch ist er faktisch unverzichtbar[508]. Im Gegenteil, nach Wortlaut und Systematik soll der Religionsunterricht Religionsgemeinschaften gleich welcher Organisationsstruktur zugänglich sein[509]. Allerdings ist der Staat wegen seiner religiös-weltanschaulichen Neutralität darauf angewiesen, dass die Religionsgemeinschaft die Inhalte selbst verbindlich festlegen kann[510]. Eine „Ersatzzuständigkeit" des Staates für die Definition von Glaubenssätzen ist unzulässig[511]. Deshalb ist erforderlich, dass die Religionsgemeinschaft die zu lehrenden Inhalte verbindlich benennen kann. Dafür muss die Religionsgemeinschaft über Ansprechpartner für den Staat verfügen, die Instanzen zur verbindlichen Bestimmung der Glaubensgrundsätze im Sinne von Art. 7 Abs. 3 GG darstellen[512]. Eine Einigung über die Inhalte des abzuhaltenden Religionsunterrichts und die verbindliche Entscheidung über personelle Fragen kann nur erfolgen, wenn die Religionsgemeinschaft rechtlich und organisatorisch ausreichend verfasst ist[513]. Weiterhin ist eine gewisse Organisation erforderlich, damit der wissenschaftliche Standard im Religionsunterricht nicht hinter den der übrigen ordentlichen Fächer zurückfällt, wie Art. 7 Abs. 3 GG verlangt[514]. Außerdem müssen unter Umständen Religionslehrer ausgebildet werden[515]. Eine Schnittmenge mit diesem Mindestmaß an Organisation hat die außerdem oft geforderte „Gewähr der Dauer". Darunter ist zu verstehen, dass die Religionsgemeinschaft durch die Zahl ihrer

---

in: W. Bock (Hrsg.), Islamischer Religionsunterricht?, 2. Aufl. 2007, S. 33 (48); *Hillgruber*, Kulturstaat (Fn. 144), S. 546.

508 Diese Argumente führen an *Waldhoff*, Religionskonflikte (Fn. 121), S. 91; *Unruh*, Religionsverfassungsrecht (Fn. 3), § 12 Rn. 451.

509 BVerwGE 123, 49 (70); zustimmend statt aller *Grzeszick*, Religionsunterricht (Fn. 192), S. 369.

510 Siehe nur *Ogorek* (Fn. 419), § 44 Rn. 41; *Unruh*, Religionsverfassungsrecht (Fn. 3), § 12 Rn. 452.

511 Bezogen auf die Probleme im islamischen Religionsunterricht *Grzeszick*, Religionsunterricht (Fn. 192), S. 370; *Waldhoff*, Religionskonflikte (Fn. 121), S. 93.

512 BVerwGE 123, 49 (72); *Brosius-Gersdorf* (Fn. 419), Art. 7 Rn. 91; *Grzeszick*, Religionsunterricht (Fn. 192), S. 368; *H. Weber*, Änderungsbedarf im deutschen Religionsrecht?, in: NJW 2010, 2475 (2476). Eine der kirchlichen entsprechende Organisationsstruktur für Religionsgemeinschaften, die mit dem Staat kooperieren wollen, fordert aber *Hillgruber*, Kulturstaat (Fn. 144), S. 546.

513 *Brosius-Gersdorf* (Fn. 419), Art. 7 Rn. 91; *Waldhoff*, Religionskonflikte (Fn. 121), S. 91; ein „Mindestmaß an Organisiertheit" fordert auch *Grzeszick*, Religionsunterricht (Fn. 192), S. 368; *Heun*, Organisation (Fn. 132), S. 45 f.

514 So *Waldhoff*, Religionskonflikte (Fn. 121), S. 91; *Brosius-Gersdorf* (Fn. 419), Art. 7 Rn. 91.

515 *Waldhoff*, Religionskonflikte (Fn. 121), S. 91.

Mitglieder, ihre Organisation und Ausstattung dauerhaft zur Zusammenarbeit mit dem Staat in der Lage sein muss[516]. Die Gewähr der Dauer kann nach Ansicht des Bundesverwaltungsgerichts schon deshalb verlangt werden, weil die Einrichtung von Religionsunterricht mit einem erheblichen Planungs- und Kostenaufwand verbunden ist[517]. Neben der Gewähr der Dauer wird oft eine verlässliche Bestimmbarkeit der Mitglieder durch eine eindeutige Mitgliedsstruktur für unentbehrlich gehalten[518]. Nur so kann festgestellt werden, wer zur Teilnahme am jeweiligen Religionsunterricht verpflichtet ist bzw. ob ein solcher überhaupt eingerichtet werden muss, weil die entsprechende Anzahl von Schülern der jeweiligen Konfession vorhanden ist. Es ist allerdings ausreichend, wenn die Eltern förmliche Mitglieder sind oder ein anderes dem Selbstverständnis der Religionsgemeinschaft entsprechendes Zugehörigkeitskriterium gefunden wird, das hinreichend handhabbar ist[519]. Im Ergebnis müssen durch die grundgesetzliche Gestaltung des Religionsunterrichts also doch auch teilweise die Voraussetzungen gewahrt werden, die auch bei der Verleihung des Körperschaftstatus eine Rolle spielen[520].

---

516 BVerwGE 123, 49 (70 f.); zustimmend *Brosius-Gersdorf* (Fn. 419), Art. 7 Rn. 91; *Heinig*, Religionsgemeinschaft/Religionsgesellschaft (Fn. 132), S. 22; *Jarass* (Fn. 155), Art. 7 Rn. 16; *Muckel*, Religionsunterricht (Fn. 144), S. 61; *Unruh*, Religionsverfassungsrecht (Fn. 3), § 12 Rn. 452; *Waldhoff*, Religionskonflikte (Fn. 121), S. 91.

517 BVerwGE 123, 49 (70); *Schmischke*, Beiratsmodell (Fn. 448), S. 184. Die Begründung des BVerwG, das Erfordernis der Gewähr der Dauer lasse sich schon aus dem Merkmal „ordentliches Lehrfach" in Art. 7 Abs. 3 GG herleiten, erscheint demgegenüber nicht unmittelbar einleuchtend, bezieht sich aber wohl auf die Strukturen, die zur Durchführung des Religionsunterrichts als ordentliches Lehrfach dauerhaft geschaffen werden müssen und so mittelbar die Gewähr der Dauer bei den Religionsgemeinschaften erforderlich machen.

518 BVerwGE 123, 49 (71 f.); *Muckel*, Religionsunterricht (Fn. 144), S. 61; *Unruh*, Religionsverfassungsrecht (Fn. 3), § 12 Rn. 452; *Waldhoff*, Religionskonflikte (Fn. 121), S. 91.

519 BVerwGE 123, 49 (71). Das BVerwG folgt dabei nach eigenen Worten dem „soziologischen Inhalt des Religionsgemeinschaftsbegriffs".

520 BVerwGE 123, 49 (70 ff.); von „Annäherungen und Konvergenzen der organisatorischen Anforderungen" spricht auch *Grzeszick*, Religionsunterricht (Fn. 192), S. 369. Weitgehende Parallelen zur Verleihung des Körperschaftsstatus erkennt auch *Unruh*, Religionsverfassungsrecht (Fn. 3), § 12 Rn. 454.

b) Materielle Anforderungen

Andere Anforderungen haben einen materielleren Charakter. Zwar herrscht im Religionsunterricht eine „Arbeitsteilung“ zwischen Religionsgemeinschaften und Staat, die dem Staat die organisatorische, den Religionsgemeinschaften die inhaltliche Verantwortung zuweist[521]. Dennoch kann von den Religionsgemeinschaften, die Religionsunterricht nach ihrer Konfession eingeführt sehen wollen, die Verfassungstreue verlangt werden[522]. Dies gilt, obwohl die Verfassung grundsätzlich nur den Staat, nicht aber die Religionsgemeinschaften verpflichtet, und zwar aus mehreren Gründen: Erstens ist den betreffenden Religionsgemeinschaften durch die Mitwirkung am Religionsunterricht eine besondere Möglichkeit gegeben, ihre Religionsfreiheit im staatlichen Raum zu entfalten[523]. Die Beteiligung am Religionsunterricht führt daher zu einem „erhöhten Einfluss in Staat und Gesellschaft“[524] und damit auch einer Gefahr des Missbrauchs zum Nachteil von Verfassungsgütern, nicht zuletzt durch die Einwirkungsmöglichkeiten auf Schüler[525]. Positiv formuliert, wächst den Religionsgemeinschaften damit eine besondere Verantwortung für den Schutz von Verfassungsgütern zu[526]. Zweitens soll kein Schüler durch eine staatliche Veranstaltung von den elementaren Grundlagen des Gemeinwesens entfremdet werden[527]. Drittens brauchen Staat und Religionsgemeinschaften im Religionsunterricht an öffentlichen Schulen einander, sie müssen kooperieren, d.h. wechselseitig Rücksicht nehmen und dürfen den Partner nicht grundsätzlich in Frage stellen[528]. Viertens muss der Staat als Veranstalter des Religionsunterrichts keinen „Gegenunterricht“ zum übrigen Unterricht in seinen Schulen dulden[529]. Auch der Religionsunterricht ist schließlich eine staatliche Veranstaltung, sodass dort die staatlichen Erziehungsziele

---

521 BVerwGE 123, 49 (73).

522 BVerwGE 123, 49 (72 ff.); *H. M. Heimann*, Inhaltliche Grenzen islamischen Religionsunterrichts, in: NVwZ 2002, 935 (939 ff.); *Jarass* (Fn. 155), Art. 7 Rn. 16; *Waldhoff*, Religionskonflikte (Fn. 121), S. 91 f. Zurückhaltender *S. Boysen*, in: I. v. Münch/P. Kunig, Grundgesetz. Kommentar, Bd. I, 7. Aufl 2021, Art. 7 Rn. 89.

523 BVerwGE 123, 49 (74).

524 BVerwGE 123, 49 (73); den starken Einfluss betont auch *Unruh*, Religionsverfassungsrecht (Fn. 3), § 12 Rn. 454.

525 BVerwGE 123, 49 (73 f.); *Waldhoff*, Religionskonflikte (Fn. 121), S. 92; bezogen auf den Körperschaftstatus BVerfGE 102, 370 (388 f.).

526 So wendet es *Grzeszick*, Religionsunterricht (Fn. 192), S. 380.

527 BVerwGE 123, 49 (73).

528 BVerfGE 74, 244 (251); *Muckel*, Religionsunterricht (Fn. 144), S. 62.

529 *Muckel*, Religionsunterricht (Fn. 144), S. 62.

gelten und auf Basis des staatlichen Aufsichtsrechts mit dessen Mitteln durchgesetzt werden können[530].

Wegen der besonderen Gefahr, die entstünde, wenn nicht verfassungstreue Religionsgemeinschaften im Religionsunterricht wirken könnten, reicht es nicht aus, dass der Staat lediglich die Lehrpläne und Lehrkräfte überprüft und im Konfliktfall Streichungen vornimmt[531]. Die Religionsgemeinschaften selbst, das heißt auch die in ihren wesentlichen Einfluss nehmenden Personen und Organisationen, müssen verfassungstreu sein, damit eine Kooperation überhaupt stattfinden kann[532]. Die Überprüfung der Lehrpläne und Lehrkräfte schließt sich daran erst an. Umstritten ist, ob der Staat die Verfassungstreue vor Beginn einer Zusammenarbeit untersuchen darf. Hierfür spricht, dass die Gefahr nicht hingenommen werden kann, dass Schulkinder durch Religionsgemeinschaften beeinflusst werden, die „in Bezug auf die Einhaltung tragender Verfassungsprinzipien Bedenken begegnen“[533]. Daher muss auch eine präventive Überprüfung möglich sein[534]. Erfüllt eine Religionsgemeinschaft nicht die Voraussetzungen, ist sie von der Kooperation nach Art. 7 Abs. 3 GG von vornherein ausgeschlossen[535].

---

530 Insoweit besteht Einigkeit, siehe nur *Germann* (Fn. 423), Art. 7 Rn. 62; *Oebbecke*, Ordnung (Fn. 448), S. 168; *Unruh*, Religionsverfassungsrecht (Fn. 3), § 12 Rn. 454, 463; *Hildebrandt*, Grundrecht (Fn. 494), S. 237; *Jarass* (Rn. 155), Art. 7 Rn. 19; nicht nur für zulässig, sondern sogar für integrationsfördernd hält die Prüfung der Inhalte des Religionsunterrichts auf die Vereinbarkeit mit staatlichen Erziehungszielen *Muckel*, Religionsunterricht (Fn. 144), S. 62. Das staatliche Aufsichtsrecht über die Schulen nach Art. 7 Abs. 1 GG zählt hingegen nicht zu den verfassungsimmanenten Schranken, es ist ein *aliud*, da es unmittelbar aus dessen Status als staatliche Veranstaltung folgt, *Unruh*, Religionsverfassungsrecht (Fn. 3), § 12 Rn. 453; a.A. *Jarass* (Fn. 155), Art. 7 Rn. 19.

531 BVerwGE 123, 49 (74). Für eine bloße Kürzung des Unterrichts auf die verfassungsrechtlich unbedenklichen Inhalte spricht sich hingegen aus *Classen*, Religionsrecht (Fn. 17), Rn. 483.

532 BVerwGE 123, 49 (74); die hinter den Religionsgemeinschaften stehenden Personen und Organisationen nimmt in den Blick *Grzeszick*, Religionsunterricht (Fn. 192), S. 380.

533 BVerwGE 123, 49 (74); *Unruh*, Religionsverfassungsrecht (Fn. 3), § 12 Rn. 455.

534 BVerwGE 123, 49 (73 f.); *W. Bock*, Islamischer Religionsunterricht oder Religionskunde?, in: ders., Islamischer Religionsunterricht? (Fn. 507), S. 3 (18 f.); *Schmischke*, Beiratsmodell (Fn. 448), S. 183 f.; *Unruh*, Religionsverfassungsrecht (Fn. 3), § 12 Rn. 455.

535 BVerwGE 123, 49 (73); siehe auch *Unruh*, Religionsverfassungsrecht (Fn. 3), § 12 Rn. 456.

Die Verfassungstreue ist evident nicht gegeben, wenn die Religionsgemeinschaft eine Vereinigung im Sinne von Art. 9 Abs. 2 GG ist, ihre Zwecke also gegen die verfassungsmäßige Ordnung gerichtet sind[536]. Es drohen allerdings auch unter dieser Schwelle nicht hinnehmbare Gefahren, wenn die elementaren Prinzipien unseres Gemeinwesens in einer staatlichen Veranstaltung in Frage gestellt werden[537]. Unter Verfassungstreue wird nach der Rechtsprechung des Bundesverwaltungsgerichts darüberhinausgehend positiv die Achtung fundamentaler Verfassungsprinzipien verstanden. Die staatlichen Erziehungsziele sind insofern in Ausgleich mit dem Selbstbestimmungsrecht der Religionsgemeinschaften zu bringen. Inhaltlich muss sich die Verfassungstreue daher nicht auf sämtliche Aussagen des Grundgesetzes beziehen, sondern umfasst die elementaren Grundprinzipien. Dies sind vor allem die in Art. 79 Abs. 3 GG jeglicher Änderung entzogenen Gehalte, insbesondere die Menschenwürde, der von ihr umfasste Kerngehalt der Grundrechte, das Rechtsstaats- und Demokratieprinzip und darüber hinaus die Säulen des Religionsverfassungsrechts, wie die Neutralität und Parität des Staates[538]. Diese Prinzipien müssen nicht innerhalb der Gemeinschaft umgesetzt werden, das wäre ein zu tiefer Eingriff in deren Selbstbestimmungsrecht[539]. Daher muss eine Religionsgemeinschaft auch keine der säkularen Rechtsordnung schmeichelnden theologischen Ansichten entwickeln, um kooperationsfähig zu sein[540]. Vielmehr dürfen die Religionsgemeinschaften den genannten Grundsätzen widersprechende Überzeugungen nicht auf das Staatswesen übertragen wollen[541]. Dies wäre beispielsweise der Fall, wenn die Religionsgemeinschaft eine theokratische Herrschaft verwirklichen will[542] oder aber zum Kampf gegen

536 BVerfGE 102, 370 (389 f.); *Waldhoff,* Religionskonflikte (Fn. 121), S. 92.

537 BVerwGE 123, 49 (73).

538 BVerwGE 123, 49 (73 f.); zustimmend *Brosius-Gersdorf* (Fn. 419), Art. 7 Rn. 91; *Muckel,* Religionsunterricht (Fn. 144), S. 62; *Waldhoff,* Religionskonflikte (Fn. 121), S. 91 f.

539 BVerfGE 102, 370 (394 f.); aus der Literatur statt aller *Unruh,* Religionsverfassungsrecht (Fn. 3), § 12 Rn. 463. Es ist daher irreführend, wenn die Verfassungsmäßigkeit ganzer Religionen in Frage gestellt wird. Das Grundgesetz ist schlicht „nicht Maßstab für die Beurteilung von Religionen" formuliert *Oebbecke,* Ordnung (Fn. 448), S. 162.

540 So *zu Hohenlohe,* Dachverbände (Fn. 133), S. 93.

541 BVerfGE 102, 370 (395).

542 BVerfGE 102, 370 (395); BVerwGE 123, 49 (74); *Unruh,* Religionsverfassungsrecht (Fn. 3), § 12 Rn. 463. *Oebbecke* wirft die Frage auf, ob die Religionsgemeinschaften – wie politische Parteien auch – sich für eine Änderung der

Andersgläubige aufruft[543]. Eine Religionsgemeinschaft, die am Religionsunterricht mitwirken will, muss also Gewähr dafür bieten, dass ihr künftiges Verhalten die erwähnten fundamentalen Verfassungsprinzipien nicht gefährdet[544]. Nicht nur die Religionsgemeinschaft selbst muss in ihrem Wirken verfassungstreu sein, auch die von ihr für den Religionsunterricht ausgewählten Glaubensgrundsätze müssen kongruent mit den elementaren Prinzipien des deutschen Staates sein[545]. Hier kommen grundsätzlich die gleichen Erwägungen zum Tragen wie sie zur Kooperationsfähigkeit der Gemeinschaften angestellt werden können. Dieselben Anforderungen gelten auch für die Religionslehrer[546].

Neben der Verfassungstreue wird überwiegend auch die Rechtstreue der Religionsgemeinschaften für eine Kooperation im Religionsunterricht gefordert[547]. Das Erfordernis der Rechtstreue kann aus dem Rechtsstaatsprinzip hergeleitet werden[548]. Der Rechtsstaat darf in von ihm verantworteten Religionsunterricht keine Unterwanderung der Rechtsordnung oder den Aufruf zum Rechtsbruch dulden[549]. Rechtstreue zu verlangen, bedeutet hierbei nicht, keinen einzigen Verstoß gegen das Gesetz zu dulden[550]. Denn die Glaubensfreiheit und das religiöse Selbstbestimmungsrecht können bestimmte Verhaltensweisen rechtfertigen, die sonst Verstöße darstellen würden[551]. Da die Grenzen nicht immer offensichtlich sind und nur gerichtlich geklärt werden können, muss eine grundsätzliche und tatsäch-

---

Verfassung einsetzen dürfen, solange sie gleichzeitig für das Einhalten des geltenden Rechts eintreten, *ders.* Ordnung (Fn. 448454), S. 165.

543 Statt aller *Muckel,* Religionsunterricht (Fn. 144), S. 62; *Oebbecke,* Ordnung (Fn. 448), S. 165.

544 BVerwGE 123, 49 (73 f.) unter Verweis auf BVerfGE 102, 370 (392 f.); aus der Literatur siehe nur *Grzeszick,* Religionsunterricht (Fn. 192), S. 379.

545 BVerwGE 123, 49 (73). Die genauen Grenzen anhand von konkreten Beispielen auszuloten versucht *Oebbecke,* Ordnung (Fn. 448), S. 164 f. m.w.N.

546 Statt aller *Waldhoff,* Religionskonflikte (Fn. 121), S. 92.

547 Diese fordern etwa *Heinig,* Religionsgemeinschaft/Religionsgesellschaft (Fn. 132), S. 22; *Jarass* (Fn. 155), Art. 7 Rn. 16; *Muckel,* Religionsunterricht (Fn. 144), S. 62; *Waldhoff,* Religionskonflikte (Fn. 121), S. 91 f.

548 So *Muckel,* Religionsunterricht (Fn. 144), S. 62. Allgemein zur Bindung der Religionsgemeinschaften an das Rechtsstaatsprinzip siehe auch *H. de Wall,* Die Bindung der Kirchen an das Rechtstaatsprinzip, in: ZevKR 43 (1998), 441 ff.

549 *Muckel,* Religionsunterricht (Fn. 144), S. 62.

550 BVerfGE 102, 370 (391).

551 BVerfGE 102, 370 (391).

lich gelebte Bereitschaft der Religionsgemeinschaften, sich an Recht und Ordnung zu halten, für die Bejahung der Rechtstreue ausreichen[552].

Die hier dargestellten Erfordernisse stellen Mindestanforderungen dar, die bereits einen Ausgleich zwischen den Interessen des Staates und den Rechten der Religionsgemeinschaften herstellen. Sie sind daher nicht ihrerseits mit dem Selbstbestimmungsrecht der Religionsgemeinschaften abzuwägen[553]. Ganz grundsätzlich ist zu bedenken, dass die dargestellten Anforderungen nur im Religionsunterricht, keinesfalls generell an Religionsgemeinschaften gestellt werden. Die Kooperation im Religionsunterricht ist hingegen ein Angebot, dass die Religionsgemeinschaften annehmen können, aber nicht müssen, wenn sie lieber die Distanz zum Staat wahren wollen[554]. Dementsprechend sollte man die Anforderungen, die der Staat ob seiner Verantwortung für die Rechtsgüter der Verfassung an die Religionsgemeinschaften stellen muss, nicht als übermäßig starken Eingriff in deren Selbstbestimmungsrecht und Religionsfreiheit ansehen.

III. Versuche außerhalb von Art. 7 Abs. 3 GG

Obwohl der Islam eine große Minderheitsreligion in Deutschland darstellt, gibt es bisher nur vereinzelt islamischen Religionsunterricht im Sinne von Art. 7 Abs. 3 GG[555]. Dies gilt, obwohl sich die deutschen Islam-

---

552 BVerfGE 102, 370 (391 f.). Ein durchgehend rechtmäßiges Verhalten der Religionsgemeinschaften fordert hingegen *Muckel,* Religionsunterricht (Fn. 144), S. 62. Auch er macht aber eine Einschränkung dahingehend, dass religiöse Handlungsweisen, die gegen die Rechtsordnung verstoßen, thematisiert werden dürfen. Wo genau die Grenzen verlaufen, bleibt aber im Dunkeln.

553 In diese Richtung aber *Wißmann* (Fn. 431), Art. 7 Rn. 153.

554 BVerfGE 102, 370 (396).

555 Dabei handelt es sich in der Regel um alevitischen Religionsunterricht in Zusammenarbeit mit dem Dachverband Alevitische Gemeinde Deutschland e.V. (AABF), *Grzeszick,* Religionsunterricht (Fn. 192), S. 374. Hessen ist bisher das einzige Bundesland, in dem Religionsunterricht i.S.d. Art. 7 Abs. 3 GG in Kooperation mit Ahmadiyya stattfindet. Die frühere Zusammenarbeit mit der DITIB ist seit 2020 wegen der fehlenden Unabhängigkeit der DITIB vom türkischen Staat ausgesetzt, stattdessen wird der islamkundliche Unterricht ausgeweitet, siehe die Pressemitteilung des hessischen Kultusministeriums vom 28.4.2020, zu finden unter https://kultusministerium.hessen.de/pressearchiv/pressemitteilung/islamischer-religionsunterricht-zusammenarbeit-mit-ditib-hessen-wird-ab-dem-kommenden-schuljahr (zuletzt eingesehen am 17.8.2021). Hamburg kooperiert im Rahmen seines RUfa auch mit islamischen Religionsgemeinschaften (Dachverbänden).

verbände, die deutsche Islamkonferenz und der Zentralrat der Muslime für dessen flächendeckende Einführung einsetzen. Als Grund wird erstens die besondere Organisationsstruktur vieler islamischer Gemeinschaften genannt[556]. Es fehle an der erforderlichen Instanz, die die Grundsätze für den Religionsunterricht verbindlich benennen und dem Staat als Ansprechpartner dienen könne[557]. Außerdem sei durch das Fehlen eines klaren Mitgliedschaftsrechts im Islam selten klar, welche Schüler zur Teilnahme am islamischen Religionsunterricht verpflichtet wären[558]. Zweitens werden aber auch Zweifel an der Verfassungs- und Rechtstreue einiger Gemeinschaften geäußert[559]. Praktische Schwierigkeiten werden ferner darin erkannt, den erforderlichen pädagogischen und wissenschaftlichen Unterrichtsstandard durch entsprechend ausgebildete islamische Religionslehrer zu wahren[560]. Hierbei ist allerdings darauf hinzuweisen, dass die Ausbildung der Lehrer nicht allein in die Verantwortung der Religionsgemeinschaften fällt, da auch der Staat als Unternehmer des Religionsunterrichts für entsprechende Ausbildungsstätten sorgen muss[561]. Nach Ansicht einiger liegen also die Voraussetzungen für die Einführung eines islamischen Religionsunterrichts nach Art. 7 Abs. 3 GG nicht vor, während andere weniger rechtliche Probleme als eher den fehlenden politischen Willen hinter der ausbleibenden Einführung von islamischem Religionsunterricht als ordentlichem Lehrfach vermuten.

1. Ansätze aus der Praxis

Vor dem Hintergrund, dass trotz des erkannten Bedarfs ein entsprechendes Angebot an öffentlichen Schulen aus verschiedenen Gründen oft fehlt, haben einige Bundesländer Versuche außerhalb der Vorgaben des Art. 7 Abs. 3 GG gestartet[562]. Es gibt dabei vor allem zwei regelmäßig gemeinsam verfolgte Ansätze, mit denen die derzeitig noch auftauchenden Schwie-

556 *Ogorek* (Fn. 419), § 44 Rn. 79; *Waldhoff*, Religionskonflikte (Fn. 121), S. 93.

557 Siehe nur *Waldhoff*, Religionskonflikte (Fn. 121), S. 92 f.

558 Siehe hierzu S. 81.

559 *Ogorek* (Fn. 419), § 44 Rn. 106; *Waldhoff*, Religionskonflikte (Fn. 121), S. 93. Die Rechtstreue der muslimischen Dachverbände bekräftigt *zu Hohenlohe*, Dachverbände (Fn. 133), S. 79.

560 Dies führt an *Muckel*, Religionsunterricht (Fn. 144), S. 63.

561 So *Unruh*, Religionsverfassungsrecht (Fn. 3), § 12 Rn. 462.

562 Ein Überblick über die verschiedenen Bundesländer findet sich bei *Oebbecke*, Ordnung (Fn. 448), S. 156 ff.

rigkeiten durch fehlende „idealtypische“ islamische Religionsgemeinschaften als Kooperationspartner im Religionsunterricht umschifft werden sollen[563]. Ein oft gewählter Weg besteht darin, dass der Staat sich einen Kooperationspartner zur Erarbeitung des Lehrplans und religiösen Beauftragung der Lehrer selbst schafft. Die in Art. 7 Abs. 3 GG vorgesehene Religionsgemeinschaft wird durch die „Hilfskonstruktion“[564] eines Beirats (vorläufig) ersetzt[565]. Die zweite Vorgehensweise ist, nicht islamischen Bekenntnisunterricht, sondern religionskundlichen Unterricht anzubieten, Islamkunde oder islamische Unterweisung genannt. Die damit angestrebte Außenperspektive auf die islamische Religion im Unterricht soll die Vereinbarkeit mit dem Neutralitätsgebot sichern – trotz einer fehlenden oder zumindest reduzierten inhaltlichen Verantwortung der islamischen Religionsgemeinschaften, die stattdessen teilweise vom Land übernommen wird.

a) Beiräte statt Religionsgemeinschaften

In den Beiräten finden sich durchweg zwei Gruppen von theologisch oder religionspädagogisch gebildeteten Personen. Dies sind einerseits die Vertreter der in islamischen Organisationen oder Dachverbänden organisierten Muslime und andererseits Einzelpersonen des öffentlichen Lebens oder Islamwissenschaftler[566]. Letztere werden durch das Bildungsminis-

---

563 In der Vergangenheit kam noch ein dritter Ansatz hinzu, der „Konsularunterricht“. Hier trugen die Konsultate der Herkunftsländer der Familien muslimischer Schüler die Verantwortung für islamischen Unterricht an den Schulen – und zwar sowohl in inhaltlicher als auch in organisatorischer Hinsicht. Der Unterricht in diesem sog. Konsulatsmodell diente auch dazu, die Kultur und Muttersprache der Herkunftsländer zu vermitteln, sodass er in den jeweiligen Sprachen und nicht auf deutsch stattfand. Der deutsche Staat unterstützte den Unterricht räumlich und finanziell, führte aber nicht die Aufsicht. Siehe hierzu *Schmischke*, Beiratsmodell (Fn. 448), S. 136 f.; *Unruh*, Religionsverfassungsrecht (Fn. 3), § 12 Rn. 457.

564 Von Beiräten als „Hilfskonstruktion“ spricht *Oebbecke*, Ordnung (Fn. 448), S. 169. Siehe auch *Schmischke*, der die Beiräte ein „funktionales Äquivalent“ und „Surrogat“ nennt, *ders.*, Beiratsmodell (Fn. 448), S. 185, 187.

565 Dies geschah ausgehend von den Empfehlungen des *Wissenschaftsrates* aus dem Jahr 2010, *ders.*, Empfehlungen zur Weiterentwicklung von Theologien und religionsbezogenen Wissenschaften an deutschen Hochschulen, 2010, S. 78 ff.

566 *Unruh*, Religionsverfassungsrecht (Fn. 3), § 12 Rn. 460. Obwohl viele Muslime nicht formelles Mitglied der in den in den Dachverbänden zusammengefassten Vereine sind, fühlen sie sich diesen doch oft zugehörig, sodass die Dachverbände nach Ansicht von *Grzeszick* mit Blick auf die besondere Struktur des Islam

terium des jeweiligen Landes in Absprache mit den Dachverbänden bestimmt[567]. Aus dem daraus resultierenden erheblichen Einfluss des organisierten Islams auf die Besetzung wird die Legitimation der Beiräte für die Festlegung der Lehrinhalte für den Religionsunterricht hergeleitet[568].

Zunächst ist nicht unproblematisch, dass die Beiräte und in der Folge auch der Religionsunterricht in diesem Modell durch den Staat statt durch die Religionsgemeinschaften initiiert werden[569]. Das Gegenüber des Staates, das das Selbstbestimmungsrecht der Religionsgemeinschaften und Mitwirkungsrecht im Religionsunterricht ausübt, ist also selbst durch den Staat geschaffen[570]. Der Beirat ist keine Religionsgemeinschaft[571]. Verschiedene Glaubensrichtungen werden zusammengefasst, sodass sich zwangsläufig Kompromisse ergeben und nicht die Reinform der Überzeugungen jeder im Beirat vertretenen Religionsgemeinschaft gelehrt wird[572]. Dieser „Makel" wird durch jede wie auch immer geartete staatliche Auswahl zwischen Religionsgemeinschaften bei der Besetzung des Beirats intensiviert, die mit Blick auf das Neutralitäts- und das Paritätsgebot problematisch ist[573].

---

auch über die erforderliche Repräsentativtität verfügen, *ders.*, Religionsunterricht (Fn. 192), S. 377 f. Siehe auch die zugrundeliegende Studie *A. Stichs/S. Haug/S. Müssig*, Muslimische Verbände in Deutschland aus der Sicht der muslimischen Bevölkerung, in: ZAR 2010, 127 ff. Zu den Einzelpersonen in den Beiräten und den Möglichkeiten, diejenigen zu beteiligen, die sich den Dachverbänden nicht zugehörig fühlen, ausführlich *Schmischke*, Beiratsmodell (Fn. 448), S. 226 ff., 243 ff.

567 *Unruh*, Religionsverfassungsrecht (Fn. 3), § 12 Rn. 460.

568 Siehe die Darstellung bei *Unruh*, Religionsverfassungsrecht (Fn. 3), § 12 Rn. 460.

569 Dies kritisiert *Unruh*, Religionsverfassungsrecht (Fn. 3), § 12 Rn. 461. Er empfiehlt daher, in den Schulgesetzen nur eine Ermächtigungsnorm zur Kooperation mit einem eventuell gebildeteten Beirat vorzusehen.

570 Siehe *Schmischke*, Beiratsmodell (Fn. 448), S. 185 f.

571 *Schmischke*, Beiratsmodell (Fn. 448), S. 183; vielmehr „Ausübungsorgan für die Rechte der Religionsgemeinschaften" ist ein Beirat auch für *J. Oebbecke*, Islamische Theologie an staatlichen Universitäten, in: ZevKR 56 (2011), 262 (277).

572 Als religionspolitischen Vorteil des Beiratsmodells sieht dies *Schmischke*, weil die Verbände nur so in einen theologischen Diskurs gezwungen werden, der die Entstehung eines „Islams deutscher Prägung" begünstige, *ders.*, Beiratsmodell (Fn. 448), S. 343.

573 Mit Blick auf den Islam mit seiner Vielfalt an Glaubensrichtungen thematisiert dies *Muckel*, Religionsunterricht (Fn. 144), S. 63; *Unruh*, Religionsverfassungsrecht (Fn. 3), § 12 Rn. 461. Eher unproblematisch – so lange die Kritierien stimmen – scheint die staatliche Auswahl *Grzeszick* zu finden, *ders.*, Religionsunterricht (Fn. 192), S. 379; ausführlich zu möglichen Kriterien und deren Durch-

Geboten ist hingegen eine Überprüfung der vorgesehenen Beiratsmitglieder auf ihre Verfassungs- und Rechtstreue vergleichbar den Anforderungen, die an Religionsgemeinschaften im Rahmen des Religionsunterricht nach Art. 7 Abs. 3 GG gestellt werden[574]. Verfassungsrechtlich besonders fragwürdig ist schließlich die staatlicherseites oft vorgesehene Mitwirkung der von den Religionsgemeinschaften, d.h. in der Regel den Dachverbänden, unabhängigen Einzelpersonen[575]. Nach dem Grundgesetz stehen nur den Religionsgemeinschaften Mitwirkungsrechte im Religionsunterricht zu, deren Glaubensinhalte schließlich gelehrt werden sollen. Das in der Regel vorgesehene Einvernehmenserfordernis auf Seiten der Verbände ändert nichts daran, dass die Mitwirkung dieser außenstehenden Beiratsmitglieder einen erheblichen Eingriff in den Kern des Selbstbestimmungsrechts der Religionsgemeinschaften darstellt[576]. Ein zentrales Problem liegt schließlich darin, dass auch die an sich schon umstrittenen Beiräte in der Regel nicht die alleinige Verantwortung für die inhaltliche Gestaltung des Religionsunterrichts tragen. Der Staat übernimmt sowohl die konkrete Gestaltung der Lehrpläne als auch weitgehend die Auswahl des Lehrpersonals und übernimmt damit auch inhaltliche Verantwortung[577].

b) Islamkunde statt Islamunterricht

Auch wenn Religionskunde nicht Religionsunterricht im Sinne von Art. 7 Abs. 3 GG ist, weil es sich nicht um Bekenntnisunterricht handelt, stellen sich verfassungsrechtliche Fragen. Jedenfalls genügt der Hinweis auf diesen Umstand nicht, um die Bedenken vom Tisch zu wischen[578]. Zumin-

---

setzung, aber auch unter Hinweis auf die Schwierigkeiten einer gerichtlichen Überprüfung der Auswahl *Schmischke*, Beiratsmodell (Fn. 448), S. 219 ff.

574 Siehe nur *Schmischke*, Beiratsmodell (Fn. 448), S. 206 ff., 213 ff.

575 *Unruh*, Religionsverfassungsrecht (Fn. 3), § 12 Rn. 461. Nach Ansicht von *Schmischke* wird der Staat durch die Auswahl der verbandsunabhängigen Beiratsmitglieder in die gefährliche Lage versetzt, faktisch Einfluss auf religiöse Glaubensinhalte nehmen zu können, *ders.*, Beiratsmodell (Fn. 448), S. 252.

576 So auch *Unruh*, Religionsverfassungsrecht (Fn. 3), § 12 Rn. 461. Er erwägt eine Begrenzung der Rechte der nicht-organisierten Beiratsmitglieder, verwirft diese aber als unzureichend. Durch eine Abstimmung mit den Verbänden, dem Verzicht auf die Bestellung staatlicher Vertreter und Kriterien, die sich an Glaubensinhalten orientieren, werden die verfassungsrechtlichen Probleme jedoch nach Ansicht von *Schmischke* umschifft, *ders.*, Beiratsmodell (Fn. 448), S. 249 ff.

577 Hierauf weist hin *Grzeszick*, Religionsunterricht (Fn. 192), S. 375.

578 Darauf weist hin *Muckel*, Religionsunterricht (Fn. 144), S. 63.

dest der verpflichtende religionskundliche Unterricht, z.B. in Form von Islamkunde, ist mit Blick auf die negative Religionsfreiheit der Schüler nicht unproblematisch. Zwar wird die jeweilige Religion in der Theorie im religionskundlichen Unterricht aus einer Außenperspektive betrachtet, sodass Glaubenslehren nicht im Sinne eines Bekenntnisunterrichts als Wahrheiten vermittelt werden. In der Praxis dürfte diese scharfe Abgrenzung aber kaum durchzuhalten sein[579]. Der Lehrer wird in der Regel selbst Angehöriger der betreffenden Religion sein und kann damit seine eigene Glaubenstradition mittelbar oder unmittelbar in den Unterricht hineintragen. Diese muss aber nicht zwangsläufig den religiösen Überzeugungen der Schüler und ihrer Eltern entsprechen[580]. Selbst wenn es dem Lehrer gelingt, die Betrachtung der jeweiligen Religion auf ihre geschichtlichen, kulturellen, gesellschaftlichen Aspekte zu reduzieren, dürften nicht wenige Eltern und Schüler diese Begrenzung als unwillkommene Bagatellisierung ihrer Religion wahrnehmen[581]. Jede Form der religiösen Unterweisung durch den Staat für Angehörige einer bestimmten Religion ist im Ergebnis eine Anfrage an dessen religiös-weltanschauliche Neutralität[582]. Unzulässig ist ein religionskundlicher Unterricht in jedem Fall dann, wenn durch ihn die Einführung von Religionsunterricht nach Art. 7 Abs. 3 GG behindert wird[583].

2. Zulässigkeit als Übergangsmodell?

Verfassungsrechtlich sind die Versuche des islamischen Religionsunterrichts jenseits der Anforderungen des Art. 7 Abs. 3 GG nicht unproblematisch. Wie gezeigt, verflüchtigen sich die Bedenken, die man bei den aktuellen Ansätzen haben kann und sollte, bei näherer Betrachtung keines-

---

579 Im Islamkunde-Unterricht in NRW beispielsweise vermitteln schon die verwendeten Lehrbücher ein „Gemeinsamkeitsgefühl, welches einem informativ-neutralen Unterrichtskonzept fremd ist“, so *Schmischke*, Beiratsmodell (Fn. 448), S. 143. Siehe auch *Muckel*, Religionsunterricht (Fn. 144), S. 64 m.w.N.

580 Diese Gefahr sieht *Muckel*, Religionsunterricht (Fn. 144), S. 64.

581 Von einem „Islam light“ spricht *Muckel*, Religionsunterricht (Fn. 144), S. 64 m.w.N.

582 Nach Ansicht von *Schmischke* bleibt das Neutralitätsgebot bei islamkundlichen Unterricht allerdings „unberührt“, *ders.*, Beiratsmodell (Fn. 448), S. 141. Er erkennt jedoch auch, dass jede Abweichung vom religionskundlichen Ansatz ein Verstoß gegen das Neutralitätsgebot darstelle und in der Praxis kaum zu vermeiden sei, a.a.O., S. 141 f.

583 So *Wißmann* (Fn. 431), Art. 7 Rn. 150, 165.

wegs. Die Annahme, dass die gegenwärtigen Versuche tatsächlich näher an der Verfassung sind als der gänzliche Verzicht auf konfessionellen Religionsunterricht für die betroffenen Schüler und sie daher eine zulässige Abweichung von Art. 7 Abs. 3 GG darstellen, darf bezweifelt werden[584]. Dies wäre nur der Fall, wenn Art. 7 Abs. 3 GG eine Garantie dafür darstellen würde, dass Religionsunterricht angeboten wird[585]. Art. 7 Abs. 3 GG kann den Staat in der Tat zur Einrichtung von Religionsunterricht verpflichten, dies aber nur dann, wenn Religionsgemeinschaften dies aus ihrem freien Willen heraus fordern[586]. Ohne dies stellt Art. 7 Abs. 3 GG eine Grenze für den Staat dar: Er darf die Inhalte des Religionsunterrichts nicht selbst festlegen[587]. Eine „Ersatzzuständigkeit" des Staates für die Definition von Glaubenssätzen, auch islamischen, bleibt unzulässig[588]. Letztendlich übernimmt der Staat in vielen Modellversuchen aber diese Verantwortung. Da Art. 7 Abs. 3 GG ein Teil der Konturen des Neutralitätsgebotes ist, berührt jede Verletzung des Übereinstimmungsgebotes auch das Neutralitätsgebot selbst[589]. Diese Missachtung des Neutralitätsgebots lässt sich nicht durch praktische Erwägungen oder Sachzwänge rechtfertigen[590]. Möglich ist nur konfessionsgebundener Religionsunterricht nach den Vorgaben des Art. 7 Abs. 3 GG oder eine konfessionsneutrale Religionskunde[591].

Die geschilderten verfassungsrechtlichen Bauchschmerzen angesichts der Modellversuche lassen sich aber möglicherweise dadurch lindern, dass man ihre „Charakterisierung als Experimente" berücksichtigt und hervor-

---

584 So aber *M. Heckel*, Religionsunterricht für Muslime?, in: JZ 1999, 741 (754). Auf die Ermöglichung der Ausübung der positiven Religionsfreiheit für Schüler und Religionsgemeinschaften und den Bildungsauftrag des Staates verweist *Muckel*, Religionsunterricht (Fn. 144), S. 64. Demgegenüber wird aber Art. 7 Abs. 3 GG von einigen als die gegenüber Art. 7 Abs. 1 GG speziellere Vorschrift gesehen, sodass sich ein Eingriff in Art. 7 Abs. 3 GG eben nicht auf Art. 7 Abs. 1 GG stützen könne, so *Schmischke*, Beiratsmodell (Fn. 448), S. 143. *Grzeszick* erkennt ein grundsätzlich anerkennenswertes Bestreben, den islamischen Religionsunterricht nicht in den privaten Bereich zu drängen, das aber an der (nicht auflösbaren) Rechtfertigungsbedürftigkeit nichts ändere, *ders.*, Religionsunterricht (Fn. 192), S. 377.

585 Dagegen siehe nur *T. Anger*, Islam in der Schule, 2003, S. 346 ff.

586 Sonst müsste der Religionsunterricht auch dann weiterlaufen, wenn sich eine Religionsgemeinschaft aus der Kooperation zurückziehe, argumentiert *Oebbecke*, Ordnung (Fn. 448), S. 162.

587 Als Grenze sieht Art. 7 Abs. 3 GG auch *Oebbecke*, Ordnung (Fn. 448), S. 162.

588 *Waldhoff*, Religionskonflikte (Fn. 121), S. 93.

589 So auch *Schmischke*, Beiratsmodell (Fn. 448), S. 141.

590 So *Waldhoff*, Religionskonflikte (Fn. 121), S. 93.

591 *Waldhoff*, Religionskonflikte (Fn. 121), S. 93.

hebt[592]. Für eine Übergangszeit, wenn auch nur für diese[593], kann man die verfassungsrechtlich nicht zufriedenstellende Lage wohl hinnehmen, um den Religionsgemeinschaften Zeit zu geben, sich bei einem fortbestehenden Wunsch nach Religionsunterricht an öffentlichen Schulen entsprechend aufzustellen[594].

B. Religionsunterricht und Schulandacht in England

Ursprünglich war die *Church of England* Trägerin fast aller Schulen in England. Erst nach 1870 entstand ein staatliches Schulsystem parallel zu den *church schools*[595]. Zu Beginn des 20. Jahrhunderts übernahm der Staat einen Teil der Kosten der kirchlichen *voluntary schools* und damit mehr Einfluss. In diesem Zusammenhang wurden auch Regelungen zum Inhalt des Religionsunterrichts geschaffen[596]. Entscheidende Veränderungen brachte der Education Act 1944, der die meisten kirchlichen Schulen deutlich stärker als zuvor in das staatliche Schulsystem eingliederte. Gleichzeitig nahmen durch das Gesetz religiöse Elemente Einzug in die staatlichen Schulen. Mit Blick auf das nationalsozialistische Deutschland, mit dem sich England zu diesem Zeitpunkt im Krieg befand, sollten christliche Werte zur Abwehr

---

592 *Waldhoff,* Religionskonflikte (Fn. 121), S. 93. Dagegen spricht sich aus *Oebbecke,* Ordnung (Fn. 448), S. 162.

593 Dies betont *Grzeszick,* Religionsunterricht (Fn. 192), S. 383 f.

594 Hierfür sprechen sich auch aus *Muckel,* Religionsunterricht (Fn. 144), S. 64; *Waldhoff,* Religionskonflikte (Fn. 121), S. 94; *Muckel* geht davon aus, dass sich die Anpassung der muslimischen Religionsgemeinschaften an die Voraussetzungen des Art. 7 Abs. 3 GG in absehbarer Zeit vollziehen werde, a.a.O. Seit Erscheinen des Aufsatzes vor fast 20 Jahren wird aber immer noch kaum islamischer Religionsunterricht im Sinne von Art. 7 Abs. 3 GG angeboten. Die Frage, ob durch die verstrichene Zeit die verfassungsrechtlichen Grenzen nicht mittlerweile erreicht seien, wirft denn auch *Grzeszick* auf, Religionsunterricht (Fn. 192), S. 384. *Ders.* sieht als nächsten Schritt den Abschluss von Verträgen zwischen Bundesländern und den Religionsgemeinschaften, um die offenen Fragen hinsichtlich der Einführung eines Religionsunterrichts nach Art. 7 Abs. 3 GG verbindlich zu klären, a.a.O., S. 385 ff.

595 Maßgeblich hierfür war der Elementary Education Act 1870. Von einem „dualen System in Gestalt eines gleichberechtigten Nebeneinander" [sic] spricht insofern *Mückl,* Europäisierung (Fn. 5), S. 119.

596 Der dies bewirkende Education Act 1902 ist besser bekannt als Balfour Act, siehe *Rivers,* Organized Religions (Fn. 60), S. 238 f.

totalitärer Ideologien stärker in der Gesellschaft verankert werden[597]. Jeder Tag sollte mit einer gemeinsamen Schulandacht beginnen[598]. Dies war zwar schon vorher an vielen Schulen üblich gewesen, nunmehr wurde die tägliche Schulandacht aber verpflichtend. Weiterhin wurden die staatlichen Schulen erstmals verpflichtet, Religionsunterricht *(religious instruction)* anzubieten[599]. Eltern konnten ihre Kinder allerdings von beidem befreien lassen[600]. Sowohl Schulandacht als auch der Religionsunterricht mussten von nun an überkonfessionell ausgestaltet sein, um konfessionelle Spaltung zu verhindern und die Bevölkerung gegen die Bedrohung von außen zu vereinen[601].

Die grundsätzlich christliche Ausrichtung des englischen Bildungswesens wurde in den siebziger und achtziger Jahren in Folge der wachsenden Vielfalt der britischen Gesellschaft mehr und mehr hinterfragt. Schulen übernahmen im Religionsunterricht einen multikulturelleren Ansatz als ihn das Gesetz vorsah und die tägliche Schulandacht säkularisierte sich

---

597 *A. Mawhinney* macht neben diesem ein weiteres Motiv hinter diesem Wandel aus: Die *Church of England* machte angesichts abnehmender Zahlen von Gottesdienstbesuchern und Sonntagsschülern die Einführung einer verpflichtenden Schulandacht als einen von fünf erfolgsversprechenden Wegen aus, ihrem drohenden Bedeutungsverlust zu begegnen, *dies.*, The Law on Collective School Worship, in: P. Cumper/dies. (Hrsg.), Collective Worship and Religious Observance in Schools, Oxford 2018, S. 117 (129 ff.) m.w.N.

598 Dies wird festgeschrieben im Education Act 1944, Section 25 Abs. 1: *„Subject to the provisions of this section, the school day in every county school and in every voluntary school shall begin with collective worship on the part of all pupils in attendance at the school, and the arrangements made therefor shall provide for a single act of worship attended by all such pupils unless, in the opinion of the local education authority or, in the case of a voluntary school, of the managers or governors thereof, the school premises are such as to make it impracticable to assemble them for that purpose."*

599 Hierauf weist hin *P. Meredith*, Religious education and collective worship in state schools: England and Wales, in: J. L. Martínez López-Muñiz/J. d. Groof/G. Lauwers (Hrsg.), Religious Education in Public Schools: Study of Comparative Law, Dordrecht 2006, S. 155 (157). Die entsprechende Regelung findet sich im Education Act 1944, Section 25, Abs. 2: *„Subject to the provisions of this section, religious instruction shall be given in every county school and in every voluntary school."* Der heute für den Religionsunterricht verwendete Begriff *religious education* umfasste damals hingegen beides, sowohl den *collective worship* als auch die *religious instruction*, erläutert *R. Jackson*, Foreword, in: Cumper/Mawhinney, Collective Worship (Fn. 597), S. ix (x).

600 Education Act 1944, s. 25 (3).

601 Statt aller *Rivers*, Organized Religions (Fn. 60), S. 239.

oftmals zu einer Schulversammlung[602]. Diese Strömung erzeugte einen Gegenwind, der darauf gerichtet war, einem als indifferent und relativierend empfundenen Multikulturalismus die christliche Tradition des Landes auch in den Schulgesetzen entgegenzusetzen[603]. Der Education Reform Act 1988 unter der Thatcher-Regierung ersetzte *religious instruction* durch die bis heute verwendete Bezeichnung *religious education,* die die religionskundliche Neuausrichtung des Faches betonen soll[604]. Gleichzeitig wurde aber das erste Mal ausdrücklich normiert, dass bei der Ausarbeitung des Lehrplans für den Religionsunterricht – unter Berücksichtigung anderer Religionen – von der christlichen Prägung des Landes ausgegangen werden solle[605]. Eine vergleichbare Regelung wurde für die Schulandacht getroffen, die nunmehr ausdrücklich ganz oder weitgehend einen breiten christlichen Charakter haben sollte[606]. Der verpflichtende Charakter der Schulandacht wurde indes beibehalten. Das Motiv dahinter war, den Zusammenhalt einer immer pluraler werdenden Gesellschaft durch die Förderung einer gemeinsamen Wertebasis auf christlichem Fundament zu stärken[607]. Dieser Kompromiss aus der grundsätzlichen Betonung des Christentums und einem multikulturellen Ansatz hat bis heute Bestand[608].

---

602 Statt aller *Meredith,* Religious education (Fn. 599), S. 158 f.

603 Diese Konfliktlage beschreiben *Harris,* Education (Fn. 385), S. 430; *Meredith,* Religious education (Fn. 599), S. 157 ff.

604 Auf den Wechsel von *religious instruction* zu *religious education* machen u.a. aufmerksam *Meredith,* Religious education (Fn. 599), S. 157; *S. Poulter,* The Religious Education Provisions of England's Education Reform Act 1988 , in: Journal of Law and Religion 19 (1990), 499 (509, 514).

605 Education Reform Act 1988, s. 8 (3): *„Any agreed syllabus [...] shall reflect the fact that the religious traditions in Great Britain are in the main Christian whilst taking account of the teaching and practices of the other principal religions represented in Great Britain."* Zuvor war stillschweigend davon ausgegangen, dass der Religionsunterricht christlich sein würde, dementsprechend wurde im Education Act 1944 nur der Umgang mit mehreren Konfessionen geregelt, nicht Religionen, siehe *Meredith,* Religious education (Fn. 599), S. 157 f.

606 Education Reform Act 1988, s. 7 (1): *„the collective worship required in the school [...] shall be wholly or mainly of a broadly Christian character"*.

607 Diese Erwägungen erläutert *Mawhinney,* Collective School Worship (Fn. 597), S. 131 ff. m.w.N.

608 Das Zustandekommen des Kompromisses beschreibt *Meredith,* Religious education (Fn. 599), S. 160; *Poulter,* Religious Education (Fn. 604), S. 502 f. Die dargestellten Regelungen des Education Reform Act 1988 wurden in der Zwischenzeit weitestgehend abgeschafft, aber fast wortgetreu in die sie ersetzenden Schulgesetze übernommen, sodass sie bis heute fortgelten.

I. Schulsystem

Die Regelung des Religionsunterrichts und der Schulandacht unterscheiden sich stark nach den Schultypen. Dabei ist das englische Schulsystem ausgesprochen komplex. Für das bessere Verständnis hilft es, mehrere Unterscheidungslinien zu ziehen. Das hauptsächliche Differenzierungskriterium besteht weniger in der Trägerschaft oder der Ausrichtung der Schule als vielmehr darin, in welchem Umfang die Schule staatlich (*maintained schools*) oder rein privat finanziert (*independent schools*) ist[609]. *Independent schools* unterliegen kaum den gesetzlichen Regelungen, die für die übrigen Schulen gelten, oder vergleichbaren Bestimmungen, sondern sind weitestgehend frei in der Frage, ob und in welcher Form sie Religionsunterricht anbieten und Schulandachten durchführen[610]. Daher werden sie im Folgenden außer Betracht gelassen.

Übrig bleiben die *maintained schools*, für deren finanziellen Unterhalt ganz oder teilweise die *local education authorities*, die örtlichen Schulbehörden, aufkommen[611]. Sie unterstehen der staatlichen Schulaufsicht *Ofsted (Office for Standards in Education, Children's Services and Skills)* und folgen dem landesweiten Lehrplan (*National Curriculum)*. Drei grundsätzliche Schultypen sind zu unterscheiden, nämlich *community*, *voluntary* und *foundation schools*. *Community schools* sind vom Staat eingerichtete, nichtkonfessionelle Schulen. *Voluntary schools* sind hingegen ursprünglich von einem privaten, in aller Regel konfessionellen Akteur gegründet worden, dessen religiöse Ausrichtung sie bis heute beibehalten haben *(schools with a religious character)*[612]. Im Fall der *voluntary aided schools* ist dieser weiterhin Träger der Schule. Die *voluntary controlled schools* befinden sich hingegen

---

609 Viele der älteren besonders prestigeträchtigen Privatschulen werden auch *public schools* genannt. *Public schools* sind nicht mit öffentlichen Schulen zu verwechseln. Der Begriff *public school* bezeichnet die im Public Schools Act 1868 genannten Privatschulen, die aufgrund ihres landesweiten Renommees begannen, anders als die *local schools* Schüler aus anderen Regionen aufzunehmen.

610 Die *independent schools* müssen die *independent school standards* erfüllen, die im wesentlichen Qualitätsanforderungen und sehr allgemein gehaltene Bildungsstandards darstellen, aber auch Vorgaben zur Förderung der spirituellen, moralischen, sozialen und kulturellen Entwicklung der Schüler enthalten. Sie finden sich in einem eigenen Regelwerk, nämlich The Education (Independent School Standards) Regulations 2014.

611 Die *local education authorities* wurden im Zuge des Education Act 1902 geschaffen und lösten die vorherigen *school boards* der einzelnen Schulen ab, siehe *Rivers*, Organized Religions (Fn. 60), S. 238 f.

612 *Sandberg*, Law and Religion (Fn. 369), S. 151.

mittlerweile in Trägerschaft der *local education authorities*, ursprünglich war Gründer und Träger meistens die *Church of England*. Bei *Foundation schools* handelt es sich in aller Regel um durch den Staat gegründete Schulen, die aber eine formelle Beziehung zu einer gemeinnützigen Stiftung *(charitable trust)* aufgebaut haben[613]. Mit der Einstufung als Bekenntnisschule *(school with a religious character)* ändern sich teilweise die gesetzlichen Anforderungen an den Religionsunterricht und die Schulandacht. Ob eine Schule eine religiöse Ausrichtung hat, muss daher durch das zuständige Ministerium formell festgelegt werden. Der Wechsel in den staatlich finanzierten Sektor oder die Gründung einer Bekenntnisschule *maintained school* ist natürlich finanziell attraktiv. Außerdem dürfen die Schulen bei der Bewerberauswahl weiterhin religiöse Kriterien berücksichtigen und teilweise den Religionsunterricht und die Schulandacht nach ihrer konfessionellen Prägung ausrichten. Mit der staatlichen Finanzierung geht aber auch eine im Vergleich zu den *independent schools* deutlich größere Kontrolle des Staates einher[614]. Grundsätzlich gilt: Je stärker der vorgesehene (vor allem finanzielle) Einfluss des religiösen Trägers ist, desto stärker können die Schulen von den Vorgaben für *community schools* abweichen und umgekehrt.

Hinzu kommt die noch recht neue Schulform der *academies*. Dabei handelt es sich um Schulen, deren Träger ein eigener *academy trust* ist, die aber vollständig durch die Regierung finanziert werden. Sie bilden damit eine Zwischenform der *maintained* und *independent schools*[615]. Ein großer Teil der *community schools* ist in *academies* umgewandelt worden und hat so die Trägerschaft und Finanzierung durch die *local education authorities* verlassen[616]. Die *academies* sind rechtlich nicht so frei wie die *independent schools*. Zwar gelten die gesetzlichen Regelungen für *maintained schools* für sie nicht. Der englische Staat als Vertragspartner der Gründungsverträge setzt aber in aller Regel durch, dass die Vereinbarungen zu Schulandacht und Religionsunterricht den vorher für die jeweilige Schule geltenden

613 *Sandberg*, Law and Religion (Fn. 369, S. 152.

614 Statt aller *J. Rivers*, The Legal Status of Islam in Great Britain, in: Derecho y Religión 1 (2006), 144 (155).

615 So *Sandberg*, Law and Religion (Fn. 369), S. 153.

616 *Community schools*, die von der britischen Schulaufsichtsbehörde Ofsted als ungenügend *(„inadequate")* eingestuft wurden, können durch die Zentralregierung zwangsweise in *academies* umgewandelt werden. Einige Schulen haben sich aber auch freiwillig zu *academies* entwickelt. Siehe https://www.gov.uk/types-of-school/academies (zuletzt eingesehen am 17.8.2021).

Regelungen entsprechen[617]. Im Ergebnis richten sich Schulandacht und Religionsunterricht also weiter nach den gesetzlichen Vorgaben für *maintained schools* mit oder ohne religiöser Prägung, sodass trotz der zunehmenden Zahl von *academies* weiterhin in der überwiegenden Mehrheit der staatlich-finanzierten Schulen die im folgenden dargestellten Regelungen zu Religionsunterricht und Schulandacht Geltung beanspruchen[618]. Religionsunterricht und Schulandacht an *academies* werden daher nicht gesondert behandelt[619].

II. Rechtsquellen

Das vielgestaltige Schulwesen findet seinen Niederschlag in einem mindestens ebenso komplexen Regelungssystem. Aktuell sind der Religionsunterricht und die Schulandacht in staatlich-finanzierten Schulen hauptsächlich in drei Gesetzen geregelt, die frühere Regelungswerke ersetzt haben. Im School Standards and Framework Act 1998, ss. 69–71 und sch. 19 und 20 finden sich neben der Pflicht zur Erteilung von Religionsunterricht und Durchführung einer täglichen Schulandacht auch die grundsätzlichen Anforderungen an deren Inhalt für Schulen mit und ohne religiösen Charakter. Im Education Act 1996 ss. 375, 390–399 und sch. 31 finden sich im Wesentlichen Bestimmungen zum Zustandekommen des Lehrplans für den Religionsunterricht und zur Erteilung von Ausnahmeerlaubnissen für den christlichen Charakter der Schulandacht. Im Education Act 2005 ss. 47–49 ist die Aufsicht über den Religionsunterricht an Schulen mit religiösem Charakter geregelt. Nicht mit Gesetzeskraft versehen und bereits über zwanzig Jahre alt sind die Handlungsempfehlungen des Bildungsministeriums zu Religionsunterricht und Schulandacht, die gleichzeitig aber die

---

617 Bezogen auf die Parallelmaterie der Schulandachten *P. Cumper/J. Ipgrave*, Collective Worship in England, in: Cumper/Mawhinney, Collective Worship (Fn. 597), S. 17 (24).

618 Dies wird beispielsweise auch bemerkt im Urteil „R. (Fox and others) v. Secretary of State for Education", [2016] P.T.S.R. 405 (411). Siehe überblicksweise zum Religionsunterricht und zur Schulandacht an *academies* die Empfehlungen des Bildungsministeriums vom 18.12.2012 unter https://www.gov.uk/government/publications/re-and-collective-worship-in-academies-and-free-schools/religious-education-re-and-collective-worship-in-academies-and-free-schools (zuletzt eingesehen am 17.8.2021).

619 Dies bezieht schließt auch *free schools* als Unterart der *academies* und wiederum deren Unterformen, die *studio schools* und *university technical colleges* ein.

letzte detailreiche Handreichung zur Schulandacht darstellen und unter Vorbehalt weiterhin als Auslegungshilfe dienen können[620]. Für den Religionsunterricht gibt es eine ähnliche Handreichung aus dem Jahr 2010[621].

III. Religionsunterricht

Grundsätzlich gelten für alle drei Hauptformen der *maintained schools* die gleichen Vorgaben für den Religionsunterricht. Bei den Schulen mit religiöser Prägung ergeben sich je nach Typus Besonderheiten.

1. Religionsunterricht ist Pflichtfach an allen öffentlichen Schulen

Als Teil des *basic curriculums* muss Religionsunterricht an jeder *maintained school* angeboten werden[622]. Dies gilt auch für staatlich-unterstützte Bekenntnisschulen. Der Unterricht ist ein Pflichtfach für die Schüler[623]. Allerdings können die Eltern auf Antrag ihre Kinder von der Teilnahme

---

620 *Department for Education*, Circular 1/94 vom 31.1.1994. Auf die Handreichung wird für die Schulandacht auch auf der aktuellen Website des Bildungsministeriums verwiesen, siehe unter https://www.gov.uk/government/publications/collective-worship-in-schools (zuletzt eingesehen am 17.8.2021).

621 „Religious education in English schools: Non-statutory guidance 2010" des *Department for Children, Schools and Families*, zu finden unter https://www.gov.uk/government/publications/religious-education-guidance-in-english-schools-non-statutory-guidance-2010 (zuletzt eingesehen am 17.8.2021).

622 Education Act 2002, s. 80 (1) (a). Eine Ausnahme von dieser Pflicht wird im Education Act 2002, s. 80 (2) (b) für Sonderschulen *(maintained special schools)* gemacht. Auch dort soll allerdings Religionsunterricht eingerichtet werden, soweit dies praktikabel ist, School Standards and Framework Act 1998, s. 71 (7). Auf die Bedeutung, die dem Religionsunterricht durch seinen Charakter als Pflichtfach im Gesetz verliehen wird und die ihm in der schulischen Praxis oft versagt wird, weist u.a. hin *A. Khan*, Daily Collective Worship and Religious Education in British Schools, in: Journal of Law and Education 24 (1995), 601 (601 f.).

623 Von einem Pflichtfach mit drei Einschränkungen (Bestimmung der Inhalte durch lokale Komitees, Befreiungsmöglichkeit vom Religionsunterricht und Unterschiede je nach Schulform) sprechen *R. Sandberg/A. Buchanan*, Religion, Regionalism and Education in the United Kingdom, in: M. Hunter-Henin (Hrsg.), Law, Religious Freedoms and Education in Europe, Farnham 2011, S. 107 (109).

am Religionsunterricht befreien lassen[624]. Ab der 11. Klasse steht dieses Recht den Schülern zu. Ein Ersatzunterricht findet grundsätzlich nicht statt. Allerdings wird den befreiten Schülern unter bestimmten Voraussetzungen auf Antrag der Eltern die Möglichkeit gegeben, einen außerhalb der Schule in der gewünschten Form angebotenen konfessionellen Religionsunterricht zu besuchen, indem sie für die jeweilige Zeit von der Teilnahme am Unterricht befreit werden[625]. Gibt es einen solchen Unterricht in der Umgebung nicht, kann die *local education authority* verpflichtet sein, die Durchführung von konfessionellem Religionsunterricht durch Dritte an ihren Schulen zu ermöglichen, wobei ihr selbst keine Kosten entstehen dürfen[626].

2. Überkonfessionelle religionskundliche Ausgestaltung

An den öffentlich-finanzierten Schulen mit und ohne religiöse Ausrichtung, mit Ausnahme konfessioneller *voluntary-aided schools*, wird ein überkonfessioneller religionskundlicher Ansatz verfolgt[627]. Dementsprechend werden alle Schüler gemeinsam unterrichtet. Der Lehrplan für den Unterricht muss von der christlichen Prägung des Landes ausgehen, aber die Lehren der übrigen Religionen berücksichtigen, die in Großbritannien hauptsächlich vorkommen[628]. Ziel des Religionsunterrichts ist zunächst die Vermittlung von Wissen über die verschiedenen Religionen, vor allem des Christentums, und deren Bedeutung für die britische Gesellschaft und Geschichte[629]. Das erlangte Wissen soll den Kindern aber darüber hinaus auch dazu dienen, ihre eigenen Positionen zu ethischen Fragen zu finden[630]. Darüber hinaus soll der Religionsunterricht heute auch

---

624 School Standards and Framework Act 1998, s. 71 (1) (b).

625 School Standards and Framework Act 1998, s. 71 (3).

626 School Standards and Framework Act 1998, sch. 19 s. 2 (3).

627 *Sandberg/Buchanan* fassen es so: „RE [Religious Education] ist the study *of* religion rather than a study *in* religion", *dies.*, Religion (Fn. 623), S. 110.

628 Education Act 1996, s. 375 (3).

629 *Department for Schools, Education and Family*, Religious education in English schools (Fn. 621), S. 7.

630 Etwas blumig in der Handreichung des *Department for Schools, Education and Family*: „*It gives them the knowledge, skills and understanding to discern and value truth and goodness, strengthening their capacity for making moral judgements [...].*" [er [der Religionsunterricht] gibt ihnen das Wissen, die Fähigkeiten und das Verständnis, um die Wahrheit und das Gute zu erkennen und zu schätzen, er stärkt ihre Fähigkeit, moralische Entscheidungen zu fällen], *Department for*

zum sozialen Zusammenhalt beitragen, indem gemeinsame Werte und die Wertschätzung von Vielfalt vermittelt werden[631]. Die Glaubenspflege ist hingegen nicht Zweck des Religionsunterrichts[632]. Trotz der religionskundlichen Ausgestaltung, können Lehrer grundsätzlich nicht verpflichtet werden, Religionsunterricht zu erteilen. Sie aufgrund einer solchen Weigerung zu diskriminieren, ist an den nicht-konfessionellen Schulen verboten[633].

An *voluntary-aided schools* mit religiöser Ausrichtung findet hingegen üblicherweise Religionsunterricht aus der Glaubensperspektive statt. Auch hier werden alle Schüler grundsätzlich gemeinsam unterrichtet. Der Inhalt des Religionsunterrichts richtet sich an diesen Schulen nach der für die Schule festgelegten religiösen Ausrichtung. *Voluntary-aided schools* können sich damit stärker nach ihrer jeweiligen Konfession ausrichten, als dies religiösen *voluntary-controlled schools* und *foundation schools* möglich ist[634]. Die Eltern können ihre Kinder allerdings vom konfessionellen Unterricht befreien, indem sie beantragen, dass ihre Kinder stattdessen den allgemeinen religionskundlichen Unterricht besuchen dürfen, der an den nicht-religiö-

---

Schools, Education and Family, Religious education in English schools (Fn. 621), S. 7. Die Befähigung, eigene religiöse Positionen zu finden, sieht *D. Harte* als Aufgabe des Religionsunterrichts, *ders.*, The Religious Dimension of the Educational Reform Act 1988, in: Ecclesiastical Law Journal 1 (1989), 32 (35).

631 *Department for Schools, Education and Family*, Religious education in English schools (Fn. 621), S. 7 f. Demgegenüber wird kritisiert, dass es Schulkinder verwirren könnte, wenn im Religionsunterricht statt der Grundsätze *eines* Bekenntnisses eine Mischung der Glaubensinhalte verschiedenster Religionen gelehrt werde, so *P. Cumper*, The Participation of Religious Communities in Public Life. The British Perspective, in: C. Walter/A. v. Ungern-Sternberg (Hrsg.), Transformation of State and Church Relations in Great Britain and Germany, 2013, S. 189 (198 f. m.w.N.).

632 *Harte*, Religious Dimension (Fn. 630), S. 35.

633 School Standards and Framework Act 1998, s. 59 und s. 60 (1) bis (3). Dies gilt nicht an *voluntary-aided schools*. An den *voluntary controlled schools* sind sog. *reserved teachers* vorgesehen, jedoch darf das Kollegium höchstens zu einem Fünftel aus ihnen bestehen. Sie haben einen Sonderstatus, weil sie der Schule aufgrund ihrer eigenen religiösen Einstellungen als besonders geeignet erscheinen, Religionsunterricht zu erteilen. Sie dürfen bei Einstellung, Beförderungen und der Bezahlung bevorzugt werden, sind aber verpflichtet, konfessionellen Religionsunterricht zu erteilen, wenn dieser von den Eltern beantragt worden ist.

634 *Sandberg/Buchanan* sprechen davon, dass die Regeln näher an die stereotypischen Erwartungen an eine konfessionelle Schule heranreichen *(„the rules are closer to stereotypical expectations of a faith school“)*, *ders./dies.*, Religion (Fn. 623), S. 113.

sen Schulen angeboten wird. Eine spiegelverkehrte Möglichkeit besteht an den *voluntary-controlled schools* und *foundation schools* mit religiöser Ausrichtung. Dort können die Eltern beantragen, dass ihre Kinder einen konfessionellen Religionsunterricht erhalten, der der religiösen Ausrichtung der Schule entspricht. Den Schulleiter trifft nach geltender Gesetzeslage dann die Pflicht, einen entsprechenden Religionsunterricht zu organisieren[635].

3. Dezentrale Erarbeitung des Lehrplans und Aufsicht

Die Verantwortung für den Grundtypus des überkonfessionellen Religionsunterrichts trägt nicht nur organisatorisch, sondern auch inhaltlich der Staat. Obwohl der Religionsunterricht Teil des *Basic Curriculums* ist, werden seine Inhalte anders als die der übrigen Pflichtfächer nicht durch die Zentralregierung im landesweit verbindlichen Lehrplan, dem *National Curriculum*, festgelegt[636]. Vielmehr überlässt der Staat die konkrete Bestimmung der Lehrinhalte lokalen Gremien, die sich nur teilweise aus staatlichen Vertretern zusammensetzen. Dadurch soll den örtlichen Gegebenheiten z.B. bei der religiösen Zusammensetzung der Schüler Rechnung getragen werden können[637]. Weiterhin muss die *local education authority* die Wünsche der Eltern bei der Ausübung ihrer Befugnisse berücksichtigen[638]. Auf diese Weise soll die Vereinbarkeit mit dem religiösen Erziehungsrecht der Eltern aus EMRK und Human Rights Act hergestellt werden[639].

---

635 School Standards and Framework Act 1998, Schedule 19 para. 3 (3). Die Umsetzung dieser Regelung in der Praxis ist allerdings unklar, *Sandberg/Buchanan*, Regionalism (Fn. 623), S. 113.

636 Eine vergleichbare Ausnahme besteht für den Sexualkundeunterricht.

637 Diese Motivation bei dem Verzicht der Aufnahme des Religionsunterrichts ins *National Curriculum* beschreiben *Meredith*, Religious Education (Fn. 599), S. 161, 165; und *N. Harris*, Equal Rights in Education in the UK (England), in: International Journal of Education Law and Policy 4 (2008), 4 (11). Außerdem sei es dem Gesetzgeber zu kompliziert erschienen, den Religionsunterricht mit der erforderlichen Regelung der Befreiungsmöglichkeit in die Liste von obligatorischen Schulfächern aufzunehmen, *Harris*, Education (Fn. 385), S. 431 m.w.N.

638 Education Act 1996, s. 9.

639 So *Sandberg/Buchanan*, Religion (Fn. 623), S. 110 f. Das religiöse Erziehungsrecht der Eltern ist verankert in Art. 2 des Ersten Zusatzprotokolls zur EMRK; Human Rights Act 1998, sch. 1 part II Art. 2.

Eine solche *Agreed Syllabus Conference (ASC)* besteht aus mehreren Komitees, die sich über einen Lehrplan nach den gesetzlichen Vorgaben einigen müssen. Dieser gemeinsam vereinbarte Lehrplan, der *agreed syllabus*, muss von allen staatlich-finanzierten Schulen ohne religiöse Prägung in dem jeweiligen Schulbezirk eingehalten werden. An staatlich-finanzierten Schulen mit religiöser Prägung mit Ausnahme der *voluntary-aided schools* findet der Religionsunterricht ebenfalls auf der Basis eines *agreed syllabus* statt. Der Unterschied zu den nichtreligiösen staatlichen Schulen besteht darin, dass der *agreed syllabus* hier speziell für die einzelne Schule oder sogar Klasse vereinbart wird[640]. Die lokale Schulbehörde *LEA* und die Schulleiter sind dazu verpflichtet, die Einhaltung des jeweils gültigen *agreed syllabus* sicherzustellen, was durch einen ständigen lokalen Rat, den *Standing Advisory Council on Religious Education (SACRE)* überwacht wird.

a) Zusammensetzung der ASC und des SACRE

Die *ASC* besteht aus vier Komitees. Das erste Komitee (A) vertritt dabei die vor Ort vertretenen Religionen und Konfessionen mit Ausnahme der *Church of England*[641]. Das zweite Komitee (B) ist mit Vertretern der *Church of England* besetzt. Das dritte (C) besteht aus Vertretern von Lehrerverbänden. Zuletzt gibt es ein Komitee (D), das sich aus Delegierten der *local education authority* zusammensetzt[642].

Die *ASC* geht in der Regel aus dem *Standing Advisory Council on Religious Education (SACRE)* hervor[643]. Die *SACRE* sind dafür da, den Anspruch der Schüler auf die Erteilung von Religionsunterricht durchzusetzen und durch Empfehlungen an die Schulleiter, eine möglichst hohe Qualität des Religionsunterrichts sicherzustellen. Einmal im Jahr berichten die *SACRE* an das Bildungsministerium darüber, welche Empfehlungen sie ausgesprochen haben und inwiefern diese umgesetzt worden sind. Jedes Komitee des *SACRE* (außer den Vertretern der lokalen Schulbehör-

---

640 Auf diese Besonderheit weisen hin *Sandberg/Buchanan*, Regionalism (Fn. 623), S. 112.

641 Im Education Act 1996, s. 390 (5) ist noch einmal ausdrücklich festgehalten, dass Komitee A keine Vertreter der *Church of England* in seinen Reihen haben darf.

642 Die Zusammensetzung der Komitees ist geregelt im Education Act 1996, s. 390 (4).

643 Diese Institution hat ihre Wurzeln im Education Act 1944. Damals war die Einrichtung eines *SACRE* allerdings noch nicht verpflichtend.

de) kann zudem die *ASC* zur Überprüfung und Anpassung des *Agreed Syllabus* auffordern[644]. Das *SACRE* besteht wie die *ASC* immer aus vier Komitees und wird durch die lokale Schulbehörde eingerichtet.

SACRE und *ASC* üben staatliche Funktionen aus und sind damit Träger öffentlicher Gewalt (*public bodies*). Dementsprechend sind die Gremien auch dem Human Rights Act verpflichtet. Ihre Beschlüsse, also insbesondere die Lehrpläne, können als Akte der Exekutive einer *judicial review* unterzogen werden.

b) Besetzung von SACRE und ASC

Die Bestimmung der Mitglieder der einzelnen Komitees obliegt – mit Ausnahme des Komitees B – der lokalen Schulbehörde. Die Schulbehörde hat ein Ermessen in der Frage, mit wem sie die Komitees besetzt, dieses hat aber seine Grenzen. Wir wollen hier nur das für uns interessante Komitee A näher betrachten. Komitee A soll Vertreter der christlichen Konfessionen (außer solche der *Church of England*) und der übrigen Religionen und Konfessionen zusammenfassen, die nach der Überzeugung der Behörde die hauptsächlichen religiösen Traditionen der Gegend widerspiegeln[645]. Dabei soll die Anzahl der berufenen Mitglieder pro Religion in groben Zügen die tatsächliche Verteilung der Religionszugehörigkeiten widerspiegeln, soweit dies im Einklang mit der effizienten Wahrnehmung der Aufgaben dieses Komitees steht[646]. Die Vorgaben für die relative Stärke der einzelnen Konfessionen im Komitee lenken das Ermessen der *local education authority*. Weltanschauungen finden keine Erwähnung im Gesetzestext und werden daher meist nicht berücksichtigt. Vor dem Hintergrund des Human Rights Act müssen die einschlägigen Vorschriften aber so ausgelegt werden, dass Weltanschauungen den Religionen gleichgestellt sind. Die systematische Nichtberücksichtigung von Weltanschauungen stellt eine Verletzung von Human Rights Act s. 3 (1) dar[647].

---

644 Education Act 1996, s. 391 (3).

645 „*[A] group of persons to represent such Christian denominations and other religions and denominations of such religions as, in the opinion of the authority, will appropriately reflect the principal religious traditions in the area*", Education Act 1996, s. 390 (4) (a).

646 Education Act 1996, s. 390 (6).

647 Den Widerspruch zu der sonst weitgehend üblichen Gleichstellung von Religion und Weltanschauung in den Menschenrechten und im Antidiskriminierungsrecht kritisiert *Sandberg*, Law and Religion (Fn. 398), S. 156. Auch die

Außerdem muss die *local education authority* nach dem Gesetzeswortlaut alle erforderlichen Maßnahmen ergreifen, um sicherzustellen, dass die zu berufende Person tatsächlich Vertreter der Religion oder Konfession ist, die im Komitee A vertreten sein soll[648]. Gleichzeitig kann die Behörde ein Mitglied des Komitees A abberufen, wenn es nach ihrer Überzeugung nicht mehr als Vertreter des jeweiligen Glaubens anzusehen ist[649]. Diese Regelungen scheinen der *local education authority* für die Zwecke der *ASC* und des *SACRE* ein Ermessen in der Frage zuzugestehen, wer Vertreter einer Religion ist[650]. Hierzu passt, dass die Vorschriften an keiner Stelle auf Religionsgemeinschaften, religiöse Gruppen etc. Bezug nehmen, sondern nur von Religionen sprechen. Die nicht selbst bestimmte, sondern durch eine Behörde vorgenommene Festlegung von Vertretern erscheint ausgesprochen problematisch[651]. Allerdings sind die Behörden nicht völlig frei in der Ausübung ihres Ermessens. Im Gegenteil, die *local education authority* ist als staatliche Behörde (*public authority*) an den Human Rights Act gebunden[652]. Außerdem können ihre Entscheidungen nach den formellen und materiellen Regeln der *judicial review* überprüft werden.

Berücksichtigt die *local education authority* eine bestimmte Religion nicht, obwohl sie in der Region in der erforderlichen Stärke präsent ist, stellt sich die Frage nach den Möglichkeiten der Religionsgemeinschaft, eine Aufnahme in den *SACRE* oder die *ASC* zu erwirken oder zumindest gegen die Entscheidung der *local education authority*, sie nicht aufzunehmen, vorzugehen. In diesem Bereich gibt es kaum Rechtsprechung, die Klarheit schaffen würde. Vehikel für eine rechtliches Vorgehen in einem solchen Fall wäre die *judicial review*. Denkbar sind – soweit ersichtlich – zwei grundsätzliche Vorgehensweisen. Einerseits kann die Religionsgemeinschaft die Nichtberücksichtigung ihrer selbst auf mögliche Verfahrensfehler der *local education authority* nach den hierfür geltenden tradi-

Sonderberichterstatterin der Vereinten Nationen für das Vereinigte Königreich zur Religions- und Weltanschauungsfreiheit fordert in ihrem Bericht eine nichtdiskriminierende Berücksichtigung auch der nicht-religiösen Überzeugungen, *A. Jahangir*, A/HRC/7/10/Add.3, Bericht vom 7.2.2008, S. 19, zu finden unter https://documents-dds-ny.un.org/doc/UNDOC/GEN/G08/105/17/PDF/G0810517.pdf?OpenElement (zuletzt eingesehen am 17.8.2021).

648 Education Act 1996, s. 392 (2). Dasselbe gilt für die in Komitee C vertretenen Lehrerverbände.

649 Education Act 1996, s. 392 (3).

650 So auch *Hill/Sandberg/Doe*, Religion and Law (Fn. 223), S. 168.

651 „*Most problematic*“ findet dies auch *Sandberg*, Law and Religion (Fn. 369), S. 156.

652 Statt aller *Knights*, Freedom of Religion (Fn. 267), Rn. 4.18.

tionellen Maßstäben der *judicial review* vom Gericht überprüfen lassen, andererseits kann sie auch eine Verletzung materieller Rechte durch die Behörde geltend machen. Erfolgsversprechender ist die erste Variante.

Für die zweite Variante gibt es zwar einige Ansatzpunkte, bei genauerer Prüfung sind sie aber zum Scheitern verurteilt. Zumindest aus deutscher Sicht naheliegend wäre es, sich auf die Menschenrechte zu berufen. Denkbar wäre eine Verletzung der Religionsfreiheit nach Human Rights Act 1998 Sch. 1 Art. 9 und des Verbots religiöser Diskriminierung nach Art. 14. Für englische Juristen erscheint eine Verletzung beider Rechte allerdings eher fernliegend. Die Mitwirkung in den *SACRE* stellt für sie keine Form der Religionsausübung dar. Art. 14 schützt nur die gleichberechtigte Ausübung der in der Konvention garantierten Rechte[653]. Da aber der Schutzbereich der Religionsfreiheit überhaupt nicht berührt ist, kommt auch Art. 14 nicht zum Tragen. Auch wenn die Erfolgsaussichten minimal sind, könnte sich ein Kläger im Rahmen der *judicial review* zumindest auch auf den Human Rights Act 1998 berufen. Nicht existent ist hingegen ein justiziables Selbstbestimmungsrecht, das verletzt sein könnte, wenn ein staatliches Gremium bestimmt, was über die eigene Religion gelehrt wird. Auch der Antidiskriminierungsschutz durch den Equality Act 2010 führt nicht weiter. Er bietet nur im Bereich des Arbeitsrechts und beim Bezug von Leistungen Schutz. Eine weitere gedankliche Möglichkeit wäre, aus den für die Religionsgemeinschaften günstigen Vorschriften der Schulgesetze ein durchsetzbares Recht auf Berufung in die *SACRE* abzuleiten. Zwar dienen die gesetzlichen Regeln zu den *SACRE* auch den Interessen der Religionsgemeinschaften, die Dogmatik des subjektiven öffentlichen Rechts ist dem englischen Recht aber wesensfremd. Ein Gericht würde sich mit großer Wahrscheinlichkeit weigern, ein Recht der Religionsgemeinschaften anzuerkennen, in den *SACRE* vertreten zu sein. Im englischen Kontext wäre es angesichts der *parliamentary supremacy* Aufgabe des Parlaments, ein solches Recht zu formulieren und gleichzeitig die genauen positiven und negativen Voraussetzungen hierfür festzulegen. Statt ein Recht der Religionsgemeinschaften zu schaffen, ist der Gesetzgeber den entgegengesetzten Weg gegangen und hat die Befugnisse und Pflichten der *local education authority* bei der Besetzung der *SACREs* definiert. Die objektiv-rechtliche Gestaltung ist recht typisch für das Vereinigte Königreich[654].

---

653 Statt aller *Meyer-Ladewig/Lehner* (Fn. 45), Art. 14 Rn. 5 ff.; *Knights,* Freedom of Religion (Fn. 267), Rn. 2.95.

654 Die Regelung von Verfahrenspflichten der Verwaltung ist deshalb besonders wichtig, weil es abgesehen von den Menschenrechten, aktuell noch dem Euro-

Die weitaus erfolgversprechendere Handlungsmöglichkeit für die betroffene Religionsgemeinschaft wäre daher, das Entscheidungsverfahren, in dem die *local education authority* das *SACRE* besetzt hat, anzugreifen. Weil die *local education authority* Teil der Exekutive ist, können ihre Entscheidungen neben der Vereinbarkeit mit dem Human Rights Act auch auf eine mögliche *illegality*, *irrationality* oder *procedural impropriety* überprüft werden[655]. Im Fall der offensichtlichen Missachtung einer Religionsgemeinschaft durch die Behörde dürfte das Gericht auf einen Verfahrensfehler (*procedural impropriety*) der Behörde erkennen. Ein solcher Verfahrensfehler liegt nämlich vor, wenn die Behörde nach Ansicht des Gerichtes entweder nicht *fair-minded*, d.h. unter Anhörung und Berücksichtigung des Standpunkts der Gegenseite, oder *equal* (gerecht) vorgegangen ist[656]. Erklärt das Gericht das fragliche Verwaltungshandeln tatsächlich für unrechtmäßig, hat der Kläger sein Ziel, bei der Besetzung des *SACRE* oder der *ASC* berücksichtigt zu werden, aber noch keinesfalls erreicht. Denn der Tenor steht voll und ganz im Ermessen des Gerichts, es kann sich zum Beispiel auf eine bloße Feststellung ohne Rechtsfolgen beschränken[657]. Allerdings kann das Gericht aber auch die fragliche Entscheidung der Behörde aufheben oder anordnen, dass die Behörde ihren Pflichten nachkommt[658]. Letzteres kann zum Beispiel bedeuten, dass die *Local Education Authority* das Verfahren unter Beachtung der Regeln für rechtmäßiges Verwaltungshandeln erneut durchführen muss.

Wichtig ist auch, wer vor Gericht zieht. Für den Erfolg des Gerichtsverfahrens muss der Kläger eine Klagebefugnis haben (*standing*). Die Klagebefugnis wird relativ großzügig zugestanden, sobald der Kläger eine *sufficient interest* hat, d.h. ein hinreichendes berücksichtigenswertes Interesse materieller oder nicht-materieller Art nachweisen kann[659]. Im vorliegenden Fall müsste der Kläger also ein hinreichendes Interesse an der gerichtlichen Überprüfung der Besetzungspraxis des *SACRE* durch die *lo-*

---

parecht sowie den *prerogative powers*, die dem Monarchen bzw. der Regierung als Handlungsorgan der Krone vorbehalten sind, keine gesetzlichen Beschränkungen für die Befugnisse gibt, die das Parlament der Exekutive verleihen kann, *Tomkins*, Executive Power (Fn. 314), S. 24.

655 Zu diesen gerichtlichen Maßstäben für die Überprüfung von Exekutiventscheidungen siehe *Tomkins*, Executive Power (Fn. 314), S. 42 ff.

656 Letztere Pflicht wird auch als *rule against bias* bezeichnet. *Tomkins*, Executive Power (Fn. 314), S. 44.

657 Darauf weist hin *Tomkins*, Executive Power (Fn. 314), S. 45 f.

658 Siehe *Tomkins*, Executive Power (Fn. 314), S. 45 f.

659 *Tomkins*, Executive Power (Fn. 314), S. 45.

cal education authority darlegen. Als Kläger kommen sowohl die betroffene Religionsgemeinschaft vor Ort in Betracht als auch die Einzelpersonen, die potentiell die Religionsgemeinschaft im *SACRE* hätten vertreten sollen. Erforderlich ist, dass der Kläger überzeugend darstellen kann, dass ihn die *local education authority* im Verfahren um die Besetzung des *SACRE* hätte berücksichtigen müssen, was keinesfalls bedeutet, dass die *local education authority* ihn letzten Endes auch hätte berufen müssen. Angesichts der kaum ausgeprägten korporativen Komponente der Religionsfreiheit ist wenig überraschend, dass es bisher eher Einzelpersonen waren, die im Bereich Religion und Schule vor Gericht gezogen sind. In einem Fall, der sich allerdings mit der inhaltlichen Gestaltung des Lehrplans beschäftigte, wurde der neben den Eltern klagenden *British Humanist Association* die Klagebefugnis abgesprochen[660].

c) Entwicklung des Lehrplans durch die ASC

Für den Inhalt des Religionsunterrichts gelten bestimmte gesetzliche Regeln, die die *ASC* berücksichtigen muss. Sie sind ebenso wie die Verfahrensregeln für Beschlüsse der *ASC* von der Idee getragen, Verbundenheit zu fördern und Spaltung zu verhindern. Dies wirft in einer zunehmend religiös pluralen Gesellschaft aber Fragen auf.

aa) Gesetzliche Anforderungen an den Lehrplan

Inhaltlich müssen die verschiedenen im Land vertretenen Hauptreligionen Berücksichtigung finden, wobei sich im Lehrplan widerspiegeln muss, „dass die religiösen Traditionen Großbritanniens im Wesentlichen christlich sind“[661]. Der Religionsunterricht darf sich zugleich inhaltlich nicht

660 „R. (Fox and others) v. Secretary of State for Education“, [2015] England & Wales High Court 3404 (Administrative Court) (Rn. 3), [2016] Public and Third Sector Law Reports 405 (407).

661 *„Every agreed syllabus shall reflect the fact that the religious traditions in Great Britain are in the main Christian whilst taking account of the teaching and practices of the other principal religions represented in Great Britain“*, Education Act 1996, s. 375 (3). Für *Harte* ist nicht nur das Ausgehen vom Christentum, sondern auch die Berücksichtigung anderer Religionen eine Form christlicher Toleranz und damit Ausdruck der Bedeutung des Christentums für England im Gesetz, *ders.*, Religious Dimension (Fn. 630), S. 40.

an einer einzelnen Konfession ausrichten[662]. Das ursprüngliche Ziel dieser Vorschriften, die Gemeinschaft über konfessionelle Unterschiede hinweg zu fördern, indem eine gemeinsame christliche Wertebasis vermittelt wurde, stammt aus einer Zeit, in der die Gesellschaft weit überwiegend christlich war. In einem zunehmend religiös pluralen England trägt diese Argumentation nach verbreiteter Ansicht nicht mehr. Die Pflicht, das Christentum als Ausgangs- und Schwerpunkt des Religionsunterrichts zu nehmen, räumt ihm eine Sonderstellung gegenüber den übrigen Religionen ein, die nicht notwendigerweise dessen quantitative Relevanz in der Bevölkerungszusammensetzung vor Ort widerspiegelt. Die übrigen Religionen könnten unbotmäßig in den Hintergrund rücken, zumal abgesehen vom Christentum nicht vorgeschrieben ist, welche anderen Religionen im Religionsunterricht berücksichtigt werden müssen[663]. Die besondere Behandlung des Christentums wird heute deshalb überwiegend mit weitaus säkulareren Argumenten gerechtfertigt: Grundlegende Kenntnisse über das Christentum seien unabdingbar dafür, die britische Geschichte zu verstehen[664]. Mit dieser Begründung wird eine entsprechende Schwerpunktsetzung überwiegend für mit den Konventionsrechten vereinbar gehalten. Eine wichtige Schranke ist das in Art. 2 des Ersten Zusatzprotokolls zur EMRK enthaltene Recht der Eltern, ihre Kinder nach ihren religiösen oder weltanschaulichen Überzeugungen zu erziehen. Hieraus wird vom EGMR gefolgert, dass der Staat die Kinder nicht religiös indoktrinieren darf, sondern jegliche Bildungsinhalte objektiv, kritisch reflektiert und pluralistisch vermitteln müsse[665]. Dabei habe der Staat aber eine weite

---

662 Obwohl der Education Act 1944 noch von *religious instruction* sprach, wurde in dessen s. 26 schon festgehalten, dass der Religionsunterricht kein bestimmtes Bekenntnis lehren sollte. Die aktuelleste Regelung findet sich im School Standards and Framework Act 1998, Schedule 19, s. 2 (5): „*No agreed syllabus shall provide for religious education to be given to pupils at a school to which this paragraph applies by means of any catechism or formulary which is distinctive of a particular religious denomination (but this is not to be taken as prohibiting provision in such a syllabus for the study of such catechisms or formularies).*"

663 Auf diese Gefahr weisen hin *Harris*, Education (Fn. 385), S. 433 f.; *Cumper*, Participation (Fn. 631), S. 199 f. Allerdings relativiert *Cumper* diese Bedenken gleich wieder. Der lokale Lehrplan werde schließlich von den Gegebenheiten vor Ort geprägt, a.a.O., S. 200.

664 *Cumper*, Participation (Fn. 631), S. 196.

665 Urteil des EGMR vom 7.12.1976, Nr. 5095/71; 5920/72; 5926/72 [ECLI:CE:ECHR:1976:1207JUD000509571], „Kjeldsen, Busk Madsen and Pedersen v. Denmark", Rn. 53; Urteil des EGMR vom 29.6.2007, Nr. 15472/02 [ECLI:CE:ECHR:2007:0629JUD001547202], „Folgerø and other v. Norway", Rn. 84. In England aufgegriffen im Urteil „R. (Fox and others) v. Secretary of State for

Einschätzungsprärogative. Insbesondere könne er örtliche Gegebenheiten und besonders die Bedeutung von bestimmten Religionen für die Gesellschaft und die Traditionen des Landes berücksichtigen[666]. Legitimerweise könne im Unterricht bei der Wissensvermittlung ein stärkerer Fokus auf eine in der Gesellschaft besonders wichtige oder stark verbreitete Religion gelegt werden, sofern der Unterricht weiterhin objektiv und pluralistisch bleibe[667]. Der Staat dürfe hingegen nicht Religionen inhaltlich bewerten und auf dieser Basis die eine der anderen vorziehen[668]. Die besondere Betonung des Christentums im Religionsunterricht sei angesichts seiner besonderen Bedeutung im und für das Vereinigte Königreich daher mit dem britischen Recht und den Menschenrechten (insbesondere der der Eltern) vereinbar[669].

Neben dem Christentum müssen die übrigen „Hauptreligionen" des Vereinigten Königreichs im Unterricht behandelt werden. Der Terminus *principal religions* im Normtext ist recht vage. Ob Weltanschauungen im Religionsunterricht behandelt werden müssen, war auch deshalb lange unklar. Die Regierung fasst in ihrem Anforderungskatalog für das GCSE-Fach *religious studies*, das nicht mit *religious education* zu verwechseln ist, jedenfalls auch Weltanschauungen unter die religiösen Traditionen des Vereinigten Königreichs[670]. Interessanterweise war gerade dieser Anforderungskatalog Gegenstand einer Klage von nicht-religiösen Eltern und Schülern, die Weltanschauungen anhingen und teilweise zuvor Mitglieder

---

Education", [2015] England & Wales High Court 3404 (Administrative Court) (Rn. 31), [2016] Public and Third Sector Law Reports 405 (414).

666 „R. (Fox and others) v. Secretary of State for Education", [2015] England & Wales High Court 3404 (Administrative Court) (Rn. 39), [2016] Public and Third Sector Law Reports 405 (417).

667 „R. (Fox and others) v. Secretary of State for Education", [2015] England & Wales High Court 3404 (Administrative Court) (Rn. 39), [2016] Public and Third Sector Law Reports 405 (417).

668 „R. (Fox and others) v. Secretary of State for Education", [2015] England & Wales High Court 3404 (Administrative Court) (Rn. 39), [2016] Public and Third Sector Law Reports 405 (417).

669 „R. (Fox and others) v. Secretary of State for Education", [2015] England & Wales High Court 3404 (Administrative Court) (Rn. 69), [2016] Public and Third Sector Law Reports 405 (427).

670 *Department for Education*, Religious studies. GCSE subject content, Februar 2015, zu finden unter https://assets.publishing.service.gov.uk/government/uploads/system/uploads/attachment_data/file/403357/GCSE_RS_final_120215.pdf, S. 5 (zuletzt eingesehen am 17.8.2021).

von Weltanschauungsgemeinschaften waren[671]. Genauer gesagt gingen die Kläger im Fall „R. (Fox and others) v. Secretary of State for Education" allerdings nicht gegen die Anforderungen als solche vor, sondern gegen die Behauptung in dem Katalog, der darin festgelegte Inhalt des Fachs *religious studies* würde auch den gesetzlichen Anforderungen an das Pflichtfach *religious education* genügen[672]. GCSE-Fächer wie *religious studies* können nämlich nahezu beliebig schmal oder breit angelegt sein, hingegen muss der Religionsunterricht *religious education*, wie bereits festgestellt, eine gewisse inhaltliche Breite aufweisen. Konkret sieht der Lehrplan für *religious studies* vor, dass pflichtmäßig zwei Religionen behandelt werden müssen. Weltanschauungen können, müssen aber nicht als eines der vielen zusätzlichen fakultativen Themen unterrichtet werden. Die Kläger kritisierten, dass ein Lehrplan, der Religionen gegenüber Weltanschauungen derart unzulässig bevorzuge, kaum die gesetzlichen Anforderungen an die Breite von *religious education* erfülle. Die entgegenlautende Behauptung in dem GCSE-Plan verleite die verantwortlichen Stellen dazu, fälschlicherweise einen derart verengten Lehrplan auch für *religious education* zu entwickeln[673]. Dabei stützten sich die Kläger auf den Human Rights Act 1998, namentlich auf die Religionsfreiheit in Art. 9 der Konventionsrechte und auf das elterliche Erziehungsrecht in Art. 2 des Ersten Zusatzprotokolls zur EMRK[674]. Tatsächlich hatte die Klage mit dieser Argumentation Erfolg. Zwar bestehe keine Pflicht, den Unterricht ganz nach den Vorstellungen der Eltern auszugestalten. Die Möglichkeit, die Kinder vom Religionsunterricht zu befreien, sei aber kein Ersatz für eine hinreichend breite Ausgestaltung des Religionsunterrichts[675]. Der Ausschluss von Weltanschauungen als Gegenstand weiter Teile des Religionsunterrichts sei nicht vereinbar mit dem Recht der Eltern aus Art. 2 des Ersten Zusatzprotokolls zur EMRK,

---

671 „R. (Fox and others) v. Secretary of State for Education", [2015] England & Wales High Court 3404 (Administrative Court), [2016] Public and Third Sector Law Reports 405.

672 Die Übereinstimmung wird festgestellt in *Department for Education,* Religious studies. GCSE subject content (Fn. 670), S. 3.

673 „R. (Fox and others) v. Secretary of State for Education", [2015] England & Wales High Court 3404 (Administrative Court), [2016] Public and Third Sector Law Reports 405 (405 f.).

674 „R. (Fox and others) v. Secretary of State for Education", [2015] England & Wales High Court 3404 (Administrative Court) (Rn. 6), [2016] Public and Third Sector Law Reports 405 (408).

675 „R. (Fox and others) v. Secretary of State for Education", [2015] England & Wales High Court 3404 (Administrative Court) (Rn. 79), [2016] Public and Third Sector Law Reports 405 (429).

ihre Kinder nach ihren religiösen bzw. weltanschaulichen Überzeugungen zu erziehen[676]. In konventionsrechtskonformer Auslegung muss die Regelung, nach der im Fach *religious education* die religiösen Haupttraditionen Großbritanniens behandelt werden müssen, also so verstanden werden, dass auch Weltanschauungen gleichberechtigt mitumfasst sind.

bb) Beschlussfassung der ASC

Anhand der gesetzlichen Vorgaben entwickeln alle vier Komitees der *ASC* den Lehrplan. Damit der Lehrplan in Kraft tritt, muss jedes Einzelkomitee der *ASC* dem Entwurf zustimmen[677]. Auf diese Weise hat die *Church of England* immer ein Vetorecht, weil sie ein eigenes Komitee besetzt. Sie kann aber umgekehrt nicht über die Köpfe der anderen Religionsgemeinschaften hinweg einen Lehrplan beschließen. Im Komitee A muss eine Mehrheit aus den Vertretern mehrerer Religionsgemeinschaften gemeinsam über das Schicksal des Entwurfs befinden. Da die Sitzverteilung in Komitee A die tatsächliche Verteilung der Religionszugehörigkeiten widerspiegeln soll, kann es theoretisch auch vorkommen, dass eine Religionsgemeinschaft allein darin eine absolute Mehrheit hat und damit vergleichbar der *Church of England* in Komitee B Entwürfe im Alleingang blockieren oder bestätigen kann.

Die besondere Komiteestruktur hat das Potenzial, die Bedenken zu verstärken, die man hinsichtlich der inhaltlichen Gestaltung der Lehrpläne anmelden kann. Es besteht die Gefahr, dass bei der Wissensvermittlung über „das" Christentum die christlichen, aber nicht-anglikanischen Religionsgemeinschaften anglikanisch vereinnahmt werden. Bei der Bestimmung des Lehrplans sitzen die Vertreter dieser Religionsgemeinschaften in einem gemeinsamen Komitee – zusammen mit allen übrigen Konfessionen, während die anglikanischen Vertreter in ihrem eigenen Komitee arbeiten können. Die Lehren der einzelnen christlichen Bekenntnisse bekommen erstens weniger Gewicht im Lehrplan, weil „das" Christentum nur als solches, ohne konfessionelle Ausrichtung gelehrt werden darf. Zweitens können die nicht-anglikanischen Christen nur im Verbund miteinander ihre Grundsätze für den christlichen Anteil des Religionsunter-

---

676 „R. (Fox and others) v. Secretary of State for Education", [2015] England & Wales High Court 3404 (Administrative Court) (Rn. 74), [2016] Public and Third Sector Law Reports 405 (428).

677 Education Act 1996, s. 391 (4).

richts festlegen, müssen also notwendigerweise Kompromisse eingehen, auf die die anglikanische Kirche durch ihr eigenes Komitee verzichten kann. Dieses Problem wird besonders augenfällig, wenn man berücksichtigt, dass die nicht-anglikanischen Christen keinesfalls eine kleine Minderheit in England sind, die aufgrund ihres geringen Anteils an der Bevölkerung von vornherein nicht die gleiche Stimme wie die anglikanische Kirche haben sollte. Sowohl innerhalb des Komitees A als auch mit der *Church of England* im Komitee B müssen also immer wieder Kompromisse erarbeitet werden. Generell besteht die Gefahr, dass der Wahrheitsanspruch der Religionsgemeinschaften dadurch bagatellisiert wird, dass alle Religionen im Religionsunterricht wie austauschbar nebeneinander gestellt werden[678]. Angesichts der Gesetzeshistorie war der Kompromiss allerdings gerade das Ziel des Education Act 1944, der das SACRE-Modell schuf.

Trotz der vielfach nicht mehr für zeitgemäß gehaltenen Vorgaben für den Religionsunterricht gibt es bisher kaum Rechtsprechung hierzu[679]. Es ist deshalb nicht einfach abzuschätzen, wie die Chancen einer Religionsgemeinschaft oder von Einzelpersonen aussehen würden, erfolgreich gegen eine aus ihrer Sicht fehlerhafte inhaltliche Darstellung ihrer Religion juristisch vorzugehen. Der jeweilige SACRE ist zwar als *public body* den Menschenrechten aus dem Human Rights Act verpflichtet und der Beschluss des Lehrplans könnte nach den Regeln der *judicial review* überprüft werden[680]. Allerdings müssten sich staatliche Gerichte dann mit der Frage beschäftigen, was als Inhalt einer Religion gelehrt werden darf. Damit kann hier wieder der Gedanke der *non-justiciability* zum Tragen kommen. Staatliche Gerichte können nicht entscheiden, was in religiöser Hinsicht richtig und was falsch ist. Gleichzeitig wird in der englischen Rechtswissenschaft nicht anerkannt, dass die Religionsgemeinschaften die Hoheit darüber hätten, was als Lehre ihrer Religion gelten kann und was nicht. Auch die Vermischung mehrerer religiöser Lehren wird von englischen Juristen nicht als möglicher Eingriff in ein Recht der Religionsgemeinschaften gesehen. Nach der individuelleren Konzeption des englischen Religionsverfassungsrechts spielen korporative Rechte von Religionsgemeinschaften nicht nur in der nicht unproblematischen Gestaltung des Religionsunterrichts, sondern auch generell eine untergeordnete Rolle. Diese grundsätzli-

---

678 Diese Befürchtung äußert *Cumper*, Participation (Fn. 631), S. 198 f. m.w.N.

679 Auf diesen Umstand weist u.a. hin *Knights*, Freedom of Religion (Fn. 267), Rn. 4.75.

680 Siehe oben S. 50 ff.

che Ausrichtung des englischen Religionsverfassungsrechts wird deutlich, wenn man berücksichtigt, dass im Fall „Fox v. Secretary of State for Education" der *British Humanist Association* (BHA) die Klagebefugnis abgesprochen wurde[681]. Auch bei der Darstellung der Auswirkungen des Human Rights Act auf die Auslegung der Gesetze spricht das Gericht nur davon, dass die gesetzlichen Regelungen zum Religionsunterricht im Einklang mit den Konventionsrechten der Schüler und Eltern ausgelegt werden müssen[682]. Religionsgemeinschaften finden keine Erwähnung. In der Folge ist es auf mehreren Ebenen unwahrscheinlich, dass der Klage einer Religionsgemeinschaft, dass ihre Glaubensinhalte falsch dargestellt würden, Erfolg beschieden sein würde. Dies bedeutet allerdings nicht, dass der englische Staat völlig frei in der Gestaltung des Religionsunterrichts wäre. Die Rechte von Eltern und Schülern sind schließlich zu beachten.

IV. Schulandacht (collective worship)

Der rechtliche Rahmen für Schulandachten hat sich trotz zahlreicher Reformvorstöße seit 1944 kaum verändert[683]. Jeder Schüler an staatlich finanzierten Schulen muss grundsätzlich an jedem Schultag an einer gemeinsamen Andacht (*collective worship*) teilnehmen[684]. Die Schulleitung hat dies sicherzustellen[685]. Grundsätzlich ist die Erwartung, dass alle Kinder gleich welcher Religionszugehörigkeit an der Andacht teilnehmen können[686].

681 „R. (Fox and others) v. Secretary of State for Education", [2015] England & Wales High Court 3404 (Administrative Court) (Rn. 3), [2016] Public and Third Sector Law Reports 405 (407).

682 „R. (Fox and others) v. Secretary of State for Education", [2015] England & Wales High Court 3404 (Administrative Court) (Rn. 22), [2016] Public and Third Sector Law Reports 405 (411).

683 Dies kritisiert *Jackson*, Foreword (Fn. 599), S. x. Dabei verweist er auch auf die schon früh angebrachte, aber ohne Folgen gebliebene Kritik an der Ausgestaltung der Schulandacht durch *J. Hull*, The School Worship, London 1975. Einen kurzen Überblick zu aktuellen Vorstößen zur Veränderung oder Abschaffung der Schulandacht geben *Cumper/Ipgrave*, Collective Worship (Fn. 617), S. 30 ff.; *P. Cumper/A. Mawhinney*, Introduction: Collective Worship and Religious Observance in Context, in: ders./dies., Collective Worship (Fn. 597), S. 1 (2).

684 School Standards and Framework Act 1998, s. 70 (1).

685 School Standards and Framework Act 1998, s. 70 (2) (b).

686 Circular 1/94 (Fn. 620), S. 22; aus der Literatur statt aller *Khan*, Collective Worship and Religious Education (Fn. 622), S. 604. Als Teil des Multikulturalismus der 1980er und 1990er Jahre ordnen diese Idee ein *Cumper/Ipgrave*, Collective Worship (Fn. 617), S. 34 f.

Alle sollen anwesend sein, aber keiner muss sich stärker aktiv beteiligen, als er möchte und kann[687]. Die Grundannahme ist, dass es möglich sei, gemeinsam die Schulandacht zu erleben, ohne denselben Glauben zu teilen[688]. Gezielt wurde von Anfang an von *collective worship* (gemeinsamer Andacht) statt *corporate worship* (Andacht einer Gemeinschaft) gesprochen, um deutlich zu machen, dass nicht alle Teilnehmer demselben Glauben angehören[689]. Um die Vereinbarkeit mit der negativen Religionsfreiheit und dem religiösen Erziehungsrecht herzustellen, besteht allerdings die Möglichkeit, die Kinder ohne Angabe von Gründen von der Schulandacht abzumelden. Dieses Recht steht den Eltern[690] und in den obersten beiden Klassen den Schülern selbst zu[691]. Werden die Schüler von der Schulandacht entschuldigt, muss die Schule für sie in aller Regel kein Ersatzangebot organisieren[692].

1. Grundsätzlich christliche Ausrichtung der Andacht

An den bekenntnisfreien Schulen müssen die Schulandachten grundsätzlich einen „allgemeinen christlichen Charakter“ (*broadly Christian character*) haben[693]. Nach der Legaldefinition ist eine Schulandacht von allgemeinem christlichem Charakter, wenn sie christliche Traditionen widerspiegelt, dabei aber nicht einer einzelnen Konfession zuzuordnen ist[694].

---

687 *Cumper/Ipgrave,* Collective Worship (Fn. 617), S. 32.

688 Dies arbeiten heraus *Cumper/Ipgrave,* Collective Worship (Fn. 617), S. 33.

689 *Cumper/Ipgrave,* Collective Worship (Fn. 617), S. 32, 37.

690 School Standards and Framework Act 1998, s. 71 (1) (b).

691 The Education and Inspections Act 2006, s. 55.

692 Ein Ersatzangebot für die entschuldigten Schüler muss es nur unter bestimmten Voraussetzungen geben. So dürfen auf die Schule keine zusätzlichen Kosten zukommen. Eine Möglichkeit besteht daher darin, dass die Eltern für die Kosten aufkommen. Dies zeigt eine Privilegierung des christlichen Glaubens auf, da der Staat für christliche Andachten die Kosten übernimmt, so *P. Cumper,* School Worship, in: European Human Rights Law Review 3 (1998), 45 (49, 51 f.). Präziser gefasst, handelt es sich um eine Privilegierung des Glaubens, nach dem gemäß dem Gesetz bzw. den Beschlüssen des SACRE die Andacht ausgerichtet werden muss, dieser kann nämlich in letzterem Fall durchaus auch nicht-christlich sein. Sehr kritisch auch *Poulter,* Religious Education (Fn. 604), S. 516.

693 „[*T*]he *required collective worship shall be wholly or mainly of a broadly Christian character*“, School Standards and Framework Act 1998, sch. 20 para. 3 (2).

694 Die Legaldefinition in School Standards and Framework Act 1998, sch. 20 para. 3 (3) lautet: „*[...] collective worship is of a broadly Christian character if it reflects*

Die Pflicht zur christlichen Ausrichtung der Schulandachten reicht weniger weit, als manche vielleicht angesichts dieses so gut ins Bild eines von einer *established church* geprägten Englands passenden Grundsatzes vermuten würden. Zunächst mag bereits die gerichtliche Auslegung dessen, was eine christliche Ausrichtung ausmachen soll, überraschen. Im Urteil „R. v. Secretary of State ex parte R and D" stellte das Gericht fest, dass es für die christliche Ausrichtung der Schulandacht auch genügen würde, wenn darin „christliche Gefühle" zum Tragen kämen, auch wenn nichts spezifisch Christliches Erwähnung fände[695]. In der Handreichung des Bildungsministeriums und in der Literatur wird dafür plädiert, dass Jesus Christus zwar ein besonderer Status eingeräumt werden müsse, aber nicht spezifisch christliche Elemente, die zusätzlich zum Christentum Teil einer oder mehrerer anderer Religionen zugeordnet werden können, dem Charakter einer Andacht als *broadly Christian* nicht abträglich seien[696]. Diese von vornherein als eher vage zu bezeichnende Anforderung wird an verschiedenen Stellen zusätzlich aufgeweicht, um Rücksicht auf die heterogene Zusammensetzung der Schülerschaft zu nehmen. Zunächst muss die einzelne Andacht nicht in Gänze allgemein christlich sein, um den Anforderungen zu entsprechen, es genügt vielmehr, wenn sie es größtenteils („*mainly*") ist[697]. Außerdem muss nicht jede Andacht die Vorgabe erfüllen, sondern nur die Mehrheit der Andachten pro *term* (Schuljahres-Tertial). Diese beiden Aspekte geben den Schulen bei der Ausgestaltung der Schulandacht erhebliche Ermessensspielräume[698]. Dabei soll sich der Grad der Berücksichtigung nicht-christlicher Traditionen nach dem Hintergrund der Kinder richten[699]. Schließlich besteht die Möglichkeit, dass der örtliche *SACRE* die Schule ganz von der Pflicht entbindet, ihre Andachten allgemein christlich zu halten[700].

Zwischen den verschiedenen Formen der staatlich finanzierten Bekenntnisschulen gibt es keine Unterschiede hinsichtlich der rechtlichen Vorga-

---

the broad traditions of Christian belief without being distinctive of any particular Christian denomination".

695 Urteil des *High Court* „R. v. Secretary of State for Education ex parte R.", 1993 WL 13674940, S. 5.

696 Department for Education, Circular 1/94 (Fn. 620), S. 21; *Cumper/Ipgrave*, Collective Worship (Fn. 617), S. 23.

697 School Standards and Framework Act 1998, sch. 20 para. 3 (2).

698 So auch *Meredith*, Religious Education (Fn. 599), S. 163.

699 School Standards and Framework Act 1998, sch. 20 para. 3 (5) und (6) (a); Department for Education, Circular 1/94 (Fn. 620), S. 22.

700 Education Act 1996, s. 394.

ben für die Gestaltung der Schulandacht. Gesetzlich vorgegeben ist, dass eine tägliche Schulandacht stattfinden muss. Es entfällt aber die Pflicht, darin wie an den anderen staatlich-finanzierten Schulen „einen allgemeinen christlichen Charakter" zu wahren. Vielmehr muss die Schulandacht den entsprechenden Regelungen im Schulgründungsvertrag oder aber in Ermangelung solcher Bestimmungen den Grundsätzen und Praktiken der Konfession folgen, die die Ausrichtung der Schule nach der offiziellen Festsetzung prägen soll[701].

2. Verantwortung für die Schulandacht und Zweck

Die organisatorische und inhaltliche Verantwortung für die Schulandacht trägt die Schulleitung[702]. Sie hat lediglich Rücksprache mit dem Schulverwaltungsrat zu halten. Die Leitung der einzelnen Schulandachten liegt wiederum grundsätzlich in den Händen der Lehrer[703]. Teilweise werden zwar die Geistlichen vor Ort eingeladen, einige Andachten zu leiten, es ist aber gar nicht unüblich, dass religiöse Vertreter überhaupt nicht einbezogen werden[704]. Vor diesem Hintergrund ist wenig verwunderlich, dass die Schulandacht zu einem großen Teil staatlichen Zwecken dient. Zwar klingt in den Empfehlungen des Bildungsministeriums an, dass die Schulandacht den Schülern Gelegenheit zur Religionsausübung bieten soll[705]. Viel umfangreicher wird allerdings auf staatliche Ziele eingegegangen. Die Andacht soll einerseits das Gemeinschaftsgefühl und den Zusammenhalt an der Schule stärken und andererseits die persönliche geistliche Entwicklung fördern, die Teil der staatlichen Bildungsziele ist[706]. Die Religion (besonders das Christentum) bzw. das Wissen darüber soll eine Basis für diese Ziele schaffen. Darüber hinaus kann und soll die Schulandacht gerade an den nicht-religiös geprägten Schulen auch vermitteln, was es bedeutet,

701 School Standards and Framework Act 1998 Sch. 20 para. 5.

702 School Standards and Framework Act 1998, sch. 20 para. 2 (4) (a).

703 Kritisch zur einflussreichen Position der Lehrer in den Schulandachten *Cumper/Ipgrave,* Collective Worship (Fn. 617), S. 28 f.

704 *Cumper/Ipgrave,* Collective Worship (Fn. 617), S. 26.

705 *„Collective worship in schools should aim to provide the opportunity for pupils to worship God"* [Die gemeinsame Schulandacht soll dazu darauf ausgerichtet sein, den Schülern eine Möglichkeit zu bieten, Gott anzubeten], Department for Education, Circular 1/94, S. 20.

706 Department for Education, Circular 1/94, S. 20.

einen Glauben zu haben, und nichtreligiösen Kindern einen Einblick in die Bedeutung des Gottesdienstes für religiöse Menschen geben[707].

3. Befreiung von der Pflicht zur christlichen Ausrichtung der Schulandacht

Die *SACREs* wachen formell über die Durchführung der Schulandachten. Wie im Bereich des Religionsunterrichts wirken die *SACREs* auch hinsichtlich der Schulandacht im Wesentlichen durch Empfehlungen. Jenseits dieses *soft law* gibt es einen Bereich, in dem der *SACRE* rechtlich bindende Beschlüsse (sog. *determinations*) fassen kann. Wenn die Zahl der nichtchristlichen Schüler überwiegt, kann der *SACRE* auf Antrag der Schulleitung eine Befreiung von dem Erfordernis des allgemeinen christlichen Charakters der Schulandacht erteilen[708]. Wird der Antrag positiv beschieden, kann entweder eine Schulandacht mit einem nicht-christlichen Charakter veranstaltet werden, d.h. ausgerichtet an einer oder mehreren anderen Religionen, oder aber parallel mehrere Andachten mit unterschiedlicher religiöser Ausrichtung. Dabei darf aber die Schulandacht weiterhin nicht den Traditionen einer einzigen Konfession folgen, sondern muss überkonfessionell angelegt sein, was die Ausrichtung an einer bestimmten Religion aber nicht verhindert[709].

4. Mitwirkung und Selbstbestimmung der Religionsgemeinschaften

Die Religionsgemeinschaften müssen in keiner Weise direkt an der Gestaltung der Andachten beteiligt werden, auch die *Church of England* nicht[710].

---

707 Siehe hierzu *Cumper/Ipgrave*, Collective Worship (Fn. 617), S. 36 m.w.N.

708 Education Act 1996, s. 394.

709 School Standards and Framework Act 1998, sch. 20 para. 4 (2).

710 Die Religionsgemeinschaften „fehlen buchstäblich“ [*„are virtually absent“*] schreiben *Cumper/Ipgrave*, Collective Worship (Fn. 617), S. 26. *Dies.* erkennen hierin eine scharfen Kontrast zur Beteiligung von Religionsgemeinschaften an allem Religiösen an staatlichen Schulen in anderen Ländern Europas, a.a.O. Wie geschildert, gelten auch für die immer zahlreicher werdenden *academies* die gesetzlichen Regelungen ganz überwiegend, wenn auch nur mittelbar durch ihre Aufnahme in die Schulgründungsverträge. Die Schulandachten an *academies* ohne religiöse Ausrichtung müssen also grundsätzlich – mit den dargestellten Einschränkungen – christlich sein, sofern keine Befreiung durch *determination* von diesem Erfordernis gewährt worden ist. Bemerkenswert ist jedoch, dass

Die einzige Möglichkeit für Religionsgemeinschaften, an den Andachten mitzuwirken, ist die Arbeit in den *SACREs*. Die Einwirkung beschränkt sich hierbei allerdings auf die Überwachung der Einhaltung der gesetzlichen Regelungen und die Genehmigung von Ausnahmen für die christliche Ausgestaltung der Schulandacht[711].

Gerade weil die Religionsgemeinschaften kaum oder gar nicht an den Andachten beteiligt sind, kann die Durchführung der Andachten theoretisch unerwünschte Rückwirkungen auf sie entfalten. Da die Lehrer weitgehend freie Hand im Umgang mit religiösen Inhalten haben, können diese zur Unterstützung übergeordneter schulischer Zwecke verwendet werden, was dem gesetzgeberischen Willen durchaus entspricht[712]. Die Lehrer können beispielsweise religiöse Texte auswählen und passend zu dem von ihnen gewählten Thema der Andacht auslegen, ohne dass sie sicherstellen müssten, dass die Interpretation auch der der jeweiligen Religionsgemeinschaft folgt[713]. In der Folge können bei den Schülern falsche Vorstellungen über die Glaubensinhalte der Religionsgemeinschaften geformt werden. Dies gilt umso mehr, da die Vermischung von Glaubensinhalten mehrerer Religionen möglich ist. Außerdem bedeuten die

---

für die Befreiung von diesem Erfordernis im Fall von *academies* nicht der lokale SACRE, sondern das Bildungsministerium selbst zuständig ist, wodurch die religiösen Vertreter noch einmal weniger Einfluss haben a.a.O. S. 24.

711 In der Praxis sind die Möglichkeiten, die Einhaltung der gesetzlichen Regelungen zu überwachen, zusätzlich noch dadurch beschränkt, dass das Office for Standards in Education als Schulaufsichtsbehörde bei der Durchsetzung weitgehend untätig bleibt. So *Cumper/Ipgrave*, Collective Worship (Fn. 617), S. 27 mit zahlreichen stark vom Gesetz abweichenden Praxisbeispielen.

712 Die Lehrer sind zu einer umfassenden Bildung der Schüler berufen. In Education Act 2002 s.78 wird den Schulen die Pflicht auferlegt, durch ihr Unterrichtsangebot auch die geistliche und moralische Entwicklung der Schüler zu fördern. Die Basis hierfür sollen nach der umstrittenen „Prevent" Strategie der Regierung gegen Extremismus, sog. britische Grundwerte darstellen (*fundamental British values*), siehe *Department for Education*, Promoting fundamental British values as part of SMSC in schools, zu finden unter https://assets.publishing.service.gov.uk/government/uploads/system/uploads/attachment_data/file/380595/SMSC_Guidance_Maintained_Schools.pdf (zuletzt eingesehen am 17.8.2021). Diese britischen Grundwerte werden in immer mehr Gesetzen verankert, ohne dass sie sich – mangels geschriebener Verfassung – aus einer höherrangigen gesetzlichen Grundlage herleiten lassen könnten. Kritisch *Edge*, Hard Law (Fn. 365), S. 380.

713 Von Lehrern als neuer „Priesterkaste" sprechen unter Verweis auf eine entsprechende Formulierung von Benjamin Disraeli aus dem Jahr 1870 während der Beratungen über das damals im Entstehen begriffene Schulgesetz *Cumper/Ipgrave*, Collective Worship (Fn. 617), S. 29 m.w.N.

mangelnden Einflussmöglichkeiten der Religionsgemeinschaften auf die Gestaltung der Schulandachten auch, dass sie nicht über die nötige Qualität wachen können. Eine schlechte Schulandacht kann jedoch auf die Religionsgemeinschaften in dem Sinne zurückfallen, dass sie ein negatives Bild von der jeweiligen Religion oder Religion überhaupt vermittelt[714]. Es kann auch einen weiteren Nebeneffekt geben. Wenn religiöse Inhalte für staatliche Erziehungsziele verwendet werden, kann ein Rechtfertigungsdruck entstehen: Wieviel leistet eine bestimmte Religion für den sozialen Zusammenhalt an der Schule[715]? Im Ergebnis wird Religion nicht *per se* ein Wert beigemessen. Sie wird vereinnahmt für staatliche Zwecke.

Über die Ausnahmemöglichkeit ist grundsätzlich die Möglichkeit gegeben, die Schulandacht nach dem Glauben jeder denkbaren Religion und Weltanschauung auszugestalten. Allerdings hält sich durch das Verfahren, in dem die Beschlüsse des *SACREs* zustande kommen, die Entscheidungsmacht nicht-anglikanischer Vertreter in engen Grenzen. Zunächst kann einen solchen Antrag nur die Schulleitung stellen. Der *SACRE* kann nicht von sich aus tätig werden. Außerdem ist für eine *determination* die Zustimmung jedes der vier Komitees in einem *SACRE* erforderlich. Angesichts der Zusammensetzung der *SACREs* ist fraglich, ob dort die einzelnen nicht-anglikanischen Gruppen ein der *Church of England* vergleichbares Gehör finden können. Schließlich können die Vertreter der nicht-anglikanischen Religionsgemeinschaften nur eine gemeinsame Entscheidung fällen, weil sie alle in einem Komitee gebündelt sind. Dabei kann die Zusammensetzung ausgesprochen bunt sein. In einem einzigen Komitee können beispielsweise Katholiken Baptisten, Juden, Hindus, Sunniten, Schiiten etc. vertreten sein, die sich auf einen einzigen Standpunkt einigen müssen. Nur die *Church of England* kann unabhängig ihre eigene rechtlich relevante Entscheidung fällen. Von Regierungsseite gibt es keine Vorgaben darüber, nach welchen Gesichtspunkte die Entscheidungen in den Komitees gefällt

---

714 So *Khan*, Collective Worship and Religious Education (Fn. 622), S. 61.

715 Dieses Problem schneidet an *Cumper*, Participation (Fn. 631), S. 205 f. Seit den Anschlägen auf das World Trade Center am 11.9.2001 habe sich das Misstrauen gegenüber Religionen erhöht, schreiben *Cumper/Ipgrave*, Collective Worship (Fn. 617), S. 35 f. Sie verweisen auf den Bericht der die Erreichung von Bildungsszielen überwachenden Behörde (Office for Standards in Education) aus dem Jahr 2007 zum Religionsunterricht, in dem gefordert wird *„we should dispense with the notion that we should encourage pupils to think uncritically of religion as a ‚good thing'"* [wir sollten auf die Vorstellung verzichten, dass wir Schüler ermutigen sollen, unkritisch Religion als eine ‚gute Sache' zu sehen], *Office for Standards in Education*, Making Sense of Religion, 2007, S. 40.

werden sollen[716]. Zu berücksichtigen ist allerdings, dass sich in der Praxis die wenigsten Schulen an die gesetzlichen Vorgaben halten. Die Nichtbeachtung der Gesetze durch die Schulen führt dazu, dass die Beeinträchtigung weniger stark ausfällt, weil entweder weniger Andachten stattfinden, sie weitestgehend säkular ablaufen oder aber über das vorgesehene Maß hinaus verschiedene Religionen und Weltanschauungen Berücksichtigung finden[717]. Dementsprechend spielen auch die Entscheidungen der *SACREs* über die Befreiung vom christlichen Charakter eine kleinere Rolle, als man zunächst annehmen würde.

C. Vergleichende Zusammenfassung

In England und Deutschland ist der Religionsunterricht an öffentlichen Schulen ein den übrigen Fächern gleichgestelltes Pflichtfach mit Befreiungsmöglichkeit und eine staatliche Aufgabe. Gemeinsam ist beiden Systemen auch, dass der Staat religiöse Vertreter – wenn auch in ganz unterschiedlicher Form – in die Gestaltung miteinbezieht. Hier hören die Übereinstimmungen aber bereits auf. Schon das Konzept des Religionsunterrichts ist gänzlich anders und stellt zusammen mit den strukturellen Prinzipien des jeweiligen nationalen Religionsverfassungsrechts die Weichen für die Position der Religionsgemeinschaften in diesem Feld. Während der Religionsunterricht in Deutschland als Bekenntnisunterricht aus der Glaubensperspektive heraus und dementsprechend nach Konfessionen getrennt erfolgt, ist die englische *religious education* eine überkonfessionelle Religionskunde.

Bedingt durch die Form des Religionsunterrichts als Bekenntnisunterricht, das Neutralitätsgebot des Staates und das Selbstbestimmungsrecht der Religionsgemeinschaften kann Religionsunterricht in Deutschland nur unter Beteiligung der Religionsgemeinschaften angeboten werden. Das Grundgesetz verlangt, dass der Religionsunterricht „in Übereinstimmung mit den Grundsätzen der Religionsgemeinschaften" erteilt wird. Diese aber kann und darf der Staat nicht selbst festlegen. In der Folge übernehmen die Religionsgemeinschaften die inhaltliche Verantwortung, während der Staat den organisatorischen Rahmen für den Unterricht schafft und den ihn finanziert. Beide, Religionsgemeinschaften und Staat, wirken also in ihren getrennten Aufgabenbereichen zusammen und er-

716 *Cumper/Ipgrave,* Collective Worship (Fn. 617), S. 23.
717 Siehe nur *Cumper/Ipgrave,* Collective Worship (Fn. 617), S. 31 f.

gänzen einander. Dies ermöglicht es dem Staat, sich aus Fragen der religiösen Lehre herauszuhalten und zugleich seine Pflicht zu erfüllen, den Religionsunterricht nach dem Grundgesetz einzurichten. Dementsprechend wird in Art. 7 Abs. 3 GG sowohl eine besondere Ausprägung des Neutralitätsgrundsatzes als auch des Selbstbestimmungsrechts der Religionsgemeinschaften gesehen. Ohne die Religionsgemeinschaften kann der Staat keinen Religionsunterricht im Sinne von Art. 7 Abs. 3 GG anbieten. Da dieser aber die festgelegte Form für den Religionsunterricht darstellt, darf er grundsätzlich auch keinen Religionsunterricht auf anderem Wege einführen. Umgekehrt wird aus Art. 7 Abs. 3 GG ein Grundrecht der Religionsgemeinschaften auf die Einführung von Religionsunterricht nach ihren Glaubensgrundsätzen abgeleitet, das mit einer Verfassungsbeschwerde durchgesetzt werden kann.

Die Beteiligung religiöser Vertreter in England bei der Gestaltung der Lehrpläne für den Religionsunterricht erfolgt nicht aus einer vergleichbaren Notwendigkeit. Zwar erkennt der englische Staat durchaus auch an, dass er in religiösen Fragen nicht entscheiden kann. Es gibt aber kein dem deutschen entsprechendes Neutralitätsgebot oder Selbstbestimmungsrecht, dass es dem englischen Staat verbieten würde, in diesem Bereich tätig zu werden. Außerdem ist der Religionsunterricht als überkonfessionelles religionskundliches Fach auf Wissensvermittlung ausgerichtet, die religiösen Lehren werden nicht aus der Glaubensperspektive, d.h. nicht als religiöse Wahrheit vermittelt. In der Folge trägt der Staat die volle inhaltliche und organisatorische Verantwortung für den Religionsunterricht. In England wird die Mitwirkung religiöser Vertreter in den Gremien, die die Inhalte des Fachs *religious education* lokal festlegen, nicht als Element der *religious group autonomy* verstanden. Sie wird auch nicht von der Religionsfreiheit nach dem Human Rights Act in ihrer kollektiven oder der ohnehin schwach ausgeprägten korporativen Dimension geschützt. Die Mitwirkung von Vertretern der örtlichen Religionen ist nur in den einfachen Schulgesetzen vorgeschrieben und wird gleichsam „von oben" statt wie in Deutschland „von unten" sichergestellt. Die Initiative geht nicht von den Religionsgemeinschaften, sondern vom Staat aus. Bemerkenswert ist, dass die Vorschriften über die Besetzung der Komitees nur auf die Hauptreligionen vor Ort Bezug nehmen, nicht aber auf die Religionsgemeinschaften. Die Religionsgemeinschaften sind nicht mit einem Recht auf Mitwirkung in den Gremien ausgestattet. Vielmehr beruft die Schulbehörde nach ihrem Ermessen diejenigen, die sie als Vertreter der wesentlichen Religionen vor Ort ansieht. Hierbei ist sie an den Human Rights Act und vor allem die allgemeinen Grundsätze für rechtmäßiges Verwaltungshandeln gebunden, kann also nicht vollkommen willkürlich entscheiden. Anderes gilt nur für die Vertreter der *Church of England*, die ihr eigenes Komitee bilden. Hier zeigen sich bis heute fortbestehende Strukturen der *established church*. Interessanterweise wird der *Church of England* aber zugleich insofern gleichzeitig mehr Freiheit und Unabhängigkeit vom Staat zugestanden, als dass sie ihre Vertreter selbst bestimmen kann. Wird der Vertreter einer Religion nicht in das entsprechende Komitee der Lehrplan-Konferenz berufen, obwohl sie vor Ort vertreten ist, besteht die Möglichkeit gegen die entsprechende Entscheidung der Schulbehörde mit den Mitteln der *judicial review* vorzugehen. Mangels Anspruchs auf einen Platz kann nur das Entscheidungsverfahren angegriffen werden. Die Erfolgsaussichten sind schwer zu beurteilen, hat die Schulbehörde allerdings völlig willkürlich eine zahlenmäßig bedeutsame Religion außer Acht gelassen, dürfte das Gericht dies durchaus als unrechtmäßig ansehen. Entscheidend für die Zulässigkeit einer solchen Klage ist aber, dass der Kläger *standing*, vergleichbar der deutschen Klagebefugnis, hat. Dieses kann aufgrund der individuelleren Konzeption des englischen Rechts ´eher bei der nicht berufenen Einzelperson als bei der nicht-vertretenen Gemeinschaft liegen. Dementsprechend sollte sich zumindest auch der potenzielle Repräsentant im *SACRE* als Einzelperson an einer Klage beteiligen.

Die Konferenz für den Lehrplan des englischen Religionsunterrichts lässt sich trotz getrennter Komittees für religiöse Vertreter bzw. Lehrer- oder Behördenrepräsentanten mangels getrennter Aufgabenbereiche nicht in einen nicht-staatlichen und einen staatlichen Teil trennen. Vielmehr ist die Konferenz als Ganzes eine Einrichtung, die staatliche Funktionen ausübt, und dementsprechend auch den Konventionsrechten unterworfen ist. Diese gelten auch bei der Erarbeitung des Lehrplans. Gerade weil alle Schüler zusammen unterrichtet werden und grundsätzlich kein Ersatzunterricht angeboten wird, müssen die im Lehrplan festgelegten Unterrichtsinhalte vor dem Hintergrund des religiösen Erziehungsrechts der Eltern nicht nur objektiv vermittelt werden, um staatliche Indoktrinierung zu vermeiden, sondern auch eine große inhaltliche Breite aufweisen. Diese ist bereits durch die spezifischen Schulgesetze vorgeschrieben, die die Berücksichtigung der Traditionen der Hauptreligionen Großbritanniens fordern. Diese Hauptreligionen müssen nicht notwendigerweise mit den örtlichen und in der Konferenz vertretenen Religionen übereinstimmen. Dementsprechend kann es vorkommen, dass in einem lokalen Lehrplan die Lehrinhalte über eine bestimmte Religion festgehalten werden, ohne dass ein Vertreter dieser Religion daran mitgewirkt hat. Dies wird allerdings nicht für rechtlich problematisch gehalten, weil ein Selbstbestimmungsrecht der Religionsgemeinschaften, das hierdurch betroffen sein könnte, nicht bekannt ist. Der Religionsunterricht als staatliche Veranstaltung ist auch keine Religionsausübung, wodurch auch die Religionsfreiheit nach englischem Verständnis nicht berührt ist. Die Schwerpunktsetzung zugunsten des Christentums wird auf dessen besondere historische Bedeutung für das Land gestützt und für vereinbar mit den Konventionsrechten gehalten, insbesondere mit dem elterlichen Recht auf die Erziehung ihrer Kinder nach ihren religiösen und weltanschaulichen Überzeugungen. Weitgehend parallel zu den Regelungen zum Religionsunterricht laufen die Vorschriften über die Schulandachten, die täglich stattfinden müssen. Auch sie finden in staatlicher Verantwortung statt, eine Beteiligung religiöser Vertreter ist nur über die Lehrplan-Konferenz gesichert. Sie wachen gemeinsam mit den Lehrer- und Behördenvertretern allerdings nur über die Einhaltung der gesetzlichen Vorgaben und können die Schulleitungen auf Antrag von der Pflicht befreien, die Andacht überwiegend christlich zu gestalten.

In Deutschland geht die Sicherstellung der Kongruenz zwischen den Glaubensüberzeugungen der Religionsgemeinschaften und dem Religionsunterricht, aber auch die Vielfalt der möglichen Inhalte deutlich weiter. Nicht nur auf den Lehrplan, auch auf die Auswahl der Lehrer haben die Religionsgemeinschaften maßgeblichen Einfluss. Ihr Selbstverständnis muss auf allen Ebenen beachtet werden. Dementsprechend gibt es für den Religionsunterricht keine inhaltlichen Vorgaben, die den englischen vergleichbar wären. Die Religions- und Weltanschauungsgemeinschaften üben durch ihre Mitwirkung am Religionsunterricht nicht staatliche Funktionen aus, sondern im Gegenteil ihr Grundrecht aus Art. 7 Abs. 3 GG als Ausprägung des Selbstbestimmungsrechts aus Art. 140 GG i.V.m. Art. 137 Abs. 7 WRV. Trotz der Kooperation sind die Religionsgemeinschaften nicht Grundrechtsverpflichtete, sondern bleiben stets Gegenüber des Staates und damit grundrechtsberechtigt. Dennoch gibt es für ihr Wirken Schranken, die sich vor allem darauf zurückführen lassen, dass der Staat auch im Religionsunterricht seinen Erziehungsauftrag wahrnimmt und die Kooperation die Rücksichtnahme auf die Belange des jeweils anderen Teils erfordert. Weil den Religionsgemeinschaften mit der Bestimmung der Inhalte des Religionsunterrichts eine große Verantwortung und Einwirkungsmöglichkeiten auf die Schüler übertragen worden sind, können besondere Anforderungen an sie gestellt werden. Insbesondere müssen die Religionsgemeinschaften eine gewisse Organisationsstruktur aufweisen und die festgelegten Inhalte und die den Unterricht erteilenden Lehrer ebenso wie die kooperierenden Gemeinschaften selbst verfassungs- und rechtstreu sein. Da die Ziele des Staates in Ausgleich mit dem Selbstbestimmungsrecht der Religionsgemeinschaften gebracht werden müssen und Art. 7 Abs. 3 GG ein schrankenlos gewährleistetes Grundrecht ist, für das also nur verfassungsimmanente Schranken gelten, bezieht sich die Verfassungstreue nur auf die elementaren Prinzipien des Grundgesetzes, insbesondere des Religionsverfassungsrechts. In Bezug auf die Rechtstreue muss die Religionsfreiheit als möglicherweise rechtfertigendes Element berücksichtigt werden.

Vergleichbare Anforderungen für eine Kooperationsfähigkeit der religiösen Vertreter werden in England nicht diskutiert. Allerdings ist auch der Einfluss der Vertreter in der Lehrplan-Konferenz unvergleichlich geringer und die Lehrplankonferenz als solche an die Konventionsrechte gebunden. Dementsprechend müssen auch die Inhalte des Lehrplans mit den Konventionsrechten vereinbar sein. Ein Ausgleich mit subjektiven Rechten der Religionsgemeinschaften findet nicht statt, weil kein solches Recht zum Tragen kommt. Ein Selbstbestimmungsrecht ist nicht anerkannt und die kollektive oder korporative Religionsfreiheit nach einhelliger Meinung nicht berührt.

Der Kreis der möglichen Kooperationspartner in Deutschland ist auch dadurch beschränkt, dass es sich bei ihnen um Religionsgemeinschaften im rechtlichen Sinne handeln muss. Anders als in England ist die Religionsgemeinschaft in Deutschland ein Rechtsbegriff mit bestimmten Voraussetzungen. Nicht jede religiöse Vereinigung ist auch Religionsgemeinschaft. Dies war insbesondere für die islamischen Dachverbände lange umstritten. Im Moment ist es unter anderem ihre besondere Organisationsstruktur, die es erschwert, dass sie als Kooperationspartner des Staates dienen können. Anstatt mit den islamischen Religionsgemeinschaften direkt im Sinne des Art. 7 Abs. 3 GG zusammenzuarbeiten, findet vielerorts islamische Religionskunde in staatlicher Verantwortung meist unter Mitwirkung von Beiräten statt. Die Beiräte tragen formell anders als die Religionsgemeinschaften im Religionsunterricht nach Art. 7 Abs. 3 GG nicht die inhaltliche Verantwortung für den Unterricht, diese liegt beim Staat. Da Art. 7 Abs. 3 GG aber so verstanden wird, dass Religionsunterricht aus der Bekenntnisperspektive und unter Mitwirkung der Religionsgemeinschaften erteilt werden muss, sind diese Lösungen nur übergangsweise als Experimente, nicht aber als Alternative zum grundgesetzlichen Religionsunterricht zulässig. Losgelöst von der Frage, ob Art. 7 Abs. 3 GG einen von ihm abweichenden Unterricht *per se* verbietet, werden derartige Versuche hierzulande trotz der religionskundlichen Vermittlung als Anfrage an Neutralitätsgebot und Selbstbestimmungsrecht verstanden, schon weil die durchgegend neutrale Vermittlung durch die staatlichen Lehrer entsprechend dem Neutralitätsgebot und die Gestaltung des Lehrplans durch den Staat vor dem Hintergrund des religionsgemeinschaftlichen Selbstbestimmungsrechts kaum möglich sind.

Ähnliche Bedenken hinsichtlich der Vereinbarkeit mit Konventionsrechten klingen in England trotz religionskundlicher Ausgestaltung interessanterweise durchaus auch an. Allerdings sind sie mehr auf den Schutz des Rechts der Eltern auf religiöse Kindererziehung aus Art. 2 des Ersten Zusatzprotokolls zur EMRK bezogen. Kinder müssen zwar nicht vor allen Einflüssen geschützt werden, wichtig ist aber, dass der staatliche Unterricht die Inhalte stets objektiv vermittelt. Insbesondere der Religionsunterricht, in dem alle Schüler gemeinsam unterrichtet werden, muss pluralistisch erteilt werden, also eine Bandbreite an Religionen und Weltanschauungen berücksichtigen. Fehlt die Weltanschauung oder Religion der Eltern ohne rechtfertigenden Grund völlig, kann dies eine unzulässige Verengung und das Recht der Eltern auf religiöse Kindererziehung verletzt sein. Trotz der religionskundlichen Ausgestaltung wird also durchaus erkannt, dass der Religionsunterricht die Glaubensüberzeugungen von Schülern prägen kann und ihre und die Rechte ihrer Eltern beeinträchtigt sein können. Die Rechte von Religionsgemeinschaften spielen indes im juristischen Diskurs keine Rolle. Weder in der britischen Rechtsprechung noch in der von ihr beobachteten Rechtsprechung des EGMR finden sich Anhaltspunkte, dass in vergleichbaren Fällen ein Recht der Religionsgemeinschaften betroffen sein könnte. Der Religionsunterricht liegt schlicht nicht im Wirkungskreis der Religionsgemeinschaften. Außerdem wird den Religionsgemeinschaften nicht die exklusive Deutungshoheit über ihre religiösen Inhalte zugestanden. Vielmehr wird davon ausgegangen, dass es hierfür keine festen Autoritäten gibt. Religiöse Überzeugungen werden vorrangig individuell verstanden. Werden Inhalte als einer Religion zugehörig unterrichtet und stimmen diese tatsächlich nicht mit den Glaubensüberzeugungen der betreffenden Religionsgemeinschaft überein, kann sie daher keine erfolgsversprechenden rechtliche Schritte unternehmen. Es gibt kein Selbstbestimmungsrecht, das durch dieses staatliche Handeln verletzt sein könnte.

Anders als in Deutschland ist der Religionsunterricht in England gerade nicht Ausprägung eines Neutralitätsgebots und Selbstbestimmungsrechts mit dadurch bedingten getrennten Aufgabenbereichen von Staat und Religionsgemeinschaften. Im Gegenteil zeigt seine Gestaltung auf, dass es diese beiden religionsverfassungsrechtlichen Elemente im Vereinigten Königreich nicht gibt[718]. Dieser Befund verstärkt sich, wenn man die weiterhin vorgeschriebene christlich geprägte tägliche Schulandacht mitbedenkt. Dies bedeutet nicht, dass sich der englische Staat nicht um eine grundsätzlich paritätische Behandlung der Religionen und Weltanschauungen bemühen würde. Die Pflicht hierzu wird aber nicht aus einem abstrakten Neutralitätsgebot oder einem Selbstbestimmungsrecht der Religionsgemeinschaften hergeleitet, auch nicht aus der Religionsfreiheit in ihrer kollektiven oder korporativen Ausprägung. Sie folgt stattdessen aus individuellen Konventionsrechten, wie etwa dem Recht der Eltern auf religiöse Erziehung ihrer Kinder. Religiöse Vertreter werden an der Erarbeitung des Lehrplans für den Religionsunterricht zwar beteiligt, verfassungsrechtlich zulässig wäre aber genauso ein Religionsunterricht ganz ohne ihre Einbeziehung.

718 So schreibt etwa auch *Khan* „*the basic philosophy and practice of state-directed religious instruction and worship remain intact*“, *ders.*, Collective Worship and Religious Education (Fn. 622), S. 611.

4. Kapitel: Seelsorge in staatlichen Einrichtungen

Die Anstaltsseelsorge ist ein spannungsreiches Gebiet: Der Staat lässt Vertreter von Religionsgemeinschaften in Bereiche vor, in denen er eine einzigartig beherrschende Stellung über das tägliche Leben derjenigen hat, denen die Seelsorge zuteilwerden soll. Die staatliche Kontrolle ist nicht Selbstzweck, sondern dient maßgeblich den mit der Anstalt verfolgten staatlichen Zielen. Dies wirft die Frage auf, inwieweit sich die Religionsgemeinschaften diesen Zwecken unterordnen müssen, wenn der Staat sie schon zulässt. Oder ist es umgekehrt, muss der grundrechtsverpflichtete Staat erhöhte Rücksicht auf die Selbstbestimmung und Wünsche der Religionsgemeinschaften nehmen, weil sie es sind, die die Ausübung der Religionsfreiheit in den Anstalten überhaupt erst ermöglichen? Wie weit muss oder darf der Staat die Versorgung mit Anstaltsseelsorge in eigene Hände nehmen? Wie wirkt es sich aus, dass der deutsche Staat religiös-weltanschaulich neutral ist, der englische aber nicht in dem Maße? Es wird deutlich, die verschiedenen religionsverfassungsrechtlichen Grundsätze rücken in der Anstaltsseelsorge in ein besonders ausgeprägtes Spannungsverhältnis, während zugleich die Religionsgemeinschaft und der Staat in besonders intensiver Weise kooperieren müssen[719]. Dies macht dieses Gebiet für die vorliegende Untersuchung besonders aufschlussreich.

A. Anstaltsseelsorge in Deutschland

Bis 1918 war die deutsche Anstaltseelsorge in organisatorischer und finanzieller Hinsicht eine Angelegenheit des Staates[720]. Mit der Einführung der Weimarer Reichsverfassung ging die Verantwortung vom Staat auf die einzelnen Religionsgemeinschaften über. Ob Anstaltsseelsorge stattfindet, wurde von der Initiative der Religionsgemeinschaften abhängig[721]. Zentrale Norm ist Art. 141 WRV, der nach seinem Wortlaut bei Bedarf allen Religionsgemeinschaften Zugang zu Gefängnissen, Krankenhäusern und Soldaten gewährt, wobei die Teilnahme an religiösen Handlungen freiwil-

---

719 Zur Notwendigkeit, die Anstaltsseelsorge und und die verfassungsrechtliche Ausgangslage gemeinsam zu betrachten, siehe auch *D. Pirson*, Die Seelsorge in staatlichen Einrichtungen als Gegenstand des Staatskirchenrechts, in: Essener Gespräche 23 (1989), S. 4 (12 f.).

720 *Unruh*, Religionsverfassungsrecht (Fn. 3), § 11 Rn. 377.

721 *Pirson*, Seelsorge (Fn. 719), S. 7.

lig bleiben muss. Art. 141 WRV gehört zu den Artikeln der Weimarer Reichsverfassung, die durch Art. 140 GG übernommen worden und so Teil der aktuellen Verfassung sind[722].

I. Grundgedanke

In staatlichen Anstalten rückt der einzelne Bürger in eine besonders enge Verbindung zum Staat. Die Ausübung seiner Freiheiten ist faktisch erheblich reduziert, so auch die der Religionsfreiheit[723]. Die Einschränkung bestimmter Grundrechte ist zur Erreichung des Anstaltszwecks gewollt und erforderlich. Unmittelbar einleuchtend ist dies beispielsweise für die Fortbewegungsfreiheit im Gefängnis. Die Erschwerung der Religionsausübungsfreiheit ist hingegen nicht Ziel, sondern geht in unterschiedlichem Maße schlicht mit der Schaffung und Erhaltung des organisatorischen Rahmens der Anstalten einher. Die bloße Gewährung der Religionsfreiheit genügt angesichts der besonderen Lebensbedingungen der Anstaltsunterworfenen[724] nicht[725]. Um den durch ihn verantworteten Freiheitsverlust innerhalb der Anstalt auszugleichen, muss der Staat kompensatorisch aktiv werden und die praktischen Voraussetzungen schaffen, die die grundlegende Ausübung der Religionsfreiheit ermöglichen[726].

---

722 Die Aufnahme des Art. 141 WRV in das Grundgesetz fand – auf den ersten Blick erstaunlich – wenig Beachtung. Grund hierfür war wohl, dass die Aufstellung der Bundeswehr noch in den Sternen stand, die anderen Bereiche der Anstaltsseelsorge aber als deutlich weniger problematisch wahrgenommen wurden. Siehe *Morlok* (Fn. 111), Art. 140/Art. 141 WRV Rn. 3.

723 Statt aller *Korioth* (Fn. 106), Art. 140/Art. 141 WRV Rn. 1 (2003); *Morlok* (Fn. 111), Art. 140/Art. 141 WRV Rn. 5.

724 Diese treffende Bezeichnung verwendet neben *Korioth* (Fn. 106), Art. 140/ Art. 141 WRV Rn. 1 (2003) auch *Mückl*, Europäisierung (Fn. 5), S. 286 ff. Sie wird im Folgenden übernommen.

725 Unter den Lebensbedingungen in einer Anstalt gilt der Ausspruch *Heckels* daher umso mehr: „Freiheit muß nicht nur *vom* Staat, sondern auch *im* Staat und *durch* den Staat gewährleistet werden.“, *ders.*, Zukunftsfähigkeit (Fn. 111), S. 360. So *Ehlers* (Fn. 111), Art. 140 GG/Art. 141 WRV Rn. 1.

726 Dies arbeiten u.a. heraus *v. Campenhausen/de Wall*, Staatskirchenrecht (Fn. 12), S. 197 ff.; *Korioth* (Fn. 106), Art. 140/Art. 141 WRV Rn. 1 (2003); *Morlok* (Fn. 111), Art. 140/Art. 141 WRV Rn. 5; *S. Mückl*, Freiheit kirchlichen Wirkens, in: Isensee/Kirchhof, Handbuch des Staatsrechts, Bd. VII (Fn. 3), § 161 Rn. 55 f.; *A. Schilberg*, Krankenhausseelsorge, Seelsorge im Strafvollzug und anderen Anstalten, in: Pirson/Rüfner/Germann/Muckel, HSKR II (Fn. 419), § 56 Rn. 22, 27.

Die Regelungstechnik setzt bei den Religionsgemeinschaften an und verleiht ihnen in Art. 140 GG i.V.m. Art. 141 WRV besondere Rechte[727]. Die Religionsgemeinschafte haben Anspruch darauf, in staatliche Anstalten zugelassen zu werden, um dort religiöse Handlungen vorzunehmen. Der Anspruch sichert die Anstaltsseelsorge grundlegend ab. Daneben besteht objektiv-rechtlich für den Staat eine Kooperationspflicht, die ihm nicht nur die Behinderung der Anstaltsseelsorge verbietet, sondern ihn auch positiv zur Schaffung der organisatorischen Voraussetzungen verpflichtet[728]. Einige sehen in Art. 140 GG i.V.m. Art. 141 WRV daher eine institutionelle Garantie der Anstaltsseelsorge[729]. Die rechtliche Wirkung dieser Einordnung ist umstritten. Teilweise wird hierin lediglich ein Hinweis darauf gesehen, dass die Gewährleistung der Anstaltsseelsorge näher ausgestaltet werden muss[730]. Die Einordnung als institutionelle Garantie bedeutet jedenfalls nicht, dass Art. 140 GG i.V.m. Art. 141 WRV eine öffentliche Aufgabe vergleichbar dem Religionsunterricht begründet[731]. Dies darf man auch nicht der üblichen Betitelung als „gemeinsame Aufgabe" entnehmen. Denn der Staat darf nicht selbst die inhaltliche Verantwortung für die Seelsorge übernehmen[732]. Stattdessen muss der Staat durch entsprechende Vorkehrungen den Rahmen für die Anstaltsseelsorge schaffen, den dann die Religionsgemeinschaften und – entsprechend der Neutralität des Staates und dem Selbstbestimmungsrecht der Kirchen – nur sie

727 Ursprünglich sicherte allein Art. 141 WRV das Recht auf seelsorgerliche Betreuung in den Anstalten, da nach damaliger herrschender Ansicht nicht grundrechtsberechtigt war, wer sich in einem besonderen Gewaltverhältnis zum Staat befand. Dies machte den „Umweg" über einen Anspruch der Religionsgemeinschaften notwendig. Dies erläutern u.a. *Korioth* (Fn. 106), Art. 140/Art. 141 WRV Rn. 2 (2003); *Mückl*, Europäisierung (Fn. 5), S. 286; *Unruh*, Religionsverfassungsrecht (Fn. 3), § 11 Rn. 380.

728 *Mückl*, Freiheit (Fn. 726), § 161 Rn. 56.

729 BVerfGE 46, 266 (267); *v. Campenhausen/de Wall*, Staatskirchenrecht (Fn. 12), S. 202; *Mückl*, Freiheit (Fn. 726), § 161 Rn. 55.

730 Siehe *Morlok* (Fn. 111), Art. 140/Art. 141 WRV Rn. 6.

731 Siehe nur *Morlok* (Fn. 111), Art. 140/Art. 141 WRV Rn. 13.

732 Statt aller *Morlok* (Fn. 111), Art. 140/Art. 141 WRV Rn. 13 m.w.N.; *Schilberg* (Fn. 726), § 56 Rn. 14, 30. Die von *Anschütz*, Die Verfassung des Deutschen Reichs (Fn. 139), Art. 141 Rn. 2 formulierte Aussage, dass das Recht des Staates unberührt sei, die „religiöse Versorgung [...] selbst in die Hand zu nehmen", dürfte hingegen mindestens missverständlich bzw. bei entsprechender Intention nicht mehr haltbar sein; unkritisch aufgegriffen wird die Formulierung dennoch bei *Ehlers* (Fn. 111), Art. 141 WRV Rn. 6.

ausfüllen sollen[733]. Staat und Religionsgemeinschaften wirken zusammen und ergänzen sich. Eine wirkliche Überschneidung der Zuständigkeitsbereiche gibt es nur bei der äußeren Organisation[734]. Die Gemeinsamkeit erstreckt sich indes auch nicht auf den verfolgten Zweck, denn es darf nicht von einem Gleichlauf der staatlichen und religiösen Zielsetzungen hinter der Anstaltsseelsorge ausgegangen werden[735]. Aus der Trennung von Staat und Kirche ergibt sich für die Anstaltsseelsorge vielmehr, dass die staatliche Zwecksetzung stets säkular bleiben muss[736]. Praktisch noch bedeutender ist, dass umgekehrt die Ziele der Religionsgemeinschaften bei der Anstaltsseelsorge nicht durch den Staat bestimmt werden dürfen[737]. Der Staat darf die inhaltliche Gestaltung der Seelsorge also nicht beeinflussen[738]. Eine derartige Instrumentalisierung wäre unzulässig, wenn auch ohnehin bestehende Überschneidungen zur Förderung staatlicher Zwecke genutzt und zur Grundlage vertraglicher Beziehungen gemacht werden dürfen[739].

II. Zugangsrecht der Religionsgemeinschaften

Grundlage der deutschen Anstaltsseelsorge ist also das Zugangsrecht der Religionsgemeinschaften zu den öffentlichen Anstalten zur Vornahme der Seelsorge.

---

733 Siehe *Unruh* (Fn. 106), Art. 140/Art. 141 WRV Rn. 6. Der Staat hat in den Worten *Morloks* „kein Selbstbesorgungsrecht“, *ders.* (Fn. 111), Art. 141 WRV Rn. 13. Zum Selbstbestimmungsrecht der Religionsgemeinschaften in der Anstaltsseelsorge siehe *S. Eick-Wildgans*, Anstaltsseelsorge. Möglichkeiten und Grenzen des Zusammenwirkens von Staat und Kirche im Strafvollzug, 1993, S. 101 ff.

734 *U. Mager*, in: I. v. Münch/P. Kunig, Grundgesetz. Kommentar, Bd. II, 7. Aufl. 2021, Art. 140 Rn. 106. Die gemeinsame Zuständigkeit in der Anstaltsseelsorge beziehen andere auf den sich überschneidenden Personenkreis, der staatlicherseits in Anspruch genommen und von Seiten der Religions- und Weltanschauungsgemeinschaften seelsorgerlich betreut wird, so *Pirson*, Seelsorge (Fn. 719), S. 13.

735 Darauf weisen hin *Unruh* (Fn. 106), Art. 140/Art. 141 WRV Rn. 6; *Pirson*, Seelsorge (Fn. 719), S. 13 f.

736 So *Pirson*, Seelsorge (Fn. 719), S. 13.

737 *Pirson*, Seelsorge (Fn. 719), S. 13 f.

738 Statt aller *Korioth* (Fn. 106), Art. 140/Art. 141 WRV Rn. 9.

739 Dies ist beispielsweise der Fall, wenn der Staat sich die Tätigkeit der Anstaltsseelsorger als Teil der Erfüllung seiner eigenen Fürsorgepflichten zunutze macht, *Unruh* (Fn. 106), Art. 140/Art. 141 WRV Rn. 6. Siehe auch *Pirson*, Seelsorge (Fn. 719), S. 14.

1. Anspruchsgrundlage für das Zugangsrecht der Religionsgemeinschaften

Anders als seine Existenz ist die Herleitung des Zugangsrechts nicht unumstritten. Der Zulassungsanspruch ist zwar in Art. 140 GG i.V.m. Art. 141 WRV geregelt. Einige messen Art. 140 GG i.V.m. Art. 141 WRV aber keine konstitutive Wirkung für ein solches Recht zu, sondern stützen es auf Art. 4 Abs. 1 und 2 GG[740]. Art. 140 GG i.V.m. Art. 141 WRV ist nicht leicht von Art. 4 GG abzugrenzen, denn die für die Anstaltsseelsorge typischen Handlungen sind bereits von Art. 4 Abs. 1 und 2 GG erfasst. Die Religionsfreiheit allein gewährleistet aber nicht, diese Handlungen auch an jedem beliebigen Ort ausführen zu können[741]. Die Ausübung ist erst einmal nur an den den Religionsgemeinschaften offenstehenden Orten möglich. An anderen nicht öffentlich zugänglichen Orten, wie z. B. in Anstalten und auf privatem Grund und Boden, benötigen die Religionsgemeinschaften ein Zutrittsrecht, um dann dort ihre grundgesetzlichen geschützten Handlungen vorzunehmen. Dieses Recht bezüglich öffentlicher Anstalten verleiht Art. 140 GG i.V.m. Art. 141 WRV, der insoweit einen über Art. 4 GG hinausgehenden Regelungsgehalt hat[742]. Die Wertungen des Art. 4 GG sind bei der Auslegung des Art. 140 GG i.V.m. Art. 141 WRV aber zu berücksichtigen. Das Bundesverfassungsgericht lässt zwar Verfassungsbeschwerden über eine Verletzung des Zugangrechts nur unter Berufung auf Art. 4 Abs. 1 und 2 GG zu, prüft dann allerdings Art. 140 GG i.V.m. Art. 141 WRV in der Begründetheit des Urteils[743]. Den Religionsgemeinschaften steht mit dem Zugangsrecht also ein subjektives

---

740 Bei gerichtlichem Vorgehen gegen etwaige Zutrittsbeschränkungen müssten sich die Religionsgemeinschaften demnach zumindest auch auf Art. 4 Abs. 1 und 2 GG berufen. So *Morlok* (Fn. 111), Art. 140/Art. 141 WRV Rn. 6; *Unruh* (Fn. 106), Art. 140/Art. 141 WRV Rn. 5; *ders.*, Religionsverfassungsrecht (Fn. 3), § 11 Rn. 380. Letzterer stellt auch knapp die verschiedenen Ansätze dar, a.a.O. § 11 Rn. 378.

741 Siehe nur *Pirson*, Seelsorge (Fn. 719), S. 11.

742 So *v. Campenhausen/de Wall*, Staatskirchenrecht (Fn. 12), S. 199; *Eick-Wildgans*, Anstaltsseelsorge (Fn. 733), S. 140; *Korioth* (Fn. 106), Art. 140/Art. 141 WRV Rn. 2 (2003); *Pirson*, Seelsorge (Fn. 719), S. 11; *Schilberg* (Fn. 726), § 56 Rn. 23. Das Zugangsrecht nicht bereits aus Art. 4 GG zu lesen liegt auf einer Linie mit der gängigen Auslegung des Art. 9 EMRK, siehe *Rivers*, Organized Religions (Fn. 60), S. 65 f.

743 Siehe oben S. 24; statt aller *Korioth* (Fn. 106), Art. 140/Art. 141 WRV Rn. 2 (2003).

öffentliches Recht mit Verfassungsrang zu, das mittels einer Verfassungsbeschwerde durchgesetzt werden kann.

Beschwerdeberechtigt sind nach allen Ansichten allein die Religionsgemeinschaften[744]. Denn es besteht Einigkeit hinsichtlich der Frage, dass sich aus Art. 141 WRV kein Recht der Anstaltsunterworfenen ergibt. Dies wird bereits aus dem Wortlaut deutlich, der nur die Religionsgemeinschaften anspricht[745]. Subjektiv-rechtlich werden die in der Anstalt untergebrachten Menschen nach modernem Verständnis durch Art. 4 Abs. 1 und 2 GG geschützt. Dies reicht aus, weil ihre zunächst stark erschwerte Religionsausübung durch die Pflichten des Staates und das Zugangsrecht der Religionsgemeinschaften wieder ermöglicht wird[746].

Gemäß Art. 4 Abs. 1 und 2 GG und Art. 140 GG i.V.m. Art. 137 Abs. 7 WRV gilt dies und alles Folgende entsprechend auch für Weltanschauungsgemeinschaften[747].

2. Voraussetzungen des Anspruchs

Anders als die Herleitung des Anspruchs sind seine Voraussetzungen weitgehend klar. Die Aufzählung von Anstalten in Art. 141 WRV ist schon nach dem Wortlaut nicht abschließend[748]. Nicht nur im Heer, in Krankenhäusern und Strafanstalten ist die Seelsorge zu ermöglichen, sondern auch in sonstigen „öffentlichen Anstalten“. Entsprechend dem *telos* der Anstaltsseelsorge ist der Begriff der öffentlichen Anstalt im Zusammenhang mit Art. 141 WRV nicht „technisch“ im verwaltungsrechtlichen Sinn zu verstehen, sondern greift dann, wenn ein Bürger wie in den beispielhaft genannten Anstalten so in eine vom Staat beherrschte Umgebung eingegliedert wird, dass seine Freiheitsausübung im Ergebnis maßgeblich

---

744 Statt aller *Unruh* (Fn. 106), Art. 140/Art. 141 WRV Rn. 13 f.

745 Siehe nur *v. Campenhausen/de Wall* Staatskirchenrecht (Fn. 12), S. 202; *Korioth* (Fn. 106), Art. 140/Art. 141 WRV Rn. 2 (2003); *Unruh* (Fn. 106), Art. 140/Art. 141 WRV Rn. 13.

746 Siehe auch *Korioth* (Fn. 106), Art. 140/Art. 141 WRV Rn. 2 (2003); *Schilberg* (Fn. 726), § 56 Rn. 50.

747 Zutreffend *v. Campenhausen/de Wall*, Staatskirchenrecht (Fn. 12), S. 197; *Ehlers* (Fn. 111), Art. 140/Art. 141 WRV Rn. 1 und 6; *Morlok* (Fn. 111), Art. 140/Art. 141 WRV Rn. 8; obwohl er die praktische Relevanz dieser Frage anzweifelt, bejaht die Gleichstellung auch *Unruh* (Fn. 106), Art. 140/Art. 141 WRV Rn. 6. Skeptisch *Mager* (Fn. 734), Art. 140 Rn. 112.

748 Statt aller *Mückl*, Freiheit (Fn. 726), § 161 Rn. 55.

beschränkt wird[749]. Der Anspruch der Religionsgemeinschaften auf Zulassung zur Seelsorge besteht unabhängig von der Rechtsform, in der die Anstalt betrieben wird, solange der Staat die Organisationgewalt innehat oder zumindest beherrschenden Einfluss auf die Organisation ausüben kann[750]. Dies ist vor allem bei Krankenhäusern zu beachten.

Als Voraussetzung für die Zulassung in die Anstalten muss gemäß Art. 141 WRV ein „Bedürfnis nach Gottesdiensten und Seelsorge" bestehen. Es kommt nicht auf das Bedürfnis der Religionsgemeinschaften, also der Anspruchsberechtigten, sondern auf ein entsprechendes Bedürfnis der Anstaltsunterworfenen an[751]. Für deren Bedürfnis nach Seelsorge besteht eine widerlegliche Vermutung, soweit sie Angehörige der jeweiligen Religionsgemeinschaft sind und nicht ausdrücklich die Teilnahme an religiösen Handlungen und Seelsorge abgelehnt haben[752]. Der Zugang darf anders formuliert also nicht davon abhängig gemacht werden, dass ein Anstaltsunterworfener ausdrücklich nach seelsorgerlicher Begleitung verlangt[753]. Der kompensierende Charakter der Anstaltsseelsorge verpflichtet die Anstaltsleitung dazu, aktiv zu werden. Zur Ermittlung des Bedarfs darf

---

749 *v. Campenhausen/de Wall,* Staatskirchenrecht (Fn. 12), S. 200. Auch Polizei und Grenzschutz fallen hierunter, *Pirson,* Seelsorge (Fn. 719), S. 12.

750 *Ehlers* (Fn. 111), Art. 140/Art. 141 WRV Rn. 4; *Morlok* (Fn. 111), Art. 140/Art. 141 WRV Rn. 7. Andere verlangen, dass die Einrichtung in staatlicher Trägerschaft ist, so etwa *Unruh* (Fn. 106), Art. 140/Art. 141 WRV Rn. 7.

751 Statt aller *Kästner* (Fn. 15), Art. 140/Art. 141 WRV Rn. 695; *Morlok* (Fn. 111), Art. 140/Art. 141 WRV Rn. 10; *Unruh* (Fn. 106), Art. 140/Art. 141 WRV Rn. 10. Das Bedürfnis der Religionsgemeinschaften, Seelsorge zu erteilen, hält demgegenüber für gleich maßgeblich *Pirson,* Seelsorge (Fn. 719), S. 12. Dagegen wendet sich *Eick-Wildgans* mit dem teleologischen Hinweis, dass Art. 141 WRV nicht dazu diene, die Erfüllung des kirchlichen Auftrags der Gefangenenseelsorge sicherzustellen, sondern vielmehr den Anstaltsunterworfenen die Religionsausübung zu ermöglichen, *dies.,* Anstaltsseelsorge (Fn. 733), S. 110 f.

752 Ganz überwiegende Meinung, siehe nur *Ehlers* (Fn. 111), Art. 140/Art. 141 WRV Rn. 2; *Morlok* (Fn. 111), Art. 140/Art. 141 WRV Rn. 10; *Mückl,* Europäisierung (Fn. 5), S. 286 m.w.N; *Unruh,* Religionsverfassungsrecht (Fn. 3), § 11 Rn. 386 f. Allerdings lassen für ein entsprechendes Bedürfnis auch bei bekundetem Desinteresse der Anstaltsunterworfenen das Interesse der Religionsgemeinschaften ausreichen *F.-G. v. Busse,* Gemeinsame Angelegenheiten von Staat und Kirche – Religionsunterricht – Kirchensteuer – Anstaltsseelsorge – Friedhofswesen – Theologische Fakultäten/Fachbereiche nach der Bayerischen Verfassung, 1978, S. 252 f.; *v. Campenhausen/de Wall,* Staatskirchenrecht (Fn. 12), S. 201 f.

753 Statt aller *Eick-Wildgans,* Anstaltsseelsorge (Fn. 733), S. 111; *Unruh* (Fn. 106), Art. 140/Art. 141 WRV Rn. 11. Dem widersprechende Tendenzen sollen in Krankenhäusern aber vorkommen, wie beschrieben wird durch *v. Campenhausen/de Wall,* Staatskirchenrecht (Fn. 12), S. 209.

die Anstaltsleitung daher bei Aufnahme die Konfessionszugehörigkeit erfragen, wobei sie darauf hinweisen muss, dass es aufgrund von Art. 140 GG i.V.m. Art. 136 Abs. 3 WRV keine Pflicht zu dieser Angabe gibt[754]. Die Anstaltsleitung hat kein Ermessen in der Frage, ob ein Bedürfnis vorliegt, und insoweit auch nicht bei der Zulassung von Religionsgemeinschaften zur Anstaltsseelsorge[755].

Nur Religions- und Weltanschauungsgemeinschaften im Sinne der Verfassung sind zulassungsberechtigt[756]. Das Innehaben des Status einer Körperschaft des öffentlichen Rechts oder einer sonstigen Rechtsform ist nicht erforderlich[757].

3. Anspruchsinhalt

Liegen die Voraussetzungen vor, können die Religionsgemeinschaften Zugang zu den Anstalten verlangen. Sie müssen dies aber nicht tun[758]. Abgesehen vom Zugang ist die „Vornahme religiöser Handlungen" in den Anstalten durch Art. 140 GG i.V.m. Art. 141 WRV abgesichert. Zu den religiösen Handlungen gehören Seelsorge und Gottesdienste, wobei der Begriff aufgrund des religionsgemeinschaftlichen Selbstbestimmungsrechts und Art. 4 Abs. 1 und 2 GG weit auszulegen ist und sich maßgeblich nach dem Verständnis der jeweiligen Glaubensgemeinschaft richtet[759]. Auch wenn die Anstaltsseelsorge überwiegend christlich geprägt ist und nicht jede Religion ein vergleichbares Institut kennt, bedeutet das also keineswegs, dass das christliche Verständnis von Seelsorge und Gottesdienst maßgeblich wäre. Andere Religionsgemeinschaften können vor dem Hintergrund ihres Selbstbestimmungsrechts eigene Formen der Anstaltsseelsorge entwickeln und praktizieren, die ihren religiösen Überzeugungen und ihrer

754 BVerfGE 46, 266 (267 f.); statt aller *v. Campenhausen/de Wall* Staatskirchenrecht (Fn. 12), S. 209.

755 So *v. Campenhausen/de Wall* Staatskirchenrecht (Fn. 12), S. 201; von einem „nichthausrecht-akzessorischen Betretungsrecht" spricht *Mückl,* Europäisierung (Fn. 5), S. 286; *ders.,* Freiheit (Fn. 726), § 161 Rn. 56.

756 Statt aller *Jarass* (Fn. 155), Art. 140/Art. 141 WRV Rn. 1.

757 BVerfGE 102, 370 (296, Rn. 95); *Jarass* (Fn. 155), Art. 140/Art. 141 WRV Rn. 1; *Morlok* (Fn. 111), Art. 141 WRV Rn. 9; *Pirson,* Seelsorge (Fn. 719), S. 8.

758 Statt aller *Morlok* (Fn. 111), Art. 140/Art. 141 WRV Rn. 12.

759 Hierauf weisen hin *v. Campenhausen/de Wall* Staatskirchenrecht (Fn. 12), S. 201; *Morlok* (Fn. 111), Art. 140/Art. 141 WRV Rn. 14 m.w.N. *Eick-Wildgans,* Anstaltsseelsorge (Fn. 733), S. 111 ff. bemüht sich um eine Definition in den Grenzen der Begriffe „Gottesdienst" und „Seelsorge".

Struktur entsprechen[760]. Dennoch hat auch die Interpretation der „religiösen Handlungen" ihre Grenzen, da dieser Rechtsbegriff für die Gerichte handhabbar bleiben muss[761]. Die Einordnung der jeweiligen Praktiken als religiöse Handlung muss daher durch die Religionsgemeinschaften hinreichend plausibel gemacht werden können[762].

Der Staat muss die organisatorischen Voraussetzungen in zeitlicher und räumlicher Hinsicht für die Anstaltsseelsorge schaffen und darf sie nicht behindern[763]. Die Gottesdienste dürfen in der Anstalt bekannt gemacht werden, zur Teilnahme darf aber nicht im Sinne von Missionierungsbemühungen gedrängt werden[764]. Schon gar nicht darf die Teilnahme an religiösen Handlungen mit Zwang durchgesetzt werden[765]. Teilweise übernimmt der Staat die äußere Organisation und Finanzierung der Anstaltsseelsorge. Die verfassungsrechtliche Zulässigkeit ist schon lange Gegenstand reger Diskussion. Teilweise wird Art. 140 GG i.V.m. Art. 141 WRV so interpretiert, dass der Staat ausschließlich dazu ermächtigt werde, die Religionsgemeinschaften zur Seelsorge zuzulassen. Jede darüberhinausgehende staatliche Förderung der Anstaltsseelsorge sei verfassungswidrig[766]. Dem lässt sich entgegenhalten, dass die Gewährung eines Rechtes – und nicht mehr und nicht weniger lässt sich aus dem Wortlaut des Art. 140 GG i.V.m. Art. 141 WRV lesen – nicht denklogisch die Gewährung darüberhinausgehender Vorteile ausschließt[767]. Auch gebietet das Grundgesetz keinen möglichst großen Abstand des Staates zu den Religionsgemeinschaf-

---

760 Siehe hierzu den Beitrag zu den Möglichkeiten einer islamischen Anstaltsseelsorge von *M. Schulten,* Anstaltsseelsorge für Muslime, in: KuR 20 (2014), 50 (55 ff.).

761 *Pirson,* Seelsorge (Fn. 719), S. 10 f.; *v. Campenhausen/de Wall* Staatskirchenrecht (Fn. 12), S. 201. Vorsichtiger äußert sich *Eick-Wildgans,* Anstaltsseelsorge (Fn. 733), S. 104 ff.

762 Besonders deutlich *Pirson,* Seelsorge (Fn. 719), S. 10 f.; *v. Campenhausen/de Wall* Staatskirchenrecht (Fn. 12), S. 201; *Mager* hält in diesem Zusammenhang eine Plausibilitätsprüfung durch die Anstaltsleitung für zulässig, *dies.* (Fn. 734), Art. 140 Rn. 108.

763 *Mückl,* Europäisierung (Fn. 5), S. 286.

764 *Morlok* (Fn. 111), Art. 140/Art. 141 WRV Rn. 21.

765 Dies ist ausdrücklich in Art. 141 WRV festgehalten – die Wirkung ist aber vor dem Hintergund von Art. 4 Abs. 1 und 2 GG rein deklaratorisch, so auch *Mager* (Fn. 734), Art. 140 Rn. 114.

766 So der frühere juristische Sprecher der Humanistischen Union *Fischer,* Volkskirche ade! (Fn. 186), S. 144 ff. Von einer unzulässigen Religionsförderung durch die Finanzierung der Anstaltsseelsorge gehen auch aus *Czermak/Hilgendorf,* Religionsrecht (Fn. 111), Rn. 482.

767 *K. Albrecht,* Staatsrechtliche Grundfragen der Anstaltsseelsorge, 1975, S. 33.

ten, sondern ist religionsfreundlich ausgestaltet, solange Neutralität und Parität gewahrt werden[768]. Dementsprechend darf der Staat auch über die verfassungsrechtlich gebotene Zulassung der Religionsgemeinschaften zur Anstaltsseelsorge hinausgehen[769]. Damit ist aber nur geklärt, dass der Staat überhaupt mehr zur Förderung der Anstaltsseelsorge tun darf, als Art. 140 GG i.V.m. Art. 141 WRV ausdrücklich verlangt. Die Festlegung der Grenzen zwischen einer zulässigen und einer unzulässigen Religionsförderung wird maßgeblich durch drei Aspekte bestimmt: Die Ermöglichung der Religionsausübung unter den besonderen Bedingungen in der Anstalt, die Neutralität des Staates und das Selbstbestimmungsrecht der Religionsgemeinschaften[770]. Überwiegend wird die Kostenübernahme durch den Staat für zulässig gehalten[771]. Schließlich ist er der „Verursacher" der Anstaltsseelsorge[772]. Ein Anspruch der Religionsgemeinschaften auf Finanzierung der Anstaltsseelsorge besteht indes nicht[773].

4. Schranken

Weil es sich um eine gemeinsame Angelegenheit handelt, ist die wechselseitige Rücksichtnahme auf die verfassungsrechtlichen Belange des jeweils anderen Teils geboten[774]. Das Zugangsrecht ist daher ausgestaltungsbedürftig[775]. Einschränkungen des Zutrittsrechts und die Begrenzung des zeitlichen und örtlichen Rahmens für religiöse Handlungen müssen sich

---

768 Der Staat ist nicht zu „religiöser Abstinenz" verpflichtet, wie es *Eick-Wildgans* fasst, *dies.*, Anstaltsseelsorge (Fn. 733), S. 115 f. Ähnlich auch *Pirson*, Seelsorge (Fn. 719), S. 13.

769 Diese Ansicht vertreten *Eick-Wildgans*, Anstaltsseelsorge (Fn. 733), S. 115 f.

770 Dies arbeitet heraus *Mückl*, Freiheit (Fn. 726), § 161 Rn. 56.

771 Für *Mager* stehen einer Finanzierung durch den Staat „keine verfassungsrechtlichen Bedenken entgegen", *dies.* (Fn. 734), Art. 140 Rn. 113. Darüberhinaus halten die staatliche Finanzierung der Anstaltsseelsorge für zulässig *Ehlers* (Fn. 111), Art. 141 WRV Rn. 6; *Schulten*, Anstaltsseelsorge für Muslime (Fn. 760), S. 51.

772 So argumentiert *Ehlers* (Fn. 111), Art. 141 WRV Rn. 6; *Schilberg* (Fn. 726), § 56 Rn. 31.

773 Statt aller *Ehlers* (Fn. 111), Art. 141 WRV Rn. 6; *Schulten*, Anstaltsseelsorge für Muslime (Fn. 760), S. 51; *Mückl*, Freiheit (Fn. 726), § 161 Rn. 56; *B. Jeand'Heur/S. Korioth*, Grundzüge des Staatskirchenrechts, 2000, Rn. 293 m. Fn. 9.

774 Statt aller *Ehlers* (Fn. 111), Art. 140/Art. 141 WRV Rn. 1.

775 So *Morlok* (Fn. 111), Art. 140/Art. 141 WRV Rn. 12.

aufgrund des grundrechtlichen Ranges dieses Rechts auf ein Gut oder Ziel von Verfassungsrang stützen können[776]. Die Erhaltung der Funktionsfähigkeit der Bundeswehr, die Aufrechterhaltung und geeignete Durchführung des Strafvollzugs bzw. die Sicherung der Krankenversorgung können entsprechende Beschränkungen rechtfertigen[777]. Insbesondere begründete Sicherheitsaspekte können daher eine Verweigerung des Zutrittsrechts begründen[778].

Überwiegend wird ein gewisser Grad institutioneller Organisation von den Religionsgemeinschaften gefordert, die den Anspruch aus Art. 140 GG i.V.m. Art. 141 WRV geltend machen[779]. Grund hierfür ist, dass ein funktionierendes Zusammenwirken zwischen Religionsgemeinschaft und Staat insbesondere in der Bundeswehr dauerhafte Strukturen verlangt[780]. Liegt keine entsprechende Verfestigung vor, schließt das die Zulassung zur Anstaltsseelsorge aber nicht aus. Der Staat kann Vertreter von Religionsgemeinschaften nämlich dennoch zur Seelsorge in Anstalten zulassen, und zwar gestützt auf das Recht der Anstaltsunterworfenen aus Art. 4 Abs. 1 und 2 GG[781]. Außerdem stellt sich die Frage, ob Religionsgemeinschaften verfassungstreu sein müssen, um das Recht aus Art. 140 GG i.V.m. Art. 141 WRV wahrnehmen zu können. Einige nehmen an, dass ähnlich wie von den Religionsgemeinschaften beauftragte Religionslehrer auch Anstaltsgeistliche neben Recht und Gesetz insbesondere die grundlegenden Verfassungsprinzipien respektieren müssen[782]. Solange sie diese nicht in Frage stellen, sei es den Anstaltsgeistlichen aber nicht verboten, geltende Gesetze zu kritisieren[783]. Andere argumentieren, dass die Zulassung

---

776 Statt aller *Morlok* (Fn. 111), Art. 140/Art. 141 WRV Rn. 12. Dies ist unabhängig von der rechtlichen Einordnung des Art. 141 WRV der Fall. Entweder ergibt sich der Schutz unmittelbar aus Art. 4 GG oder der Schutz aus Art. 4 GG erstreckt sich mittelbar durch Art. 141 WRV auch auf die Anstaltsseelsorge. Letztere Ansicht vertretend, spricht von einer „Vermehrung der tatsächlichen Möglichkeiten zur Ausübung grundgesetzlicher Freiheiten“, *Pirson,* Seelsorge (Fn. 719), S. 12.

777 BVerfGE 28, 243 (261); 33, 1 (13 f.); 57, 70 (99); *v. Campenhausen/de Wall,* Staatskirchenrecht (Fn. 12), S. 202; *Ehlers* (Fn. 111), Art. 140/141 WRV Rn. 8; *Morlok* (Fn. 111), Art. 140/Art. 141 WRV Rn. 12.

778 Siehe *Mager* (Fn. 734), Art. 140 Rn. 113.

779 *Morlok* (Fn. 111), Art. 140/Art. 141 WRV Rn. 9; *Unruh* (Fn. 106), Art. 140/Art. 141 WRV Rn. 13.

780 Statt aller *Unruh* (Fn. 106), Art. 140/Art. 141 WRV Rn. 13.

781 So *Morlok* (Fn. 111), Art. 140/Art. 141 WRV Rn. 9; *Schulten,* Anstaltsseelsorge für Muslime (Fn. 760), S. 61 f.

782 *Ehlers* (Fn. 111), Art. 140/Art. 141 WRV Rn. 8.

783 So *Ehlers* (Fn. 111), Art. 140/Art. 141 WRV Rn. 8.

zur Anstaltsseelsorge anders als der Erhalt des Körperschaftstatus oder die Erteilung von Religionsunterricht den Religionsgemeinschaften kein hoheitliches Tätigwerden ermögliche[784]. Allerdings müssen auch letztere eingestehen, dass die Sicherheit in Gefängnissen und Bundeswehr eine so hohe Priorität hat, dass auch die in ihrem Innersten tätig werdenden religionsgemeinschaftlichen Vertreter nicht staatsfeindlich eingestellt sein oder rechtswidrige Ziele verfolgen dürfen[785].

III. Überblick über die Ausgestaltung der verschiedenen Bereiche der Anstaltsseelsorge

Art. 140 GG i.V.m. Art. 141 WRV bildet die Grundlage der Anstaltseelsorge. Die nähere Ausgestaltung findet bereichsspezifisch statt. Hierbei tun sich Besonderheiten auf.

1. Gefängniseelsorge

Wir beginnen mit der Gefängnisseelsorge, da sich an ihr die Struktur der Anstaltsseelsorge sehr gut veranschaulichen lässt.

a) Rechtsquellen

Die Gefängnisseelsorge wird vor allem in Kirchenverträgen und Verwaltungsvereinbarungen ausgeformt[786]. Teilweise finden diese ihre Ergänzung in staatlichen Richtlinien, zu deren Inhalt die Kirchen vorher konsultiert worden sind[787]. Aufbauend auf diesen gewachsenen Strukturen regelt auf der Ebene des einfachen Bundesrechts schließlich das Strafvollzugsgesetz (StVollzG) die Materie. Das Zeugnisverweigerungsrecht der Seelsorger ist in § 53 StPO geregelt.

---

784 So etwa *Schulten*, Anstaltsseelsorge für Muslime (Fn. 760), S. 59 f.

785 *Schulten*, Anstaltsseelsorge für Muslime (Fn. 760), S. 60.

786 In Fall der „Vereinbarungen über die evangelische und katholische Seelsorge in hessischen Vollzugsanstalten" enthält eine solche Verwaltungsvereinbarung sogar eine Freundschaftsklausel, wie *Pirson* bemerkt: *ders.*, Seelsorge (Fn. 719), S. 23.

787 *Pirson*, Seelsorge (Fn. 719), S. 23.

b) Zweck

Staatlicher Einfluss auf die Ausrichtung der Seelsorge, um sie gleichermaßen „auf Linie“ mit den staatlichen Vollzugszielen zu bringen, ist nicht zulässig. Die Gefängnisseelsorge darf zum Beispiel nicht vorrangig dazu dienen, Präventionsarbeit gegen religiösen Extremismus zu leisten. Unproblematisch ist es, wenn sich der Staat entsprechende (Neben-)Wirkungen der Seelsorge zunutze macht, solange er der Gefängniseelsorge nicht die Verfolgung seiner Zwecke auferlegt. Insbesondere darf der Staat keinen Einfluss auf den Inhalt der Seelsorge nehmen[788].

c) Rechtsstellung der Anstaltsseelsorger

Das Bundesrecht trifft in den §§ 155 ff. StVollzG einige Aussagen zu den Anstaltsgeistlichen, ohne aber einheitliche Vorgaben für deren rechtliche Stellung zu machen. In § 155 Abs. 2 StVollzG werden die Seelsorger als eine der in jedem Gefängnis vorzusehenden Berufsgruppen genannt. Das Verhältnis zwischen den übrigen Mitarbeitern des Gefängnisses und den Anstaltsgeistlichen wird durch das für alle im Vollzug Tätigen geltende Prinzip der Zusammenarbeit geprägt, normiert in § 154 Abs. 1 StVollzG. Der Seelsorger steht nicht außerhalb des Anstaltsbetriebs, sondern wird kollegial in Entscheidungen einbezogen[789]. Hierbei muss allerdings eine Balance gefunden werden zwischen der für einen erfolgreichen Vollzug wünschenswerten Einordnung in das Kollegium und der Sonderstellung des Geistlichen, die dem Charakter seiner seelsorgerlichen Tätigkeit entspricht[790]. Ungeklärt ist, welche Loyalitätspflichten des Geistlichen z. B. hinsichtlich der Verfolgung des Vollzugsziels, bestehen und welche Kon-

---

788 Statt aller *Ehlers* (Fn. 111), Art. 140/Art. 141 WRV Rn. 8.

789 Siehe *Eick-Wildgans*, Anstaltsseelsorge (Fn. 733), S. 182 f. Die genauen Mitwirkungspflichten sind in den Vereinbarungen zwischen den Religionsgemeinschaften und dem jeweiligen Land festgehalten. In der Praxis werden die Anstaltsgeistlichen bei Entscheidungen über die Gewährung von Hafturlaub oder die Aussetzung der Haftstrafe zur Bewährung einbezogen. Außerdem haben die Anstaltsgeistlichen einen Anspruch auf Information über besondere Umstände bezüglich der einzelnen Gefangenen, die im Rahmen der Seelsorge bedeutsam sind. Siehe hierzu *Mückl*, Europäisierung (Fn. 5), S. 288.

790 *Eick-Wildgans*, Anstaltsseelsorge (Fn. 733), S. 182 f.; ebenso *Pirson*, Seelsorge (Fn. 719), S. 28 f.

sequenzen bei Verstößen möglich sind[791]. Die durch entsprechende Handlungen zum Ausdruck gebrachte grundsätzliche Ablehnung des Vollzugsziels muss aber staatlicherseits nicht geduldet werden[792]. Ebenso können Sicherheitsbedenken eine Beschränkung des Zutrittsrecht rechtfertigen[793]. Im Zusammenhang damit steht die Pflicht der Anstaltsseelsorger, Recht und Gesetz sowie insbesondere die Verfassung zu achten, deren fundamentale Prinzipien nicht in Frage gestellt werden dürfen[794].

aa) Verbeamtung und vertragliche Verpflichtung

Nach § 157 Abs. 1 StVollzG ist sowohl die Bestellung im Hauptamt als auch die vertragliche Verpflichtung der Anstaltsgeistlichen möglich. Ersteres hat zur Folge, dass die Anstaltsgeistlichen verbeamtet werden. Ob Bestellung im Hauptamt oder vertragliche Verpflichtung, beides hat im Einvernehmen mit den Religionsgemeinschaften zu geschehen. Alles andere wäre unzulässig. Die Anstaltsgeistlichen müssen daher zumindest zusätzlich durch ihre Religionsgemeinschaft beauftragt worden sein[795]. Der staatliche Dienstherr und die Religionsgemeinschaft entscheiden in der Praxis einvernehmlich über die Bestellung einer bestimmten Person als Anstaltsgeistlichen[796]. Die Länder haben die Gefängnisseelsorge im Rahmen des bundesgesetzlich vorgegebenen Spielraums unterschiedlich ausgeformt. Zum Teil sind die Anstaltsgeistlichen Beamte, in anderen Fällen bestehen Vertragsbeziehungen zwischen dem Land und der Religionsgemeinschaft bzw. dem Geistlichen selbst[797].

---

791 *Pirson,* Seelsorge (Fn. 719), S. 26 f. Er weist a.a.O. darauf hin, dass die Beurteilung des rechtlich Zulässigen dadurch erschwert ist, dass die staatliche Zwecksetzung im Strafvollzug nicht eindeutig feststellbar, sondern trotz ihrer Normierung in § 2 StVollzG Gegenstand einer andauernden Diskussion ist. Treuepflichten für Anstaltsgeistliche generell kritisch sieht *Eick-Wildgans,* Anstaltsseelsorge (Fn. 733), S. 186 f., die sich dementsprechend auch gegen eine Verbeamtung der Anstaltsgeistlichen ausspricht.

792 *Pirson,* Seelsorge (Fn. 719), S. 27.

793 Insbesondere sind personenbezogene Kontrollen und zeitliche Beschränkungen möglich, siehe *Schilberg* (Fn. 726), § 56 Rn. 42.

794 Siehe oben S. 171.

795 Statt aller *Mückl,* Europäisierung (Fn. 5), S. 288.

796 Siehe *Pirson,* Seelsorge (Fn. 719), S. 27.

797 *Pirson,* Seelsorge (Fn. 719), S. 26.

Die Verbeamtung wird überzeugenderweise von weiten Teilen der Literatur für verfassungswidrig gehalten[798]. Grund hierfür ist, dass sie nur schwer mit dem Trennungsgebot aus Art. 140 GG i.V.m. 137 Abs. 1 WRV in Einklang gebracht werden kann. Die Verbeamtung bedeutet schließlich, dass die Anstaltsgeistlichen zugleich als Diener des Staates und Vertreter ihrer Religionsgemeinschaft auftreten[799]. Hierin liegt eine institutionelle Verflechtung entgegen Art. 140 GG i.V.m. Art. 137 Abs. 1 WRV. Auch der zweite Aussagegehalt des Art. 137 Abs. 1 WRV, das Verbot der Identifizierung des Staates mit einer Religionsgemeinschaft oder positiv gewendet das Neutralitätsgebot, wird nicht beachtet, wenn der Beamtenstatus – wie im Fall der Anstaltsgeistlichen – ausschließlich für die Vornahme religiöser Handlungen verliehen wird[800].

Allerdings kann man ausgehend von dem Gedanken, dass die im Grundgesetz ausgedrückte religiös-weltanschauliche Neutralität religionsfreundlich ist, auch zu dem Schluss kommen, dass die durch die Verbeamtung bedingte Staatsnähe der Anstaltsgeistlichen verfassungsrechtlich unproblematisch ist. Hiergegen muss man aber einwenden, dass die Neutralität dem Grundgesetz eben nicht vorgelagert ist, sondern sich aus ihm ergibt. Dementsprechend ist die positive Neutralität, die man aus dem Grundgesetz herausliest, nicht Auslegungsmaßstab anderer grundgesetzlicher Normen[801].

Die Verbeamtung der Anstaltsgeistlichen verstößt daher dann gegen das Verbot der Staatskirche sowie gegen die Beteiligung des Staates an der Verleihung kirchlicher Ämter nach Art. 140 GG i.V.m. Art. 137 Abs. 3 S. 2 WRV, wenn sich aus der Verfassung keine Ausnahme bzw. Rechtfertigung

---

798 Für verfassungswidrig halten die Verbeamtung von Anstaltsgeistlichen etwa *Ehlers* (Fn. 111), Art. 140/Art. 141 WRV Rn. 7; *Mager* (Fn. 734), Art. 140 Rn. 113; *Morlok* (Fn. 111), Art. 140/Art. 141 WRV Rn. 16; *Unruh* (Fn. 106) Art. 140/Art. 141 WRV Rn. 28. Für die Zulässigkeit dieser Ausgestaltung treten hingegen ein *v. Campenhausen/de Wall*, Staatskirchenrecht (Fn. 12), S. 205 f.; etwas vorsichtiger auch *Pirson*, Seelsorge (Fn. 719), S. 21; bezogen auf die Militärseelsorge *J. Ennuschat*, Militärseelsorge in Deutschland, in: ZevKR 64 (2019), 107 (114 ff.); *ders.*, Militärseelsorge, 1996, S. 108 ff.

799 *Morlok* (Fn. 111), Art. 140/Art. 141 WRV Rn. 16; besonders mit Blick auf die grundsätzlich bestehende Weisungsgebundenheit der Anstaltsgeistlichen als Beamte hält dies auch für problematisch *Ehlers* (Fn. 111), Art. 104/Art. 141 WRV Rn. 7.

800 *Morlok* (Fn. 111), Art. 140/Art. 141 WRV Rn. 16.

801 So auch *Unruh* (Fn. 106), Art. 140/Art. 141 WRV Rn. 28. Siehe hierzu schon oben S. 33 f.

für eine Durchbrechung herleiten lässt[802]. Der Wortlaut des Art. 141 WRV selbst gibt für eine Ausnahme wenig her. Weder verbietet er noch einmal ausdrücklich eine Verbeamtung der Anstaltsgeistlichen, noch lässt er die Verbeamtung als Ausnahme zu[803]. Die Norm selbst verleiht den Religionsgemeinschaften lediglich ein Zugangsrecht zur Vornahme der Seelsorge. Aus ihr lässt sich nicht herauslesen, dass es sich bei der Anstaltseelsorge um eine staatliche Aufgabe handeln würde, was eine Rechtfertigung für eine entsprechende Ausnahme darstellen würde[804]. Dies ist etwa beim Religionsunterricht nach Art. 7 Abs. 3 GG anders[805]. Da für die Anstaltsseelsorge also keine Ausnahme vom Trennungsgebot besteht, stellt sich die Frage, ob sich eine Rechtfertigung für die Durchbrechung finden lässt. Es ist umstritten, ob Sicherheitsbedenken die Verbeamtung erforderlich machen. Überwiegend wird davon ausgegangen, dass sie die Verbeamtung im Kontext des Strafvollzugs nicht rechtfertigen[806]. Hingegen dürften sie das Erfordernis staatlichen Einvernehmens über die Person des Geistlichen rechtfertigen[807]. Unumstritten ist, dass die Aufgaben des Anstaltsgeistlichen, nämlich die Vornahme geistlicher Handlungen in den Anstalten, keine Verbeamtung verlangen[808]. Im Kern ihres Betätigungsfeldes müssen die Geistlichen vielmehr frei von staatlichen Weisungen sein. Die trotzdem stattfindende Verbeamtung mit den entsprechenden weitreichenden Ausnahmen wird teilweise für eine Aushöhlung des Beamtenrechts gehalten[809]. Außerdem kann die Verbeamtung dem Zweck der Gefängnisseelsorge sogar nicht nur wenig dienlich sein, sondern im Gegenteil ihm entgegenwirken, wenn die Gefangenen den Seelsorgern aufgrund ihrer Nähe zur Anstaltsleitung mit Misstrauen begegnen[810]. Insgesamt lässt sich daher keine Rechtfertigung für die Durchbrechung des Trennungsgebotes durch die Verbeamtung finden.

---

802 Statt aller *Ehlers* (Fn. 111), Art. 140/Art. 141 WRV Rn. 7; *Morlok* (Fn. 111), Art. 140/Art. 141 WRV Rn. 16 m.w.N. Dogmatisch besonders klar *Korioth* (Fn. 106), Art. 140/Art. 141 WRV Rn. 13 (2003).

803 Statt aller *Unruh* (Fn. 106), Art. 140/Art. 141 WRV Rn. 28.

804 So *Korioth* (Fn. 106), Art. 140/Art. 141 WRV Rn. 13 (2003).

805 Statt aller *Morlok* (Fn. 111), Art. 140/Art. 141 WRV Rn. 16.

806 So etwa *Mager* (Fn. 734), Art. 140 Rn. 113.

807 *Morlok* (Fn. 111), Art. 140/Art. 141 WRV Rn. 18, 20.

808 *Ehlers* (Fn. 111), Art. 140/Art. 141 WRV Rn. 7.

809 *Eick-Wildgans*, Anstaltsseelsorge (Fn. 733), S. 188.

810 So u.a. *Unruh* (Fn. 106), Art. 140/Art. 141 WRV Rn. 36.

bb) Ehrenamtliche Tätigkeit

Ist die Zahl der Angehörigen einer Religionsgemeinschaft in einer Justizvollzugsanstalt zu gering, um einen eigenen Seelsorger zu bestellen, ist gemäß § 157 Abs. 2 StVollzG „die seelsorgerische Betreuung auf andere Weise zuzulassen“. Bisher sind nur katholische und evangelische Geistliche fest angestellt oder verbeamtet. Seelsorger anderer Religionsgemeinschaften sind auf Basis des § 157 Abs. 2 StVollzG ehrenamtlich tätig. Aus § 157 Abs. 2 StVollzG i.V.m. § 155 Abs. 2 StVollzG wird eine Pflicht der Anstaltsleitung gelesen, sich um eine ausreichende Zahl von Seelsorgern zu bemühen[811].

cc) Zulassung weiterer Personen zur Seelsorge

§ 157 Abs. 3 StVollzG lässt die Beteiligung anderer Geistlicher und Kirchenangehöriger neben dem Anstaltsgeistlichen an der Seelsorge zu[812].

d) Finanzierung

Die Kosten für die Besoldung der Geistlichen und auch die überwiegenden sonstigen Kosten der Gefängnisseelsorge übernimmt der Staat[813].

2. Militärseelsorge

In der Militärseelsorge kommen zu den bereits untersuchten noch weitere rechtlich problematische Aspekte hinzu, die mit der noch engeren Einbindung der Seelsorger in die staatlichen Strukturen in Zusammenhang stehen.

---

811 So *Eick-Wildgans,* Anstaltsseelsorge (Fn. 733), S. 179. Auf wie viele Gefangene genau ein Seelsorger kommen muss, ist nicht exakt zu bemessen. Vorgeschlagen werden um die 250 Gefangene, so *K. Schäfer,* Religionsausübung, in: H.-D. Schwind/A. Böhm/J.-M. Jehle/K. Laubenthal (Hrsg.), Strafvollzugsgesetze – Bund und Länder. Kommentar, 7. Aufl. 2020, S. 743 (764 f. Rn. 4).

812 Hieraus kann man lesen, dass der Staat die Gefängnisseelsorge als Angelegenheit in der Verantwortung der jeweiligen Religionsgemeinschaft anerkennt, überlegt *Pirson,* Seelsorge (Fn. 719), S. 29.

813 Zur verfassungsrechtlichen Zulässigkeit siehe S. 169.

a) Rechtsquellen

In § 36 S. 1 Soldatengesetz wird der Anspruch der Soldaten auf Seelsorge garantiert. Ausgestaltet wird die Militärseelsorge aber nicht abstrakt in einem Gesetz für alle Religionsgemeinschaften. Vielmehr bilden mit den einzelnen Religionsgemeinschaften geschlossene Verträge die Grundlage für die Militärseelsorge. Im Fall der evangelischen Kirche ist dies der Militärseelsorgevertrag, unterzeichnet am 22. Februar 1957[814]. Die katholische Militärseelsorge ist in Artikel 27 des Reichskonkordats geregelt, das gemäß Art. 123 Abs. 1 und 2 GG noch heute Anwendung findet[815]. Es wird allerdings hinsichtlich der beamtenrechtlichen Stellung der Militärseelsorge durch das Zustimmungsgesetz zum evangelischen Militärseelsorgevertrag modifiziert, der die Anwendung der darin enthaltenen diesbezüglichen Regelungen auf die katholische Militärseelsorge erstreckt[816]. Lange gab es nur katholische und evangelische Militärseelsorger. Die Bundesrepublik Deutschland und der Zentralrat der Juden in Deutschland haben am 20. Dezember 2019 einen Staatsvertrag abgeschlossen, auf dessen Grundlage erstmals seit rund 100 Jahren ein Militärrabbiner bestellt worden ist[817]. Neben den Verträgen findet eine weitere einseitige Ausgestaltung in den Zentralen Dienstvorschriften des Bundesministeriums der Verteidigung statt[818].

Grundsätzlich hätte die Militärseelsorge auch mittels eines Gesetzes geregelt werden können. Für eine sinnvolle Gestaltung hätten aber auch hierfür im Vorfeld die Religionsgemeinschaften konsultiert werden müssen[819]. Die vertragliche Ausgestaltung hat außerdem den Vorteil, dass die jeweilige Religionsgemeinschaft hinter dem Vereinbarten steht, das sie selbst maßgeblich ausfüllen muss[820]. Weiterhin können Vertragsverhand-

---

814 Abgedruckt in in J. Listl (Hrsg.), Die Konkordate und Kirchenverträge in der Bundesrepublik Deutschland, Bd. II, 1987, S. 94 ff.

815 Das Reichskonkordat ist abgedruckt in Listl, Die Konkordate und Kirchenverträge in der Bundesrepublik Deutschland (Fn. 814), S. 28 ff. Laut Bundesverfassungsgericht ist Art. 123 Abs. 2 GG gerade im Hinblick auf das Reichskonkordat geschaffen worden, dessen Fortgelten bewusst offengelassen wurde, BVerfGE 6, 309 (350 f.).

816 Art. 27 Abs. 4 S. 2 Reichskonkordat i.V.m. Art. 2 des Gesetzes über die Militärseelsorge v. 26.7.1957.

817 BGBl. I S. 1664 (Nr. 35). Siehe hierzu auch *J. Ennuschat*, Seelsorge in der Bundeswehr, in: Pirson/Rüfner/Germann/Muckel, HSKR II (Fn. 419), § 54 Rn. 55 ff.

818 Diese sind leider zum großen Teil als Verschlusssache eingestuft.

819 Diese Motivation macht aus *Pirson*, Seelsorge (Fn. 719), S. 19.

820 Dies vermutet *Pirson*, Seelsorge (Fn. 719), S. 19.

lungen dazu beitragen, eine Gestaltung zu finden, in der die beiderseitigen Interessen am schonendsten in Ausgleich gebracht werden können[821]. Neben der grundsätzlichen Kritik, die dem Vertragsstaatskirchenrecht entgegengebracht wird, und der großen Streitfrage der darin vereinbarten staatlichen Mitwirkungsrechte, auf die im Folgenden noch eingegangen wird, sind vor allem die Rücksichtnahmepflichten umstritten, die nicht nur mit einem Vertragsschluss jedweder Art verbunden sind, sondern in den Verträgen explizit als Freundschaftsklausel enthalten sind[822]. Zwar wird den Religionsgemeinschaften und besonders ihren Vertretern auf den unteren Ebenen hierdurch nicht die Möglichkeit genommen, öffentlich Kritik an der Verteidigungspolitik zu üben. Eine gezielte Schädigung der Bundeswehr durch die Unterstützung entsprechender innerreligionsgemeinschaftlicher Bestrebungen von oberster Ebene wäre aber als Vertragsbruch zu qualifizieren[823]. Die genauen Grenzen sind schwer zu definieren. Auch wenn die Religionsgemeinschaften den Verträgen freiwillig zugestimmt haben, kann die Geltung von elementaren Aussagen des Religionsverfassungsrechts, wie der Trennung von Staat und Kirche und dem Selbstbestimmungsrecht, jedenfalls nicht durch Vereinbarungen *inter partes* abgeschwächt werden[824]. Vielmehr müssen sich auch die in den Verträgen getroffenen Regelungen am Grundgesetz messen lassen und dementsprechend ausgelegt werden[825].

b) Zweck

Die Präambel des Militärseelsorgevertrags formuliert den Grund für die Regelung der Militärseelsorge als das „Bestreben, die freie religiöse Betätigung und die Ausübung der Seelsorge in der Bundeswehr zu gewährleisten". Die amtliche Begründung ist ähnlich gehalten: „Die Militärseelsorge soll das Grundrecht der freien religiösen Betätigung der Angehörigen der Bundeswehr gewährleisten und ihren Anspruch auf Seelsorge verwirkli-

821 So *D. Ehlers*, Problemstellungen des Vertragsstaatskirchenrechts, in: ZevKR 46 (2001), 286 (310 f.).

822 Zum Vertragsstaatskirchenrecht siehe auch *Jeand'Heur/Korioth*, Grundzüge (Fn. 773), Rn. 270 ff.; *Ehlers*, Problemstellungen (Fn. 821), S. 286 ff.

823 Als Beispiel nennt *Pirson* ein Hinwirken auf eine möglichst große Zahl von Kriegsdienstverweigern, *ders.*, Seelsorge (Fn. 719), S. 20.

824 Siehe *Korioth* (Fn. 106), Art. 140/Art. 141 WRV Rn. 14 (2003); *Ehlers*, Problemstellungen (Fn. 821), S. 298 ff.

825 So *Ehlers*, Problemstellungen (Fn. 821), S. 313 f.

chen". In diesen Formulierungen spiegelt sich der hinter jeder Form der Anstaltsseelsorge stehende legitime Zweck, ja die Pflicht des Staates, faktische Beschränkungen der Religionsfreiheit zu verringern[826]. Dies kann der Staat nicht selbst erfüllen und benötigt deshalb die Mitwirkung der Religionsgemeinschaften, was sich auch in den Dienstvorschriften des Bundesverteidigungsministeriums widerspiegelt[827].

Als Teil der Seelsorge bemüht sich die Militärseelsorge, den Soldaten Rückhalt bei schwierigen Erlebnissen zu geben, und betreut auch die Familien mit. Damit erfüllt sie Verpflichtungen, die die Bundeswehr als Dienstherrin in einem personenrechtlich geprägten Verhältnis treffen. Denn ein solches ist der Militärdienst. Der Soldat ist nicht bloß Dienstleister, sondern mit seiner ganzen Person Teil der Truppe und der Sache des Dienstherrn verpflichtet. Dementsprechend trifft den Staat umgekehrt eine Fürsorgepflicht, die auch eine „immaterielle Komponente" hat[828]. Diese immaterielle Komponente wird (auch) durch die Militärseelsorge bespielt. Die Existenz der Militärseelsorge muss aber auch der religiös-neutrale Staat nicht ignorieren. In der Folge muss er nicht zwingend in dem Maße aktiv werden, wie es ohne Militärseelsorge nötig wäre. Vielmehr darf er berücksichtigen, was die Militärseelsorge im Bereich der Fürsorge leistet[829]. Unzulässig bleibt dabei aber jede Form der staatlichen Instrumentalisierung der Militärseelsorge, der Staat darf nicht den religiösen Zweck vorgeben[830]. Zentral ist deshalb, dass die Seelsorge darauf gerichtet ist, den einzelnen Soldaten mit religiösen Angeboten seiner Konfession zu versorgen. Hingegen darf sich die Seelsorge nicht auf die Bundeswehr als solche beziehen, gar mit dem Ziel, deren mentale Kampfkraft zu erhöhen[831].

---

826 Siehe S. 118.

827 „Die Militärseelsorge ist der vom Staat gewünschte und unterstützte und von den Kirchen geleistete Beitrag zur Sicherung der freien religiösen Betätigung und der seelsorgerlichen Begleitung der Soldatinnen und Soldaten", heißt es beispielsweise in der Zentralen Dienstvorschrift zur „Inneren Führung" ZDv A-2600/1 Rn. 671.

828 Siehe *Pirson,* Seelsorge (Fn. 719), S. 16.

829 So *Pirson,* Seelsorge (Fn. 719), S. 17; *Unruh* (Fn. 106), Art. 140/Art. 141 WRV Rn. 6.

830 „Der Dienstherr kann [...] das Wirken der kirchlichen Seelsorge zwar nicht ohne weiteres in Dienst nehmen, aber in Rechnung stellen" schreibt *Pirson,* Seelsorge (Fn. 719), S. 17; in der Tendenz vorsichtiger *Korioth* (Fn. 106), Art. 140/Art. 141 WRV Rn. 13 (2003).

831 Siehe auch *Ennuschat* (Fn. 817) § 54 Rn. 2; *ders.,* Militärseelsorge in Deutschland (Fn. 798), S. 108.

c) Struktur

Die zentralen Verwaltungsaufgaben der einzelnen Militärpfarrämter werden vom Evangelischen Kirchenamt, dem katholischen Militärbischofsamt sowie dem Militärrabbinat mit Sitz in Berlin wahrgenommen, die zugleich eine Bundesoberbehörde und eine religionsgemeinschaftliche Einrichtung sind[832]. Hier potenziert sich die Verflechtung zwischen staatlichen und religionsgemeinschaftlichen Institutionen in der Anstaltsseelsorge. Geleitet werden diese Dienststellen vom evangelischen Militärgeneraldekan, katholischen Militärgeneralvikar bzw. Militärrabbinatsleiter[833]. Auch hinter diesen Amtsbezeichnungen verbirgt sich eine religionsgemeinschaftlich-staatliche Doppelfunktion. In seiner Funktion als Dienststellenleiter untersteht der Generaldekan, Generalvikar bzw. Rabbinatsleiter dem Bundesministerium der Verteidigung, während in religiösen Fragen der jeweilige Militärbischof beziehungsweise Militärbundesrabbiner der Vorgesetzte ist, dessen Stellvertreter der Amtsleiter ist[834]. Es ist auch der Militärbischof bzw. Militärbundesrabbiner, der den Militärgeneraldekan, Militärgeneralvikar bzw. Militärrabbinatsleiter zur Ernennung vorschlagen kann, wenngleich die Ernennung durch das Bundesministerium der Verteidigung erfolgt[835]. Das Amt des Militärbischofs bzw. Militärbundesrabbiners ist wiederum ein rein religionsgemeinschaftliches Amt, wenngleich seine Aufgaben in den jeweiligen Militärseelsorgeverträgen festgelegt sind[836]. Außerdem ist vor dessen Ernennung die Bundesregierung zu konsultieren, damit dieser Gelegenheit dazu gegeben wird, etwaige „schwerwiegende Einwendungen“

---

832 *Korioth* findet hierfür die treffende Bezeichnung „janusköpfige Einrichtung“, *ders.* (Fn. 106), Art. 140/Art. 141 WRV Rn. 11 (2003). Der Bundesoberbehörden des Kirchenamtes bzw. Militärbischofamtes sind als mittere Ebene mehrere Militärdekanate nachgeordnet.

833 Art. 15 Abs. 1 des Vertrags zur Regelung der evangelischen Militärseelsorge; Art. 13 des Vertrags zur Regelung der jüdischen Militärseelsorge.

834 Art. 15 Abs. 2 des Vertrags zur Regelung der evangelischen Militärseelsorge; Art. 13 Abs. 2 S. 1 des Vertrags zur Regelung der jüdischen Militärseelsorge.

835 Art. 15 Abs. 1 des Vertrags zur Regelung der evangelischen Militärseelsorge; Art. 13 Abs. 1 des Vertrags zur Regelung der jüdischen Militärseelsorge.

836 Die Aufgaben sind aufgezählt in Art. 12 des Vetrags zur Regelung der evangelischen Militärseelsorge bzw. Art. 10 des Vertrags zur Regelung der jüdischen Militärseelsorge. Zum Amt des Militärbischofs siehe *Ennuschat* (Fn. 817), § 54 Rn. 2.

gegen die Person des Kandidaten zu erheben[837]. Vor dem Hintergrund des Selbstbestimmungsrechts der Religionsgemeinschaften und dem Verbot an der staatlichen Mitwirkung an der Besetzung religiöser Ämter aus Art. 140 GG i.V.m. A.rt 137 Abs. 3 S. 2 WRV ist die Vorschrift bei verfassungskonformer Betrachtung so zu lesen, dass sie dem Staat ein Beteiligungs-, nicht aber ein Vetorecht bei der Auswahl der Militärbischöfe bzw. Militärbundesrabbiner einräumt[838].

d) Auswahl und Stellung der Militärseelsorger

Die Militärseelsorger selbst sind staatliche Beamte[839]. Gleichzeitig üben sie ein religiöses Amt aus. Diese besondere Situation spiegelt sich in den sie betreffenden Vorschriften wider. Ernannt werden die Militärseelsorger auf Vorschlag des Militärbischofs bzw. Militärbundesrabbiners und mit Zustimmung des Bundesministeriums der Verteidigung[840]. Sicherheitsbedenken dürften dieses Einvernehmenserfordernis über die Person des Militärgeistlichen rechtfertigen[841]. Anders als andere Beamte sind die Militärgeistlichen dem Staat gegenüber nicht umfassend weisungsgebunden, sondern in ihrer geistlichen Tätigkeit ausdrücklich unabhängig von staatlichen Weisungen[842]. Damit haben auch sie eine ambivalente Stellung: In religiösen Angelegenheiten unterstehen die Militärgeistlichen der Leitung

837 Diese „Politische Klausel“ findet sich in Art. 11 Abs. 1 des Vertrags zur Regelung der evangelischen Militärseelsorge und Art. 9 Abs. 1 S. 2 des Vertrags zur Regelung der jüdischen Militärseelsorge.

838 Überzeugend *Unruh* (Fn. 106), Art. 140/Art. 141 WRV Rn. 29 f. Eine in engen Grenzen „aus der Natur der Sache“ zulässige Ausnahme vom Mitwirkungsverbot nimmt hingegen an *Ennuschat* (Fn. 817), § 54 Rn. 45; *ders.*, Militärseelsorge (Fn. 798), S. 274 ff. und 283.

839 Art. 19 Abs. 1 des Vertrags zur Regelung der evangelischen Militärseelsorge; Art. 17 des Vertrags zur Regelung der jüdischen Militärseelsorge. Zur besonderen Situation in den neuen Bundesländern siehe *Ennuschat* (Fn. 817), § 54 Rn. 33.

840 Art. 18 Abs. 1 des Vertrags zur Regelung der evangelischen Militärseelsorge; Art. 17 Abs. 1 des Vertrags zur Regelung der jüdischen Militärseelsorge. Im Fall der christlichen Militärseelsorge ist das Einverständnis der jeweiligen Gliedkirche erforderlich, in der jüdischen Militärseelsorge das Einverständnis des Zentralrats der Juden in Deutschland.

841 *Morlok* (Fn. 111), Art. 140/141 WRV Rn. 18.

842 So etwa in Art. 16 des Vertrags zur Regelung der evangelischen Militärseelsorge und Art. 14 S. 2 des Vertrags zur Regelung der jüdischen Militärseelsorge.

und der Dienstaufsicht des Militärbischofs bzw. Militäroberrabbiners[843]. In militärischen Fragen hat hingegen der Generaldekan, -vikar oder Militärrabbinatsleiter über sie als Bundesbeamte die Dienstaufsicht[844]. Grundsätzlich lassen sich zur Verbeamtung von Militärgeistlichen ähnliche Überlegungen wie hinsichtlich der Gefängnisseelsorger anstellen. Für die Eingliederung der Militärseelsorger in die militärischen Strukturen durch eine Verbeamtung streitet allerdings nach Ansicht von Teilen der Literatur in besonderer Weise die Arbeitsweise und Abgeschlossenheit des Militärs[845]. Die Gewähr des Zugangs allein würde vor diesem Hintergrund wenig bewirken[846]. Gleichzeitig wird die Unabhängigkeit der Militärgeistlichen dadurch gewahrt, dass sie außerhalb der militärischen Hierarchie stehen und zivilen Status haben[847]. Hierdurch soll ihnen auch ermöglicht werden, mit jedem unabhängig von seinem Rang auf Augenhöhe in Kontakt zu treten. Ob der Nachweis für die Erforderlichkeit der Verbeamtung tatsächlich erbracht werden kann, wird von anderen jedoch vehement bestritten[848].

Neben der Inanspruchnahme der Militärseelsorger besteht für Soldaten jedweder Glaubensrichtung außerdem die Möglichkeit, sich über das Zentrum Innere Führung in Koblenz seelsorgerliche Betreuung außerhalb der Bundeswehr vermitteln zu lassen[849].

e) Staatliche Finanzierung

Der Staat übernimmt nicht nur den organisatorischen Aufbau, sondern trägt auch die Kosten der Militärseelsorge[850].

---

843 Art. 22 des Vertrags zur Regelung der evangelischen Militärseelsorge; Art. 19 des Vertrags zur Regelung der jüdischen Militärseelsorge. Im Fall der jüdischen Militärseelsorge obliegt die religiöse Fachaufsicht dem Zentralrat der Juden in Deutschland.

844 Statt aller *Korioth* (Fn. 106), Art. 140/Art. 141 WRV Rn. 11 (2003).

845 So *Campenhausen/de Wall*, Staatskirchenrecht (Fn. 12), S. 203.

846 *Campenhausen/de Wall*, Staatskirchenrecht (Fn. 12), S. 203.

847 Siehe *Campenhausen/de Wall*, Staatskirchenrecht (Fn. 12), S. 205; *Ennuschat* (Fn. 817), § 54 Rn. 34.

848 Beispielsweise durch *Korioth* (Fn. 106), Art. 140/Art. 141 WRV Rn. 13 (2003).

849 Siehe hierzu und zu dem möglichen Beitrag der Stelle zum Aufbau einer islamischen Militärseelsorge *Ennuschat* (Fn. 817), § 54 Rn. 67.

850 Dies ist vereinbart in Art. 2 Abs. 2 des Vertrags zur Regelung der evangelischen Militärseelsorge vom 22.2.1957; Art. 2 Abs. 2 des Vertrags zur Regelung der jüdischen Militärseelsorge. Zur verfassungsrechtlichen Zulässigkeit siehe S. 169.

f) Lebenskundlicher Unterricht durch Militärgeistliche

In einem Bereich werden die Militärgeistlichen, nicht aber die Militärseelsorge selbst, gezielt für Zwecke des Staates in Anspruch genommen. Die Seelsorger wirken an der in der Bundeswehr üblichen Ausbildung in „Innerer Führung“ mit, indem sie „Lebenskundlichen Unterricht“ erteilen[851]. Hierbei handelt es sich um Veranstaltungen zur Berufsethik. Der Unterricht ist für alle Soldaten verpflichtend, unabhängig davon ob sie und welcher Religionsgemeinschaft sie angehören. Zwar baut der Unterricht nicht mehr wie in früheren Zeiten „auf den Grundlagen des christlichen Glaubens auf“; mit dieser früher bestehenden Regelung ist aber zeitgleich auch die Möglichkeit abgeschafft worden, sich vom Unterricht befreien zu lassen[852]. Nach wie vor steht der Lebenskundliche Unterricht in einem Spannungsverhältnis zum Verbot der Staatskirche und der religiös-weltanschaulichen Neutralität des Staates[853]. Zwar sind keine religiösen Inhalte mehr vorgesehen, es darf aber in Frage gestellt werden, ob der Staat religiös-weltanschaulich neutral handelt, wenn er Militärgeistliche, die von den am Unterricht teilnehmenden Soldaten auch als solche betrachtet werden dürften, für säkularen Unterricht einsetzt[854]. Die Militärgeistlichen, die ja eigentlich Vertreter der Religionsgemeinschaften sind, werden im Rahmen des Lebenskundlichen Unterrichts zu Vertretern des Staates. Hierin kann man eine Identifikation des Staates mit den Vertretern der Religionsgemeinschaften sehen. Mangels verfassungsrechtlicher Grundlage lässt sich

851 Dies ergibt sich aus der Zentralen Dienstvorschrift zur Inneren Führung A-2600/1 Rn. 509.

852 Ursprünglich war für den Lebenskundlichen Unterricht vorgeschrieben, dass er „auf den Grundlagen des christlichen Glaubens“ aufbauen sollte. Soldaten konnten sich aber freistellen lassen. Diese Regelungen ließen die Unterschiede zu einem konfessionellen Religionsunterricht verschwimmen. An diesem Unterricht wurde außerdem kritisiert, dass er ohne verfassungsrechtliche, gesetzliche oder vertragliche Grundlage eingeführt worden ist, siehe hierzu *Pirson*, Seelsorge (Fn. 719), S. 17 ff.; *Czermak/Hilgendorf*, Religionsrecht (Fn. 111), Rn. 481.

853 Anderer Ansicht ist *Unruh*, der keine verfassungsrechtlichen Bedenken hegt, *ders.* (Fn. 106), Art. 140/Art. 141 WRV Rn. 32; ähnlich *S. Muckel*, in: K. Friauf/W Höfling (Hrsg.), Berliner Kommentar zum Grundgesetz, Bd. V, Art. 140/ Art. 141 WRV Rn. 25 (2011).

854 Die Militärgeistlichen sind schon „strukturell nicht neutral“ finden auch *Czermak/Hilgendorf*, Religionsrecht (Fn. 111), Rn. 481. Bedenken äußern auch *Ehlers* (Fn. 111), Art. 140/Art. 141 WRV Rn. 10; *Morlok* (Fn. 111), Art. 140/Art. 141 WRV Rn. 19.

kaum die Zulässigkeit einer entsprechenden Ausnahme zum Verbot der Staatskirche begründen[855].

3. Krankenhausseelsorge

Der Aufenthalt im Krankenhaus ist sowohl freier als auch in der Regel kürzer als der in den anderen genannten Anstalten. Aus diesem Grund stellen sich die allgemeinen Fragen der Anstaltsseelsorge hier kaum oder zumindest in deutlich geringerer Intensität[856]. Die Krankenhausseelsorge ist nicht bundesweit einheitlich geregelt[857]. Teilweise gibt es Vertragsvereinbarungen mit den Religionsgemeinschaften, auf deren Basis die Geistlichen direkt beim Staat oder bei den Krankenhausträger angestellt werden können[858]. Die Krankenhausleitung ist zur Kooperation mit den Anstaltsgeistlichen verpflichtet. So müssen diese informiert werden, wenn Angehörige ihrer Religionsgemeinschaft als Patienten aufgenommen werden, vor allem wenn sie den Wunsch nach Seelsorge äußern[859]. Umgekehrt müssen sich die Geistlichen in den Krankenhausbetrieb einfügen und unterstehen dazu auch der allgemeinen Hausordnung bzw. müssen den Anweisungen der Krankenhausleitung Folge leisten[860]. In Ausübung ihres Selbstbestimmungsrechts setzen die Religionsgemeinschaften die Geistlichen ein bzw. entheben sie ihres Amtes. Für die Krankenhausleitung ergibt sich aus dem Hausrecht keine Möglichkeit zur Einflussnahme auf die Auswahl der Seelsorger oder die inhaltliche Ausgestaltung der Seelsorge[861].

---

855 Von einem Verfassungsverstoß geht auch aus *Classen,* Religionsrecht (Fn. 17), Rn. 570.

856 Siehe nur *v. Campenhausen/de Wall,* Staatskirchenrecht (Fn. 12), S. 209; *Mückl,* Freiheit (Fn. 726), § 161 Rn. 57.

857 *Mückl,* Freiheit (Fn. 726), § 161 Rn. 57 Fn. 256.

858 Dies ist u.a. in Bayern und Niedersachsen möglich, wie *Mückl* aufzeigt, *ders.,* Europäisierung (Fn. 5), S. 289 m.w.N.

859 Statt aller *Schilberg* (Fn. 726), § 56 Rn. 37; *Unruh* (Fn. 106), Art. 140/Art. 141 WRV Rn. 37.

860 *Mückl,* Europäisierung (Fn. 5), S. 289 m.w.N.

861 Hierauf weisen hin *v. Campenhausen/de Wall,* Staatskirchenrecht (Fn. 12), S. 209; *Unruh* (Fn. 106), Art. 140/Art. 141 WRV Rn. 37.

B. Anstaltsseelsorge in England

Die Seelsorge in Gefängnissen, Krankenhäusern und dem Militär hat in England eine lange Geschichte. Traditionell liegt sie vor allem in den Händen der *Church of England*[862]. Auch wenn dies nicht bedeutet, dass nicht auch Seelsorger anderer Religionen und Konfessionen ihren festen Platz in der Seelsorge hätten, nahmen und nehmen doch die anglikanischen *chaplains* eine Sonderrolle als Vermittler zwischen der Verwaltung und den übrigen Konfessionen ein[863]. Die Strukturen der *established church* ziehen sich noch heute durch das Gesetzesrecht der Anstaltsseelsorge, wobei die Formulierung als nur hilfsweise verwandter Oberbegriff zu verstehen ist, da es ein abstraktes Konzept der Anstalt oder Anstaltsseelsorge im englischen Recht nicht gibt. Jeder Bereich ist vielmehr für sich ausgestaltet, wobei die Regelungen unabhängig voneinander entstanden sind und sich in ganz unterschiedlichen Rechtsquellen und Zusammenhängen finden. Dennoch gleichen sich die grundsätzlichen Strukturen in den verschiedenen Bereichen und begegnen ähnlichen Herausforderungen: Elemente der *established church* treffen auf ein zunehmend multireligiöses Umfeld. Als „Extremfall eines allgemeinen Phänomens" wird in der Anstaltsseelsorge das Spannungsverhältnis zwischen Staat, *Church of England* und anderen Religions- und Weltanschauungsgemeinschaften besonders deutlich[864].

I. Gewährleistung der Anstaltsseelsorge

Anders als die Krankenhausseelsorge ist die Seelsorge in Gefängnissen und im Militär gesetzlich garantiert. Vorgesehen ist immer die Präsenz eines Geistlichen der *Church of England.* Dieser *Chaplain* ist grundsätzlich erst einmal für alle Anstaltsangehörigen gleich welcher Konfession zuständig. Bei entsprechendem Bedarf wird die Berufung weiterer Geistlicher anderer Konfessionen vorgesehen.

Obwohl sich die englische Rechtswissenschaft kaum mit dogmatischen Fragen der Anstaltsseelsorge beschäftigt, werden hinsichtlich des Grundge-

---

862 Die anglikanische Kirche ist für *Doe* weiterhin *„principal provider"* der Anstaltsseelsorge, *ders.,* Law and Religion (Fn. 5), S. 204.

863 So *J. Beckford,* Prison Chaplaincy in England and Wales, in: M. Koenig/P. de Guchteneire (Hrsg.), Democracy and Human Rights in Multicultural Societies, Farnham 2007, S. 267 (274).

864 Als *„an extreme case of a general phenomenon"* bezeichnen die Gefängnisseelsorge *Beckford/Gilliat,* Religion in Prison (Fn. 270), S. 3.

dankens vereinzelt ähnliche Überlegungen wie in Deutschland angestellt. Wenn der Staat die Anstaltsangehörigen den Restriktionen des Anstaltsaufenthalts unterwerfe und damit die Religionsausübung faktisch erschwere, genüge die bloße Gewähr der Religionsfreiheit nicht mehr[865]. Vielmehr müsse er zum Ausgleich dieser Einschränkung tätig werden und die Besuche von Seelsorgern ermöglichen[866]. Aus denselben Gründen müsse der Staat auch mit den Religionsgemeinschaften zusammenarbeiten und die nötigen organisatorischen und räumlichen Voraussetzungen für die Anstaltsseelsorge schaffen[867]. Bezweifelt wird hingegen, dass der Staat auch verpflichtet ist, kultische Gegenstände und heilige Schriften zur Verfügung zu stellen und vor allem die Gehälter der Anstaltsgeistlichen zu bezahlen[868].

II. Kein Zugangsrecht der Religionsgemeinschaften

Ein Zugangsrecht der Religionsgemeinschaften zu staatlichen Anstalten ist im Gesetzesrecht nicht ausdrücklich enthalten. Auch in der Rechtsprechung ist ein solches Recht soweit ersichtlich bisher nicht artikuliert worden. Während die meisten sich auf die Untersuchung der rechtlichen Stellung der Anstaltsunterworfenen beschränken, bezieht nur ein sehr kleiner Teil der Literatur auch die Position der Religionsgemeinschaften in die Überlegungen zu Rechten in Bezug auf die Anstaltsseelsorge mit ein[869]. Das Bedürfnis der Religionsgemeinschaften, ein gemeinschaftlichen Glaubenslebens mit den Anstaltsunterworfenen aufrechtzuerhalten, wird durchaus als Element ihrer Religionsfreiheit anerkannt[870]. Der Schutzbereich der Religionsfreiheit von Religionsgemeinschaften schließe auch ein, in zugangsbeschränkten öffentlichen Anstalten präsent zu sein, sofern dort ihnen zugehörige Gläubige untergebracht sind[871]. Allerdings ist davor zu warnen, nun ausgehend vom deutschen Kontext aus dem Gesagten zu

865 So nur *Rivers,* Organized Religions (Fn. 221), S. 230 ff.

866 Als weiteres Beispiel nennt *Rivers* die Bereitstellung von religiösen Gesetzen entsprechendem Essen, *ders.,* Organized Religions (Fn. 60), S. 230 f.

867 *Rivers,* Organized Religions (Fn. 60), S. 232.

868 *Rivers,* Organized Religions (Fn. 60), S. 232.

869 Eine herausragende Ausnahme bildet *Rivers,* Organized Religions (Fn. 60), S. 230 ff.

870 Von der Aufrechterhaltung einer *„collective identity"* spricht in diesem Zusammenhang *Rivers,* Organized Religions (Fn. 60), S. 207.

871 *Rivers,* Organized Religions (Fn. 60), S. 232.

schließen, es würde hieraus ein Zugangsrecht der Religionsgemeinschaften abgeleitet, das diese in einem Gerichtsprozess gegen den Staat durchsetzen könnten[872]. So weit geht die englische Literatur nicht[873]. Aus dem Umstand, dass Menschenrechte auf individueller und kollektiver Ebene betroffen sind, wird nicht geschlossen, dass den Religionsgemeinschaften ein subjektives Recht in Form eines durchsetzbaren Anspruchs zusteht. Vielmehr leitet sich daraus eine objektivrechtliche Verpflichtung des Staates ab, die Anstaltsseelsorge durch entsprechendes Handeln sicherzustellen[874]. Lediglich den Anstaltsunterworfenen wird das Recht eingeräumt, die tatsächlich gemachten seelsorgerischen Angebote zu nutzen[875]. Teilweise wird auch vertreten, dass Gefangene ein durchsetzbares Recht auf Seelsorge haben[876]. Wieder äußert sich die Präferenz des englischen Rechts dafür, an den Staat gerichtete objektivrechtliche Pflichten zu begründen, anstatt einklagbare subjektive Rechte für Religionsgemeinschaften zu benennen.

III. Überblick über verschiedene Bereiche der Anstaltsseelsorge

Weil die Anstaltsseelsorge nicht abstrakt geregelt ist und bisher kaum eine systematisierende rechtswissenschaftliche Auseinandersetzung mit ihr erfolgt ist, liegt der Schwerpunkt der Untersuchung im Folgenden auf der Ausgestaltung der einzelnen Bereiche der Seelsorge.

---

872 Wenn *Rivers* in diesem Zusammenhang von einem *„right"*, also Recht, der Religionsgemeinschaften spricht, so drückt er damit nur aus, dass der Zugang Teil des Schutzbereichs des Menschenrechts (*human right*) der Religionsfreiheit ist, nicht aber, dass ein gerichtlich durchsetzbares Recht existiert, das in der englischen Rechtssprache ebenfalls als *„right"* bezeichnet werden würde. Die Begrifflichkeiten im menschenrechtlichen Kontext unterscheiden sich in ihrem Bedeutungsgehalt also stark von der üblichen englischen Rechtssprache.

873 Dies stellt klar *Rivers*, Organized Religions (Fn. 60), S. 66.

874 *Rivers*, Organized Religions (Fn. 60), S. 232.

875 *Rivers*, Organized Religions (Fn. 60), S. 66.

876 So *Hill/Sandberg/Doe*, Religion and Law (Fn. 223), S. 204; vgl. Prison Service Instructions 05/2016, Section 7.1.

1. Gefängnisseelsorge

Gefängniseelsorger gibt es in England seit geraumer Zeit und in jedem Gefängnis. Die gesetzlich vorgesehene Struktur der Seelsorge ist weiter vom Konzept der *established church* geprägt, allerdings ist die Realität oft genug darüber hinweggegangen. Tatsächlich ist die Gefängnisseelsorge heute ausgesprochen plural und die Einbeziehung von Vertretern der Religionsgemeinschaften etwa in die Bestellung von Seelsorgern üblich. Dadurch ist die Lösung von Konflikten vorweggenommen worden, die, wenn sie juristisch ausgetragen worden wären, die Mechanismen und problematischen Aspekte der Kooperation in der Anstaltsseelsorge sichtbar gemacht hätten. Obwohl oder gerade weil es bisher kaum Rechtsprechung und in der Folge auch wenig rechtswissenschaftliche Literatur hierzu gibt, soll im Folgenden vorsichtig versucht werden, die Funktionsweise der Anstaltsseelsorge und die Rechte der Religionsgemeinschaften hierin herauszuarbeiten.

a) Rechtsquellen

Die Gefängnisseelsorge wird von einer ganzen Reihe von gesetzlichen und untergesetzlichen Vorschriften geregelt. Der Prison Act 1952 ist das Parlamentsgesetz, das auch die Anstaltsseelsorge regelt. Aufgrund seines hohen Alters wirken einige seiner Vorschriften wie aus der Zeit gefallen und werden in der Praxis nicht unbedingt befolgt, obwohl der Prison Act 1952 nach wie vor gültiges Gesetzesrecht darstellt. Ergänzt wird der Prison Act 1952 durch die Prison Rules 1999, die den Charakter einer Verordnung haben, und diversen Verwaltungsanweisungen mit und ohne rechtsverbindlichem Charakter, den *prison service orders* und *prison service instructions*[877].

b) Aufgaben und Struktur der Anstaltsseelsorge

Die Zuständigkeit für die Verwaltung der Gefängnisse und auch die Gefängnisseelsorge liegt zentral beim *HM Prison and Probation Service*

877 Zu nennen sind insbesondere Prison Service Standing Order 7A; Prison Service Order 4550: Religion Manual; Prison Service Instructions 05/2016: Faith and Pastoral Care for Prisoners.

(HMPPS), der an das Justizministerium angegliedert ist[878]. Die *Chaplaincy and Faith Services* als Teil des *HMPPS* leitet der *Chaplain General and Archdeacon to Prisons.* Er ist stets anglikanisch und trägt die Verantwortung für die Gefängnisseelsorge aller religiösen und weltanschaulichen Konfessionen[879].

aa) Chaplains

In jedem englischen Gefängnis muss es einen Anstaltsseelsorger, den *chaplain*, geben. Bei entsprechender Größe des Gefängnisses kann zusätzlich ein *assistant chaplain* ernannt werden. Beide müssen nach dem Gesetz zwingend Vertreter der *Church of England* sein[880]. Auch die nach dem Human Rights Act bestehende Pflicht zur menschenrechtskonformen Auslegung ändert hieran nichts, weil der klare Wortlaut des Gesetzes keinen Raum für ein andere Konfessionen einschließendes Verständnis bietet[881]. Der *chaplain* wird laut der amtlichen Gesetzesüberschrift den Strafvollzugsbeamten *(prison officers)* zugerechnet[882]. Dementsprechend gelten die Vorschriften für Strafvollzugsbeamte grundsätzlich auch für den *chaplain*[883]. Der *chaplain* wird daher wie die anderen Strafvollzugsbeamten auch vom Staat ernannt und besoldet. Der Bischof der örtlichen Diözese muss aber von der Ernennung in Kenntnis gesetzt werden und dem *chaplain* seinerseits die Befugnis *(licence)* zu seinem Amt erteilen, damit dieser im Gefängnis wirken darf[884]. Angestellt ist der *chaplain* bei der die meisten Gefängnisse betreibenden Behörde, dem *Prison Service*[885]. In der *chaplaincy* sind unter Leitung des anglikanischen *chaplain* alle seelsorgeri-

---

878 *Hill/Sandberg/Doe,* Religion and Law (Fn. 223), S. 204.

879 Crockford's Clerical Dictionary (Online-Ausgabe), Prison Chaplains, zu finden unter https://www.crockford.org.uk/listings-section/prison-chaplains (zuletzt eingesehen am 17.8.2021); *Beckford/Cairns,* Muslim prison chaplains in Canada and Britain (Fn. 896), S. 41 f.

880 Prison Act 1952, s. 7 (1) und (4).

881 Dementsprechend geht auch die jüngere Literatur davon aus, dass die *chaplains* weiterhin der *Church of England* angehören müssen, statt aller *Hill/Sandberg/Doe,* Religion and Law (Fn. 223), S. 204.

882 Prison Act 1952, s. 7 (1); siehe auch *Doe,* Law and Religion (Fn. 5), S. 208.

883 Hierzu gehört auch die Gleichstellung mit einem *constable*, einem Polizeiwachtmeister, während des Dienstes in Prison Act 1952, s. 8.

884 Prison Act 1952, s. 9 (2).

885 Siehe „Naeem v. Secretary of State for Justice", [2017] UK Supreme Court 27 (Rn. 12), [2017] 1 The Weekly Law Reports 1343 (1349).

schen Angebote zusammengefasst. Er ist damit nicht nur für die anglikanische Seelsorge zuständig, sondern leitet die gesamte Anstaltsseelsorge in Zusammenarbeit mit den Seelsorgern anderer Konfessionen und der Gefängnisleitung. Da er grundsätzlich für alle Gefangenen gleich welcher Konfession zuständig ist, muss der *chaplain* unter bestimmten Umständen auch nicht-anglikanische Häftlinge seelsorgerlich begleiten[886]. Im Zusammenhang mit der gesetzlichen Konzeption der Anstaltsseelsorge ist die Rolle der *Church of England* daher bereits treffenderweise als *„a ‚broker' for other faiths"*, also einer Vermittlerin für andere Konfessionen beschrieben worden[887].

Ein weiteres Element der *established church* lässt sich darin ausmachen, dass die anglikanische Seelsorge unabhängig vom konkreten Bedarf im Gefängnis zu gewährleisten ist. Dies geschieht neben der gesetzlich vorgesehenen Bestellung eines anglikanischen Anstaltseelsorgers für jedes Gefängnis durch die Pflicht, an jedem Sonntag und an bestimmten Feiertagen einen anglikanischen Gottesdienst anzubieten[888]. Gottesdienste anderer Religionen muss es zu festzulegenden Zeiten geben, ohne dass ein Mindestangebot vorgeschrieben ist[889]. Nach dem Prison Act 1952 ist die nicht-anglikanische Gefängnisseelsorge im Vergleich zur anglikanischen also etwas weniger abgesichert[890].

bb) Ministers

Erkennt das Innenministerium angesichts der Zahl der Inhaftierten, die einer anderen Konfession als der *Church of England* angehören, einen entsprechenden Bedarf in einem Gefängnis, kann es nach seinem Ermessen nicht-anglikanische Seelsorger, sogenannte *Prison Ministers,* ernennen[891]. Die Gefängnisverwaltung muss hierzu die von den Inhaftierten erklärte

---

886 Prison Rules 1999, r. 14 (3).

887 *Beckford/Gilliat,* Religion in Prison (Fn. 270), S. 25; *Beckford,* Prison Chaplaincy (Fn. 863), S. 273 ff.

888 Prison Rules 1999, r. 16 (1).

889 Prison Rules 1999, r. 16 (1) und (2).

890 Hierauf weist hin *Knights,* Freedom of Religion, Minorites and the Law (Fn. 267), Rn. 7.47.

891 Prison Act 1952, s. 10 (1) und (2). Das Gesetz spricht diese Kompetenz allgemein dem *Secretary of State* zu. Den Innenminister (*Home Secretary*) als zuständigen Minister erwähnt *Rivers,* Status (Fn. 614), S. 151.

Religionszugehörigkeit erfassen[892]. Das Innenministerium hat Ermessen in der Frage, in welcher Höhe es den *ministers* eine Bezahlung zubilligt[893]. Dies kann in eine Festanstellung der *Prison Ministers* in Teil- oder Vollzeit beim *Prison Service* oder eine stundenweise Bezahlung münden. Wenn kein *minister* der betreffenden Glaubensrichtung in dem jeweiligen Gefängnis zur Verfügung steht, soll *Visiting Ministers* der Besuch der Gefangenen erlaubt werden[894]. Die Ernennung von *Prison Ministers* und die Zulassung von ehrenamtlich tätigen *Visiting Ministers* steht nach dem Gesetzeswortlaut im Ermessen der Gefängnisleitung. Bei der Frage, ob ein solcher für eine bestimmte Religion berufen werden soll, wirken neben der Gefängnisleitung auch die bereits im Gefängnis tätigen Seelsorger mit[895].

In der Praxis verschwimmen die im Gesetz vorgesehenen Unterschiede zwischen *chaplains* und *ministers* immer mehr[896]. Teilweise übernehmen alle Seelsorger die eigentlich dem anglikanischen *chaplain* zugewiesenen Aufgaben[897]. Zum Teil haben muslimische Gefängnisseelsorger sogar die Dienstbezeichnung *co-ordinating chaplain* erhalten und den anglikanischen *chaplain* in dieser Funktion gänzlich ersetzt[898]. Diese Veränderungen in der Praxis schlagen sich teilweise auch im untergesetzlichen Regelwerk zur Gefängnisseelsorge nieder. So wird in den *prison service instructions* zur Seelsorge unterschiedslos von *chaplains* gesprochen und die *Church of England* in keiner Weise gegenüber anderen Religionsgemeinschaften herausgehoben[899]. Auch in der Rechtsprechung ist dies zu beobachten[900]. Der Prison Act 1952 ist in dieser Hinsicht allerdings nicht geändert worden. Die in der Praxis nicht selten übliche Bezeichnung aller Seelsorger als *chaplains* und die Aufgabenteilung sollten nicht darüber hinwegtäuschen,

---

892 Prison Act 1952, s. 10 (5).

893 „*The Secretary of State may pay a minister appointed under the preceding subsection such remuneration as he thinks reasonable*“, Prison Act 1952, s. 10 (2).

894 Prison Act 1952, s. 10 (3).

895 Hierauf weist hin *Beckford,* Prison Chaplaincy (Fn. 863), S. 273.

896 *J. Beckford/I. Cairns,* Muslim prison chaplains in Canada and Britain, in: The Sociological Review 63 (2015), 36 (41).

897 Dies verrät bereits ein Blick auf entsprechende Stellenanzeigen. Siehe auch *Beckford/Cairns,* Muslim prison chaplains (Fn. 896), S. 41.

898 *Beckford/Cairns,* Muslim prison chaplains (Fn. 896), S. 41.

899 Prison Service Instructions 05/2016.

900 Siehe etwa die Verwendung von „*chaplain*“ in „Naeem v. Secretary of State for Justice“, [2017] UK Supreme Court 27 (Rn. 12 ff.), [2017] 1 The Weekly Law Reports 1343 (1349 ff.).

dass strukturelle Unterschiede durchaus fortbestehen[901]. Dies gilt zum Beispiel für das Beschäftigungsverhältnis. Während die anglikanischen *chaplains* stets festangestellt sind, gilt dies für die *ministers* nur zum Teil. Viele der *ministers* arbeiten auf freiberuflicher oder ehrenamtlicher Basis[902]. Das Beschäftigungsverhältnis von Gefängnisseelsorgern ist trotz der weitreichenden Antidiskriminierungsgesetze selten Gegenstand von Gerichtsverfahren. Statt mit der Zulässigkeit der Struktur der gesamten Anstaltsseelsorge beschäftigen sich die Gerichte nur mit konkreten Teilfragen, wie etwa der letztendlich nicht als religiöse Diskriminierung eingestuften niedrigeren Bezahlung eines muslimischen Seelsorgers aufgrund seiner im Vergleich zu seinen christlichen Kollegen kürzeren Dienstdauer[903].

Insgesamt bemüht sich das Recht zur Gefängnisseelsorge durchaus, den religiösen Bedürfnissen von nicht-anglikanischen Inhaftierten gerecht zu werden und entsprechende seelsorgerische Angebote auf sie auszudehnen. Dabei verhält sich der Staat allerdings nur begrenzt neutral[904]. Dies zeigt sich insbesondere an der im Gesetzesrecht weiterhin fortbestehenden „Schirmherrschaft" des anglikanischen *chaplain* wie auch an der verpflichtenden Bestellung eines solchen im Gegensatz zu der im Ermessen des Innenministers stehenden Bestellung anderer Seelsorger.

cc) Weitere Arten von Gefängnisseelsorgern

Der gesetzliche Rahmen zeigt sich offen für abweichende Gestaltungen, bei der die Seelsorger zum Beispiel bei einer Kirchengemeinde angestellt sind[905]. Außerdem haben Gefangene das Recht, Besuch von Geistlichen zu empfangen, die nicht als *ministers* oder *chaplains* im Gefängnis tätig sind, soweit sie die Sicherheitsanforderungen erfüllen[906].

---

901 Wie sehr eine nicht mehr staatskirchlich geprägte Anstaltsseelsorge noch in den Anfängen steckt, betont *Rivers*, Organized Religions (Fn. 60), S. 232 f.

902 Tatsächlich wurden bis zum Jahr 2002 Gefängnisimame ausschließlich auf Stundenbasis beschäftigt, wie deutlich wird im Urteil des *Supreme Court* in der Sache „Naeem v. Secretary of State for Justice", [2017] UK Supreme Court 27 (Rn. 12), [2017] 1 The Weekly Law Reports 1343 (1349). Auf die zögerliche Einstellung von nicht-christlichen Seelsorgern in Voll- und Teilzeit macht aufmerksam *Beckford*, Prison Chaplaincy (Fn. 863), S. 273.

903 So etwa auch in „Naeem v. Secretary of State for Justice", [2017] UK Supreme Court 27, [2017] 1 The Weekly Law Reports 1343.

904 So auch *Rivers*, Status (Fn. 614), S. 152.

905 Prison Service Instructions 05/2016, S. 24.

906 Prison Service Instructions 05/2016, Section 7.1.

c) Mitbestimmung und Selbstbestimmung der Religionsgemeinschaften

Ein positives Recht auf Mitbestimmung bei der Besetzung der seelsorgerlichen Posten kann nicht aus den allgemeinen Grundsätzen des englischen Religionsverfassungsrechts hergeleitet werden. Weder die Religionsfreiheit noch die *religious group autonomy* führen hier weiter. Es kann kaum als Teil der ohnehin kaum diskutierten korporativen Religionsfreiheit, geschweige denn der kollektiven Religionsfreiheit betrachtet werden, als Religionsgemeinschaft an der Auswahl von Seelsorgern mitzuwirken, die staatliche Angestellte sind. Der Anwendungsbereich der *religious group autonomy* ist ebenfalls nicht berührt, denn bei konfessionellen Staatsämtern handelt es sich gerade nicht um die internen Positionen, die die Religionsgemeinschaften aus sich selbst heraus zur Erfüllung ihrer satzungsgemäßen Zwecke geschaffen haben. Auch ein Abwehrrecht gegen eine staatliche Einmischung in die Besetzung der fraglichen Ämter erscheint fernliegend. Selbst wenn man die *religious group autonomy* für betroffen hält, fehlt ihr doch eine veritable abwehrrechtliche Funktion. Die Religionsfreiheit allein wiederum kann die Besetzung eines religiösen, aber nicht religionsgemeinschaftlichen Amtes durch den Staat kaum beeinflussen, weil ihr Schutzbereich nach englischem Verständnis nicht betroffen ist. Ein an den Staat gerichtetes Neutralitätsgebot, dass die Besetzung der Seelsorgeämter ohne Mitwirkung der Religionsgemeinschaften verbieten würde, existiert nicht.

Die Beteiligung von religionsgemeinschaftlichen Vertretern wird auch nicht durch bereichsspezifische Regelungen vorgeschrieben. Allerdings erkennt der Staat an, dass er über wenig religiöse Sachkenntnis verfügt und beruft für jeweils eine, teilweise aber auch mehrere Konfessionen gemeinsam Experten, die sogenannten *Faith Advisers,* die Fragen mit Bezug zu den religiösen Überzeugungen der jeweiligen Konfession(en) entscheiden[907]. Unter anderem entwickeln die *Faith Advisers* als Anhang zu den einschlägigen *prison service instructions* die sogenannten *Faith Annexes*[908]. Sie stellen vor allem die zentralen Lehren des jeweiligen Glaubens vor, legen fest, wie er durch die Anstaltsgeistlichen praktiziert werden soll, und beschreiben, welche Regeln Anhänger der Religion im täglichen Leben beachten[909]. Die *Faith Annexes* sind der entscheidende Maßstab für den *Prison Service,*

907 Unter anderem ist für verschiedene Freikirchen nur ein *Faith Adviser* berufen worden. Für den Sufismus gibt es hingegen keinen *Faith Adviser.*

908 Siehe Prison Service Instructions 05/2016, S. 34 ff.

909 Prison Service Instructions 05/2016, S. 34 ff.

wenn es etwa um die Vereinbarkeit der Lehren eines Anstaltsgeistlichen mit den Grundsätzen der Religion oder Weltanschauung geht, deren Mitglieder er seelsorgerlich betreuen soll[910]. Die *Faith Annexes* fassen dabei oft mehrere Konfessionen zusammen, gehen aber auch auf konfessionsbedingte Unterschiede ein.

Im Prison Act 1952 finden die *Faith Advisers* keine Erwähnung. Als die Rolle der *Faith Advisers* geschaffen wurde, wurde der Prison Act nicht entsprechend verändert. Die Aufgaben der *Faith Advisers* werden stattdessen nur in den untergesetzlichen *Prison Service Instructions* ausgestaltet. Dieser Umstand sollte aber nicht über die zentrale Rolle hinwegtäuschen, die die *Faith Advisers* in der Anstaltsseelsorge einnehmen. Die *Faith Advisers* beraten die Gefängnisleitung zu ihrem jeweiligen Glauben und entscheiden über alle Fragen und Beschwerden, die Glaubensüberzeugungen betreffen[911]. Außerdem haben sie die Aufgabe, die Tauglichkeit des Seelsorgers zu überprüfen, der für die Konfession(en) in ihrer Zuständigkeit die Seelsorge im Gefängnis übernehmen soll[912]. Deren Bestellung ist von der Zustimmung des jeweiligen *Faith Adviser* abhängig[913]. Dies gilt für alle Gruppen von Seelsorgern gleichermaßen und unabhängig davon, ob sie in einem Arbeitsverhältnis, als Auftragnehmer oder unbezahlt tätig werden[914].

Die Position der *Faith Advisers* in der Gefängnisseelsorge erhellt sich weiter, wenn man einen interessanten Fall betrachtet. Er ist im Arbeitsrecht angesiedelt. Ein Gefangener wollte aufgrund seiner Glaubensüberzeugung nur noch auf besondere Weise zubereitetes Essen zu sich nehmen und

---

910 Siehe „Saini v. National Offener Management Services“, 2015 Westlaw 12591127, Rn. 8.

911 „Saini v. National Offener Management Services“, 2015 Westlaw 12591127, Rn. 8. Neben den *Faith Annexes* und den *Faith Advisers* gab es bis 2011 noch eine weitere Instanz, die in beratender Funktion bezüglich nicht-christlicher Religionen und den Mormonen für den *Prison Service* tätig wurde, nämlich die *Religious Consultative Services.* Zu ihrer Einrichtung wurde im Jahr 2000 aufgerufen durch Prison Service Order 4550 Chapter 3. In den *Religious Consultative Services* waren unabhängige Organisationen zusammengefasst, die in der Regel aus den verschiedenen religiösen Gruppen heraus gegründet worden waren, um die Gefängnisseelsorge ihrer Konfession(en) zu pflegen und zu verbessern. Die Vorschriften, in denen die Religious Consultative Services vorgesehen waren, wurden durch die Prison Service Instructions 51/2011 ersetzt, in denen die *Religious Consultative Services* ebensowenig wie in den die Prison Services 51/2011 wiederum ersetzenden Prison Service Instructions 05/2016 Erwähnung finden.

912 Prison Service Instructions 05/2016, S. 34.

913 *Beckford/Cairns,* Muslim prison chaplains (Fn. 896), S. 41.

914 Prison Service Instructions 05/2016, S. 34, siehe auch S. 24.

dieses ausschließlich aus Eisenschüsseln essen. Diese Überzeugung hielt der zuständige *Faith Adviser* für nach den Lehren des Sikhismus völlig unhaltbar[915]. Unterstützung fand der Gefangene jedoch durch den Sikh-Gefängnisseelsorger. Daraufhin stellte der *Faith Adviser* den Sikh-Seelsorger mit der Begründung für ungeeignet dar, dass der Sikh-Seelsorger eine falsche Sicht auf grundlegende Sikh-Lehren vertrete. Der Seelsorger wolle sich erkennbar nicht an die *Sikh Prison Service Instruction* halten, d.h. an den Anhang zu den *Prison Service Instructions*, der sich mit den Inhalten des Sikhismus beschäftigt[916]. Daher habe er als *Faith Adviser* keine andere Wahl, als seine Zustimmung zur Person des Seelsorgers zurückzuziehen, was er daraufhin auch gegenüber der Leitung der *Chaplaincy* tat. Der Sikh-Seelsorger wurde daraufhin durch den *Head of Chaplaincy and Faith Services* entlassen. Der Seelsorger klagte gegen seine Entlassung mit der Begründung, hierin liege eine unzulässige religiöse Diskriminierung. Eine Diskriminierung nach der Religionszugehörigkeit kann im arbeitsrechtlichen Kontext nach dem englischen Recht dann gerechtfertigt sein, wenn die Zugehörigkeit zu einer bestimmten Religion ein berufliches Erfordernis darstellt, dieses den Verhältnismäßigkeitsgrundsatz wahrt und die fragliche Person das Erfordernis nicht erfüllt[917]. Dementsprechend sah sich das Gericht u.a. dazu veranlasst, die Frage zu klären, ob der Seelsorger Angehöriger der Sikh-Religion war oder nicht. Es hätte hierzu klären müssen, ob der Seelsorger entlassen worden war, weil er Ansichten vertreten hatte, die nicht mit dem Sikhismus in Einklang zu bringen waren, oder ob seine Entlassung darauf zurückging, dass seine Überzeugungen lediglich nicht mit den Ansichten des *Faith Advisers* übereinstimmten, obwohl sie nach dem Sikhismus vertretbar waren[918]. Nach dem Gedanken der *non-justiciability* erklärte sich das Gericht aber außer Stande, hierüber eine Entscheidung zu fällen[919].

---

915 „Saini v. National Offender Management Services“, 2015 Westlaw 12591127 (2015) Rn. 29.

916 „Saini v. National Offender Management Services“, 2015 Westlaw 12591127 (2015) Rn. 31.

917 Equality Act 2010, sch. 9 para. 3. Fraglich erscheint indes bereits, ob die Vorschrift überhaupt anwendbar ist. Sie bezieht sich nämlich nur auf Arbeitgeber *„with an ethos based on religion or belief“*. Das Gericht geht leider nicht auf die Frage ein, ob man den staatlichen *National Offender Management Service* als religiösen oder weltanschaulichen Tendenzbetrieb einstufen kann.

918 „Saini v. National Offender Management Services“, 2015 Westlaw 12591127 (2015) Rn. 71.

919 „Saini v. National Offender Management Services“, 2015 Westlaw 12591127 (2015) Rn. 71.

Das Urteil ist in mehrerlei Hinsicht interessant. Erstens wird deutlich, dass die Übereinstimmung mit den Lehren der Religionsgemeinschaft Voraussetzung für die Arbeit als Seelsorger ist und dass eine Abweichung durchaus Konsequenzen haben kann. Zweitens wird ein Licht auf die Machtposition der *Faith Advisers* geworfen, die sowohl die zentralen Glaubenslehren benennen als auch Verstöße gegen sie feststellen. Hält ein *Faith Adviser* eine Person in religiöser Hinsicht für das Amt des Seelsorgers ungeeignet, kann er dem *National Offender Management Service* empfehlen, die Person zu entlassen. Es wird auch davon gesprochen, dass die Zustimmung des zuständigen *Faith Adviser* Voraussetzung für die Beschäftigung als Gefängnisseelsorger ist. Gleichzeitig wird im Urteil festgestellt, dass zwischen *Faith Adviser* und *National Offender Management Service* keine vertragliche Beziehung besteht[920]. Vielmehr soll der *Faith Adviser* die Rolle eines unabhängigen Beraters in den Bereichen ausfüllen, in denen der Staat nicht genügend Expertise hat, um selbstständig Entscheidungen fällen zu können, und daher auf den Beitrag von einer fachkundigen Person angewiesen ist[921]. Dies ist insbesondere bei der Auswahl von Seelsorgern nach religiösen Gesichtspunkten der Fall. Der Prison Service beschäftigt den *Faith Adviser* also aufgrund der ihm selbst fehlenden Kenntnis von religiösen Lehren, und nicht, weil er als staatliches Organ nicht in diesen Fragen entscheiden darf. Dies ist bemerkenswert.

Obwohl das Amt des *Faith Adviser* so zentral ist, regeln die *Prison Service Instructions* nicht, wie es besetzt wird. Damit ist nicht vorgeschrieben, dass die Religionsgemeinschaften an der Auswahl der *Faith Advisers* beteiligt werden, obwohl dies aus praktischen Gründen üblich sein dürfte. Entstehen Spannungen zwischen dem *Faith Adviser* und einer Gemeinschaft, deren Konfession er vertritt, kann die Gemeinschaft die Absetzung des *Faith Adviser* nicht veranlassen[922]. Unter anderem an der fehlenden Ausgestaltung der Rückkopplung des Amtes an die Religionsgemeinschaften zeigt sich, dass die Existenz von *Faith Advisers* nicht primär dazu dienen soll, die Gemeinschaften einzubinden. Dies gilt, obwohl insbesondere bei der Erarbeitung der *Faith Annexes* eine Einbindung der Religionsgemeinschaften durch entsprechende Konsultation des *Faith Adviser* üblich zu sein

---

920 „Saini v. National Offender Management Services", 2015 Westlaw 12591127 (2015) Rn. 77.

921 „Saini v. National Offender Management Services", 2015 Westlaw 12591127 (2015) Rn. 77.

922 Differenzen zwischen islamischen Organisationen und dem für sie zuständigen *Faith Adviser* beschreibt etwa *Beckford*, Prison Chaplaincy (Fn. 863), S. 279.

scheint[923]. Vielmehr bringen die *Faith Advisers* die Expertise in religiösen Fragen mit, die die staatliche Gefängnisverwaltung nicht haben kann, aber für den Gefängnisalltag in Anbetracht der wachsenden religiösen Vielfalt braucht. Die *Faith Advisers* tragen auf diese Weise dazu bei, dass der Staat seine Aufgabe erfüllen kann, den Gefangenen unter den einengenden Haftbedingungen die Ausübung ihrer Religionsfreiheit zu ermöglichen.

Die für die Ernennung eines Seelsorgers erforderliche Zustimmung des *Faith Adviser (endorsement)* ist nicht mit einer Beauftragung des Seelsorgers durch die Religionsgemeinschaften zu verwechseln. Das wird dadurch deutlich, dass in den Prison Service Instructions 05/2016 auch darauf hingewiesen wird, dass einige Seelsorger zusätzlich zur Zustimmung des *Faith Adviser* als Voraussetzung für die Ernennung eine Beauftragung durch ihren Religionsführer *(Faith Leader)* benötigen[924]. Interessanterweise wird also dazu angehalten, Rücksicht auf Religionsgemeinschaften zu nehmen, nach deren Glaubensüberzeugungen die Berufung eines Seelsorgers nicht ohne die Beauftragung eines Religionsoberhauptes erfolgen kann oder sollte. Gleichzeitig sollte man den Inhalt dieser untergesetzlichen Vorschrift nicht als ein den Religionsgemeinschaften eingeräumtes Recht auf Mitwirkung an der Ernennung von Seelsorgern überinterpretieren. Die Vorschrift steht im Kontext von mehreren sehr praktischen Empfehlungen, die bei der Ernennung von neuen Seelsorgern beachtet werden sollen[925]. Auch die Regelungsform in den *Prison Service Instructions* wie auch deren Adressatenkreis, nämlich die Gefängnisverwaltung, deuten darauf hin, dass hier Religionsgemeinschaften kein Recht auf Mitwirkung an der Ernennung von Gefängnisseelsorgern eingeräumt werden soll. Stattdessen kann man davon ausgehen, dass hier lediglich Empfehlungen an die Gefängnisverwaltung ausgesprochen werden, die eben unter anderem darin bestehen, Rücksicht auf den Bereich der Anstaltsseelsorge betreffende religiöse Gebräuche und Vorschriften zu nehmen. Im Kontrast hierzu scheint die Regelung zur *licence* der anglikanischen Seelsorger im Prison Act 1952 zu sehen. In einem Parlamentsgesetz wird geregelt, dass anglikanische Seelsorger zu ihrer Bestellung die Beauftragung durch den Bischof benötigen, in dessen Bistum das Gefängnis liegt. Hier handelt es sich

923 Dies klingt an in „Saini v. National Offener Management Services“, 2015 Westlaw 12591127 (2015), Rn. 8.

924 Prison Service Instructions 05/2016 Section 1.3, S. 5.

925 Im selben Absatz wird direkt im Anschluss an die dargestellte Empfehlung beispielsweise auch darauf hingewiesen, dass allen neuen Seelsorgern Informationsmaterial in der Form des „*Chaplaincy Induction Pack*“ überreicht werden soll, Prison Service Instructions 05/2016 Section 1.3, S. 5.

also um eine gesetzlich angeordnete Voraussetzung im Ernennungsverfahren eines Gefängnisseelsorgers. Lässt sich hieraus ein Recht der Religionsgemeinschaften auf Mitwirkung ableiten? Dies erscheint fraglich. Wenn man die übliche Regelungstechnik des englischen Verwaltungsrechts berücksichtigt, ist es überzeugender, auch hier von einer reinen Verfahrensregelung auszugehen. Dem *Prison Service* wird auferlegt, die Beauftragung durch den örtlichen Bischof abzuwarten. Hieraus entsteht kein Recht des Bischofs auf Mitwirkung. Allerdings ist eine Ernennung unter Missachtung der Vorschrift dann unrechtmäßig, wenn ein Gericht sie als zwingende Verfahrensvorschrift ansehen sollte. Es ist denkbar, dass ein Gericht eine *sufficient interest* des Bischofs bejahen würde, sodass er einen entsprechenden Prozess anstrengen könnte.

Insgesamt zeigt sich die Präferenz des englischen öffentlichen Rechts, „oben" anzusetzen und der staatlichen Verwaltung objektive Vorgaben zu machen, anstatt im Rahmen einer Betrachtungsweise „von unten" subjektive Selbstbestimmung- und Mitwirkungsrechte der Religionsgemeinschaften anzuerkennen. Dies ist keine reine Frage der Gestaltung, sondern verändert die tatsächliche rechtliche Position der Religionsgemeinschaften und ihrer Vertreter, zumal auch kein Neutralitätsprinzip als objektives Instrument unmittelbar eine Zurückhaltung des Staates und mittelbar eine Beteiligung der Religionsgemeinschaften gebietet.

2. Militärseelsorge

Die Militärseelsorge weist einige Parallelen zur Gefängnisseelsorge auf.

a) Rechtsquellen

Die Organisation des Militärs und damit auch der Militärseelsorge liegt maßgeblich in den Händen der Regierung, die besondere diesbezügliche Befugnisse der Krone, sogenannte *prerogative powers*, für diese ausübt[926]. Auf der Basis der *prerogative powers* erlässt die Regierung als Dienstanweisungen getrennt für die drei Teilstreitkräfte die detailfreudigen *Queen's Regulations*. Darin wird auch die Militärseelsorge ausgestaltet. Die Bindung an den Human Rights Act 1998 und grundsätzlich auch die Geltung der

---

926 *Rivers*, Organized Religions (Fn. 60), S. 208 m.w.N. Zu den *prerogative powers* siehe *Tomkins*, Executive Power (Fn. 314), S. 24 f.

einschlägigen Antidiskriminierungsgesetze bestehen hierbei fort[927]. Hinzu kommen Parlamentsgesetze, die (auch) Teilaspekte der Militärseelsorge betreffen[928]. Die Militärseelsorge der drei Teilstreitkräfte ist separat aufgebaut und folgt jeweils eigenen Regeln. Dabei gibt es aber viele Parallelen bis hin zu Regelungen, die besonders gekennzeichnet sind, weil sie für alle Teilstreitkräfte gelten und nur einheitlich geändert werden können[929].

b) Struktur der Militärseelsorge

Die Militärseelsorge hat ihre eigene Hierarchie. In Heer und *Royal Air Force* haben die *chaplains* verschiedene Dienstgrade, die militärischen Rängen entsprechen und sie in die Kommandostruktur einordnen, ohne dass die *chaplains* ihrerseits Befehlsgewalt hätten[930]. In der *Navy* haben die *chaplains* keinen Rang, sie werden aber bereichsspezifisch teilweise in die Hierarchie und Kommandostruktur eingeordnet[931]. Als Offiziere werden die *chaplains* vom Staat besoldet[932]. In geistlicher Hinsicht unterstehen die *chaplains* allerdings ihrer jeweiligen Kirche[933]. Für nicht-christliche Religionsgemeinschaften fehlt eine entsprechende Regelung.

Die Leitung der Seelsorge hat in der Marine der *Director General* mit der historischen Amtsbezeichnung *Chaplain of the Fleet* inne. Im Heer führt der *Chaplain General* die Seelsorge. Er hat den Rang eines *Major General*[934]. In den Luftstreitkräften ist es der *Chaplain-in-Chief* mit dem Rang eines

927 Human Rights Act 1998, s. 22 (5); Equality Act 2006, s. 52; Equality (Religion or Belief) Regulations 2003, reg. 36 (2) (c); siehe *Rivers*, Organized Religions (Fn. 60), S. 208.

928 Der Army Chaplains Act 1868, der Armed Forces Act 2006, der Foreign Marriage Act 1892 etc.

929 Der Buchstabe „J“ vor der Einzelregelung weist darauf hin, dass dies für die jeweilige Regelung gilt, siehe The Queen's Regulations fort he Army Preface (4).

930 The Queen's Regulations for the Royal Air Force 114 (1); The Queen's Regulations for the Army 2.034 und 5.274 (c) und (d).

931 Armed Forces Act 2006, s. 371; Armed Forces (Naval Chaplains) Regulations 2009/826.

932 *Doe*, Law and Religion (Fn. 5), S. 209.

933 The Queen's Regulations for the Royal Air Force J839 (2) (e); The Queen's Regulations for the Army 5.274 (c) (d). Laut *Doe* unterstehen die Seelsorger in geistlicher Hinsicht den Instanzen, die sie vorgeschlagen haben, also im Fall der *Church of England* dem jeweiligen Bischof, im Fall der *Church of Scotland* dem *Committee for Chaplaincy to HM Forces*, *ders.*, Law and Religion (Fn. 5), S. 210.

934 The Queen's Regulations for the Army 2.034.

Air Vice-Marshal[935]. Es ist nicht ausdrücklich geregelt, aber der *Chaplain General* scheint grundsätzlich der *Church of England* zugehörig sein zu müssen. Dies zeigt sich daran, dass für die Zuweisung von Seelsorgern zu den verschiedenen Einheiten und Einrichtungen der *Chaplain General* oder der *Principal Roman Catholic General* zuständig sind. Die besondere Erwähnung eines katholischen Seelsorgers in bedeutender Position zeigt, dass der *Chaplain General* zumindest grundsätzlich nicht katholisch ist und damit wohl der *Church of England* zugehörig sein muss. Dies passt auch mit der Rolle zusammen, die der *Chaplain General* einnimmt, denn er soll – ganz dem Konzept der *established church* – für alle Religionsgemeinschaften sprechen[936]. Der *Chaplain-in-Chief* ist Leiter der christlichen Seelsorge und damit der ganzen Seelsorge in der *Royal Air Force*[937]. In konfessionellen Fragen unterstützen ihn die christlichen *Principal Chaplains*, denen die übrigen *chaplains* der jeweiligen Konfession unterstehen[938].

Die *chaplains* werden im Namen der Königin ernannt[939]. Fehlen *Commissioned Chaplains*, können auch Zivilisten als *Officiating Chaplains* eingesetzt werden[940]. Nach dem Gesetz können nur christliche Seelsorger zu *Commissioned Chaplains* im Namen der Königin ernannt werden[941]. Außerdem werden ein jüdischer *Officiating Chaplain* und je ein *Civilian Chaplain to the Military* für jede der fünf anerkannten Weltreligionen (*Recognised World Faiths*) durch den MOD ernannt[942]. Diese fünf anerkannten Weltreligionen sind: Der Buddhismus, der Hinduismus, das Judentum, der Islam und der Sikhismus[943]. Soweit möglich, werden in der *Royal Air Force* Seelsorger als *Officiating Chaplains* oder *Civil Chaplains* berufen, um für insgesamt acht Gruppen die Seelsorge zu übernehmen[944]. Die genannten nicht-christlichen Religionen und die römisch-katholische Kirche sind hierbei einzelne Gruppen. Die *Church of England* und andere anglikanische

---

935 *Rivers*, Organized Religions (Fn. 60), S. 209 f.

936 Beispielsweise ist der *Chaplain General* ist Ansprechpartner, wenn es um die Frage geht, welche nicht-christlichen Feiertage in den Dienstplänen berücksichtigt werden sollen, The Queen's Regulations for the Army J5.018.

937 The Queen's Regulations for the Royal Air Force J839 (2) (a).

938 The Queen's Regulations for the Royal Air Force J839 (2) (a), (b).

939 The Queen's Regulations for the Army J5.261.

940 The Queen's Regulations for the Army J5.261.

941 The Queen's Regulations for the Royal Air Force J837 (1).

942 The Queen's Regulations for the Royal Air Force J837 (6).

943 The Queen's Regulations for the Royal Air Force J837 (6). Nach dem Wortlaut ergibt sich eine doppelte Berücksichtigung des jüdischen Glaubens.

944 Die Gruppe werden ausdifferenziert in The Queen's Regulations for the Royal Air Force J839 (1).

Richtungen bilden eine Gruppe. Eine weitere ist so divers gefasst, dass sie die *Church of Scotland*, die Heilsarmee und alle Freikirchen verbindet. Ein Seelsorger ist also meistens für mehrere Konfessionen, zum Teil sogar in sehr breiter Fächerung, zuständig.

c) Aufgaben und Zweck der Seelsorge

Die Aufgaben der Seelsorger sind für die verschiedenen Teilstreitkräfte parallel geregelt. Die *Commissioned Chaplains* haben die Aufgabe, Gottesdienste und andere religiöse Handlungen für die Angehörigen der Streitkräfte und ihrer Familien durchzuführen[945]. Dies gilt unabhängig davon, welcher Konfession die Soldaten angehören oder ob sie bei der Erfragung der Religionszugehörigkeit erklärt haben, keine Konfession zu haben[946]. Interessanterweise ist festgelegt, dass die *Commissioned Chaplains* und *Officiating Chaplains* ihrem *Commanding Officer* gegenüber dafür verantwortlich sind, Gottesdienst und Seelsorge nach den Glaubenslehren und -praktiken ihrer jeweiligen Kirche durchzuführen[947]. Neben dieser Ermöglichung der Religionsausübung soll die Militärseelsorge aus staatlicher Sicht noch weitere Ziele verfolgen. Das *Royal Army Chaplain's Department* soll sich etwa um das geistliche und moralische Wohl der gesamten militärischen Gemeinschaft kümmern[948]. In den *Queens's Regulations* für das Heer ist außerdem Religionsunterricht *(religious instruction)* für junge Soldaten vorgesehen[949]. Er besteht aus Stunden bei den *chaplains* und darüber hinaus teilweise *character training*[950]. Die Teilnahme an den anzubietenden Stunden ist für die Soldaten aber freiwillig, sie werden lediglich dazu ermuntert[951].

Durchgehend wird Religion als solcher ein besonderer Wert beigemessen. Beispielsweise wird der „andächtigen Befolgung“ von Religion in den

945 The Queen's Regulations for the Army J5.261; The Queen's Regulations for the Royal Air Force J837 (1).
946 The Queen's Regulations for the Royal Air Force J837 (1).
947 The Queen's Regulations for the Royal Air Force J840 (1). Für den Fall, dass mehrere Seelsorger einer Konfession auf einer Basis sind, ist der höchstrangige Chaplain für alle gemeinsam verantwortlich, The Queen's Regulations for the Royal Air Force J840 (3).
948 The Queen's Regulations for the Army Annex B/4.
949 The Queen's Regulations for the Army J5.269.
950 The Queen's Regulations for the Army J5.270.
951 The Queen's Regulations for the Army J5.270.

Dienstanweisungen größte Bedeutung beigemessen[952]. Dementsprechend sollen auch die befehlshabenden Offiziere ihre Untergebenen hierzu ermuntern und selbst ein gutes Beispiel abgeben[953]. Es gibt allerdings auch Bestimmungen, die die Religionsfreiheit der Soldaten in diesem Zusammenhang schützen sollen. So darf niemand gezwungen werden, gegen seinen Willen an Gottesdiensten teilzunehmen[954]. Außerdem sollen die Bedürfnisse nicht-christlicher „offiziell anerkannter religiöser Minderheiten" wohlwollend berücksichtigt werden[955]. Entsprechend der Auslegungsregeln des Human Rights Act muss diese Vorschrift so ausgelegt werden, dass auch Weltanschauungsgemeinschaften eingeschlossen sind[956]. Für die Seelsorge jüdischer Soldaten muss bei Bedarf Sorge getragen werden[957]. Bei Eintritt in die Streitkräfte wird um die freiwillige Erklärung der Religionszugehörigkeit gebeten[958]. Die entsprechende Liste wird auf Anfrage dem zuständigen *chaplain* zur Verfügung gestellt[959]. Finden Gottesdienste zu besonderen Anlässen mit mehreren Konfessionen gemeinsam statt, geschieht dies ausschließlich im Einvernehmen mit den zuständigen *chaplains*[960].

d) Mitbestimmung und Selbstbestimmung der Religionsgemeinschaften

In der Literatur wird eine Beteiligung der Religionsgemeinschaften an der Auswahl von *chaplains* beschrieben. An der Ernennung von Seelsorgern wirken die Religionsgemeinschaften in der Praxis insofern mit, als dass

---

952 Queen's Regulations for the Royal Navy J.751; The Queen's Regulations for the Army J5.262; The Queen's Regulations for the Royal Air Force J837 (2).

953 The Queen's Regulations for the Army J5.263; The Queen's Regulations for the Royal Air Force J837 (3).

954 The Queen's Regulations for the Royal Air Force J837 (5); The Queen's Regulations for the Army J5.264. Bei unter 17-jährigen Soldaten gilt eine Ausnahme, sie können verpflichtet werden, an Gottesdiensten ihrer Konfession teilnzunehmen, The Queen's Regulations for the Army J5.264.

955 *„Sympathetic consideration is to be given to the needs of officially recognized religious minorities who do not profess the Christian faith"*, The Queen's Regulations for the Army J5.264.

956 Human Rights Act 1998 s. 3 i.V.m. Human Rights Act 1998 sch. 1 s. 9 und 14.

957 The Queen's Regulations for the Army 5.267.

958 Queen's Regulations for the Royal Navy J.7501 (4); The Queen's Regulations for the Royal Air Force J837 (4); The Queen's Regulations for the Army J5.271.

959 The Queen's Regulations for the Army 5.273.

960 The Queen's Regulations for the Army 5.268 lit. d.

ihre Organe oder aus ihnen hervorgehende Gremien die Seelsorger vorschlagen[961]. Daneben soll es erforderlich sein, dass der ranghöchste Seelsorger der jeweiligen Teilstreitkraft eine Empfehlung für den jeweiligen Seelsorger ausspricht[962]. Hierzu finden sich allerdings keine verbindlichen Regelungen. Allerdings sprechen schon praktische Gründe dafür, die Religionsgemeinschaften einzubinden. Hierzu gehört insbesondere die fehlende Befähigung des Staates, über die Geeignetheit eines Bewerbers nach religiösen Gesichtspunkten zu entscheiden. Dementsprechend könnte die Entscheidung für einen bestimmten Seelsorger als *unreasonable* unrechtmäßig sein, wenn kein tauglicher Experte für die jeweilige Religion hinzugezogen worden ist und die Überzeugungen des Seelsorgers den religiösen Grundsätzen der Konfession, die er betreuen soll, grundlegend widersprechen. Die gerichtliche Überprüfung entsprechender Verwaltungsentscheidungen ist möglich geworden, seit die *judicial review* auch auf staatliche Handlungen auf Basis von *prerogative powers* ausgedehnt worden ist[963]. Bisher hat es allerdings kein entsprechendes Urteil gegeben.

Teilweise greift die staatliche Organisation der Militärseelsorge in Bereiche der *religious group autonomy* ein. Besonders stark ist, naturgemäß möchte man sagen, die *Church of England* betroffen. Beispielsweise wird im Army Chaplains Act 1868 dem zuständigen Minister die Befugnis erteilt, militärische Bereiche innerhalb von Diözesen und Gemeinden zu einem gemeindefreien Gebiet zu erklären[964]. Durch *Order in Council* können solche Gebiete dann der ausschließlichen Zuständigkeit eines bestimmten Bischofs zugeschlagen werden[965]. Das Gesetz betont, dass sich daraus keine Folgen für die Militärseelsorge der *Church of Scotland* ergeben[966]. Wir wollen hier keineswegs zu weit ins Kirchenrecht abschweifen. Deutlich wird aber, wie weit die Strukturen der *established church* reichen, wenn man einmal den Blick auf die konkreteren Regelungen lenkt. Zwar ist das erwähnte Gesetz alt, aber es ist bis heute in Kraft. Es ermächtigt staatliche Organe dazu, den geographischen Zuschnitt von kirchlichen Verwaltungs-

961 Im Fall der *Church of England* ist das der zuständige Bischof, bei der *Church of Scotland* das *Committee for Chaplaincy to HM Forces*, *Doe,* Law and Religion (Fn. 5), S. 207 Fn. 186.

962 So zumindest *Doe,* Law and Religion (Fn. 5), S. 210.

963 Zur Ausweitung der gerichtlichen Kontrollbefugnisse auf die *prerogative powers* siehe *Sydow,* Parlamentssuprematie (Fn. 240), S. 75 ff.

964 Army Chaplains Act 1868, s. 4. Siehe auch *Rivers,* Organized Religions (Fn. 60), S. 212.

965 Army Chaplains Act 1868, s. 9.

966 Army Chaplains Act 1868, s. 10.

einheiten zu verändern. Das ist keine Bagatelle, sondern eine erhebliche Einmischung in die inneren Angelegenheiten der kirchlichen Verwaltung. Jedenfalls müsste man es so sehen, wenn die *Church of England* ihre Angelegenheiten selbst regeln könnte. Ihre Synode übt aber schließlich nur die vom Parlament auf sie delegierten Befugnisse aus. Man muss daher die national-religionsverfassungsrechtliche und die international-menschenrechtliche Ebene gut unterscheiden. Vom ersteren Standpunkt aus betrachtet ist der Umgang mit der *Church of England* in der Militärseelsorge nur konsequent und eine korrekte Aufgabenzuweisung. Von letzterem Standpunkt her gesehen könnte man in der gesetzlichen Regelung eine Beeinträchtigung der korporativen Religionsfreiheit ausmachen, die wir aber nicht vorschnell für konventionswidrig erklären sollten, da in der Praxis eine Beteiligung der Organe der *Church of England* in der Praxis durchaus üblich sein dürfte.

3. Krankenhausseelsorge

Es gibt keine Norm, die die Krankenhausseelsorge explizit gewährleisten würde. Teilweise wird diskutiert, eine entsprechende Pflicht aus allgemeineren Regelungen herzuleiten, die den Gesundheitsminister und den *National Health Service* (NHS) verpflichten, ganzheitlich für das Wohl der Kranken zu sorgen[967]. Vor diesem Hintergrund ist wenig überraschend, dass auch die Rahmenbedingungen der Krankenhausseelsorge nicht gesetzlich geregelt sind, obwohl sie flächendeckend verbreitet ist. Die Zusammenarbeit zwischen Staat und Seelsorgern wird lokal vereinbart. Es gibt keine grundlegenden vertraglichen Beziehungen zwischen dem nationalen Gesundheitsversorger *National Health Service* (NHS) und den Religionsgemeinschaften, die die Seelsorger stellen[968]. Als staatliche Behörde ist der NHS den Menschenrechten des Human Rights Act verpflichtet. Da im Krankenhaus nicht solche Sicherheitsanforderungen wie im Gefängnis und im Militär gelten, kann es mit Blick auf die Gewährleistung der

---

967 So *Rivers*, Organized Religions (Fn. 60), S. 223.

968 Die lokale Zusammenarbeit und der Austausch mit Religionsgemeinschaften vor Ort wird lediglich empfohlen, siehe die entsprechenden Richtlinien des *NHS England*, NHS Chaplaincy Guidelines 2015: Promoting Excellence in Pastoral, Spiritual & Religious Care, S. 11 und 13, zu finden unter https://www.england.nhs.uk/wp-content/uploads/2015/03/nhs-chaplaincy-guidelines-2015.pdf (zuletzt eingesehen am 17.8.2021).

Religionsfreiheit im Human Rights Act *unreasonable* sein, wenn einem Seelsorger der Zutritt zum Krankenhaus verweigert wird[969].

C. Vergleichende Zusammenfassung

Im deutschen Religionsverfassungsrecht wird die Anstaltsseelsorge durch zwei Ansatzpunkte gesichert. Zum einen ist der Staat verpflichtet, die Rahmenbedingungen für eine funktionierende Seelsorge zu schaffen, um den Anstaltsunterworfenen die Religionsausübung zu ermöglichen. Zum anderen haben die Religionsgemeinschaften das Recht auf Zugang zu öffentlichen Einrichtungen, um dort Seelsorge zu betreiben und Gottesdienste zu feiern. Die objektiv-rechtliche Pflicht und der subjektiv-rechtliche Anspruch wirken zusammen. Entscheidend für das Zugangsrecht ist, dass es sich beim Anspruchssteller um eine Religionsgemeinschaft im verfassungsrechtlichen Sinne handelt.

Auch im englischen Verfassungsrecht wird der Zugang zu Anstalten als Teil der kollektiven Religionsfreiheit diskutiert und zwar, weil er Voraussetzung für die Aufrechterhaltung des gemeinschaftlichen religiösen Lebens mit den Anstaltsunterworfenen sein kann. Daraus wird aber kein durchsetzbares subjektives Recht der Religionsgemeinschaften auf Zugang zu staatlichen Anstalten abgeleitet. Vielmehr ergibt sich hieraus, vor allem aber aus der durch die Bedingungen erschwerten Religionsausübung der Anstaltsinsassen, eine objektiv-rechtliche Pflicht des Staates, die Seelsorge in seinen Anstalten bis zu einem gewissen Grad zu ermöglichen. Die Menschenrechte sind allerdings nicht die Wurzel der englischen Seelsorge, sondern ein neueres Regelungsregime, das bei der Aufrechterhaltung und Weiterentwicklung der Anstaltsseelsorge neben anderen Regeln für rechtmäßiges Verwaltungshandeln beachtet werden muss. Dementsprechend ist der vorgesehene Zweck der Anstaltsseelsorge auch nicht auf die Ermöglichung der Religionsausübung begrenzt. Beispielsweise haben englische Gefängnisseelsorger auch Aufgaben in der Resozialisierung von Strafgefangenen. Statt abstrakter Prinzipien prägen bereichsspezifische Regelungen die Anstaltsseelsorge, die von praktischen Erwägungen geleitet sind. Hierbei ist der Staat aber nicht völlig frei, sondern sowohl an den Human Rights Act als auch – wichtiger noch – an die allgemeinen Grundsätze für rechtmäßiges Verwaltungshandeln gebunden. Daher kann die zuständige Behörde nicht einfach willkürlich eine Gemeinschaft übergehen, sondern

969 *Rivers*, Organized Religions (Fn. 60), S. 223.

muss für jede Religions- und Weltanschauungsgemeinschaft Seelsorger bestellen, soweit ein entsprechender Bedarf vorhanden ist.

Obwohl die Gemeinschaften dem staatlichen Tun und Unterlassen in beiden Fällen nicht machtlos gegenüberstehen, sollte man nicht verkennen, dass damit keine Ergebnisgleichheit zwischen dem englischen und dem deutschen Ansatz herrscht. Als einziger Akteur hat die englische Verwaltung ein gewisses Ermessen in der Frage, wie sie die ihr zufallenden Aufgaben erfüllt. Darüberhinaus wird nicht alles, was aus deutscher Sicht klar religionsverfassungsrechtliche Fragen aufwerfen würde, auch in England als juristisches Problem betrachtet. Der Gedanke, dass es innerhalb von Religionsgemeinschaften eine Lehrautorität über Glaubenssätze gibt, die staatlicherseits nicht beeinträchtigt werden darf, ist für englische Juristen eher fernliegend. Der Staat erkennt zwar an, dass er in religiösen Fragen nicht kompetent ist. Die Folge ist aber, dass die Gerichte eine Angelegenheit im Zweifel für *non-justiciable* erklären, statt die Entscheidung über die Vereinbarkeit einer bestimmten Position mit religiösen Lehren einer religionsgemeinschaftlichen Autorität anzuvertrauen. In der Folge ist es beispielsweise äußerst zweifelhaft, ob es gelingen würde, gegen die Zusammenfassung mehrerer Konfessionen unter einem Seelsorger vorzugehen, wie es in der Militärseelsorge vorgesehen ist. Es erscheint kaum wahrscheinlich, dass eine der dadurch betroffenen Religionsgemeinschaften Erfolg darin hätte, die Bestellung eines eigenen Seelsorgers zu erreichen, da der Bedarf aus staatlicher Sicht bereits gedeckt ist und die Gerichte sich kaum dazu in der Lage fühlen dürften zu beurteilen, ob die Glaubensunterschiede zwischen den Konfessionen für eine gemeinsame Versorgung tatsächlich zu groß sind. Die Selbstbestimmung der Religionsgemeinschaften spielt in der rechtswissenschaftlichen Diskussion keine Rolle. Denn es ist kein entsprechendes Abwehrrecht anerkannt, mit dem eine Einmischung des Staates in eigene Angelegenheiten, wozu aus deutscher Sicht auch die Besetzung eines Seelsorgepostens zählen würde, verhindert werde könnte. Die korporative Religionsfreiheit ist ebenfalls nach englischem Verständnis nicht berührt, weil es ausnahmslos um rein staatliche Ämter geht. Hier wird die schwache Position der Religionsgemeinschaften deutlich.

Betont werden muss allerdings auch, dass sich der englische Staat darum bemüht, eine möglichst große Rücksicht auf religiöse Gebote zu nehmen, wie bereits in den Gesetzestexten zu den Anstalten deutlich wird. Hierzu bezieht der Staat religiöse Vertreter ein, um sich ihre Kompetenz in religiösen Fragen bei der Erfüllung seiner Aufgaben und Pflichten zunutze zu machen, eine Kompetenz, die ihm selbst abgeht. Die Position dieser

Vertreter kann, wie im Fall der für die Gefängnisseelsorge tätigen *Faith Advisers*, ausgesprochen machtvoll sein. Es ist allerdings nicht geregelt, wie diese *Faith Adviser* bestellt werden. Es gibt in dem Sinne keine Mitwirkungsrechte der Religionsgemeinschaften, allerdings wird eine Beziehung der Gemeinschaften in der Praxis üblich sein, um eine völlig willkürliche und verwaltungsrechtlich unhaltbare Entscheidung des Staates für einen ungeeigneten Vertreter zu vermeiden. Inwieweit in der Anstaltsseelsorge eine Kooperation zwischen Staat und Religionsgemeinschaften stattfindet, wird vom englischen Staat also einseitig entschieden[970]. Es kann für ihn lediglich geboten sein zu kooperieren. Im Ergebnis gibt es kein Recht der Religionsgemeinschaften auf Beteiligung an der Anstaltsseelsorge, sondern nur die Möglichkeit, unhaltbare Verwaltungsentscheidungen gegen eine Zusammenarbeit anzugreifen. Unüblich sind daher auch vertragliche Beziehungen zwischen den Religionsgemeinschaften und dem englischen Staat, etwa in Form von Kirchenverträgen oder Konkordaten, in denen die Anstaltsseelsorge ausgestaltet wird. In England geschieht die Berufung von Anstaltsseelsorgern außer in der Krankenhausseelsorge vielmehr auf der Basis von Gesetzen und untergesetzlichen Vorschriften. Teilweise sind die Religionsgemeinschaften an der Berufung von Seelsorgern beteiligt, allerdings findet auch diese Zusammenarbeit keinen Niederschlag in den einschlägigen Vorschriften. Vertragliche Beziehungen bestehen indes auch nur zwischen dem jeweiligen staatlichen Organ und dem Seelsorger selbst, der beim Staat angestellt ist bzw. durch ihn beauftragt wird.

Die Zusammenarbeit mit den Religionsgemeinschaften in der Anstaltsseelsorge gestaltet sich in Deutschland ganz anders. Der deutsche Staat versucht nicht wie der englische, durch die Einbeziehung von religiösen Vertretern lediglich Fehlentscheidungen bei der Besetzung von Seelsorgerpositionen zu vermeiden, sondern überlässt den Religionsgemeinschaften einen großen Teil der Verantwortung und trennt weitestgehend zwischen ihren und seinen Aufgabenbereichen. Dazu ist er aufgrund seiner religiös-weltanschaulichen Neutralität und des Selbstbestimmungsrechts der Religionsgemeinschaften verpflichtet. Verträge bilden die Basis für die Zusammenarbeit. Ihre Entstehung ist in der Regel langwierig und stößt teilweise auf das praktische Problem, das neuere Religionsgemeinschaften keine kirchenähnlichen Strukturen haben. Damit ist das deutsche eventuell etwas schwerfälliger als das englische System, aber deutlich mehr um die Berücksichtigung der Rechte der Religionsgemeinschaften und die Wahrung der Neutralität bemüht. Dies gilt, obwohl die Anstaltsseelsorger

970 So auch *Mückl*, Europäisierung (Fn. 5), S. 119.

teilweise staatliche Beamte sind. Trotz ihrer Beamtenstellung sind die Seelsorger aber nicht umfassend weisungsgebunden, sondern unterstehen in religiösen Angelegenheiten ihrer Kirche. Dies wiederum läuft in England weitgehend parallel. In beiden Ländern werden im Ergebnis die Seelsorger recht eng in die Anstaltsverwaltung eingebunden, haben dabei aber immer einen geschützten Sonderstatus.

Die Strukturen der *established church* sind in der englischen Anstaltsseelsorg weiterhin gut zu erkennen. Das gilt für den Verwaltungsaufbau der *chaplaincies* und die gesetzliche Unterscheidung zwischen anglikanischen und nicht-anglikanischen Seelsorgern, weniger aber für die geistliche Versorgung der Anstaltsunterworfenen, bei der grundsätzlich jeder von Seelsorgern seiner Konfession betreut wird. Der anglikanische *chaplain* ist nach der Grundkonzeption für die Verwaltungsaufgaben der Anstaltsseelsorge verantwortlich, hat eine Ersatzzuständigkeit, wenn ein passender Seelsorger fehlt, und soll für alle Seelsorger sprechen können. Die Praxis weicht hiervon allerdings oft ab, indem sie Bezeichnung und Aufgaben der anglikanischen *chaplains* auf Seelsorger anderer Konfessionen überträgt. In der Ausdehnung der Anstaltsseelsorge auf andere Religionsgemeinschaften wird zum Teil ein „*expanding establishment*" gesehen, also eine Ausdehnung des Konzepts der *established church*[971]. hat in den Gesetzen bisher aber keinen Niederschlag gefunden. Eine Entwicklung hin zur Ablösung der Sonderstellung der anglikanischen Kirche erscheint vielen vor dem Hintergrund einer gerade in den Gefängnissen immer pluraleren religiösen Zusammensetzung der Bevölkerung geboten. In beiden Staaten zeigen sich die Herausforderungen, die historisch gewachsenen Strukturen der Anstaltsseelsorge mit einer immer pluraleren Gesellschaft in Einklang zu bringen.

---

971 So *Rivers*, Organized Religions (Fn. 60), S. 208.

Dritter Teil: Schlussfolgerungen

Die ergebnisoffene Beschäftigung mit dem englischen Religionsverfassungsrecht fördert auch jenseits der von der Existenz der *established church* geprägten Elemente, die in der Tat durchaus interessant sind, Faszinierendes zu Tage: Es handelt sich um ein Religionsverfassungsrecht, in dem Religionsgemeinschaften beinahe unsichtbar sind. Besonders zeigt sich dies im Religionsunterricht und der Anstaltsseelsorge, Aufgaben, deren Erfüllung nach dem deutschen Grundgesetz ohne die Mitwirkung von Religionsgemeinschaften nicht möglich ist.

Das Europarecht macht wenig Vorgaben für die Kooperation zwischen Staat und Religionsgemeinschaften. In England sind seine möglichen Auswirkungen hierauf und die Rechtsstellung der Religionsgemeinschaften generell noch einmal deutlich geringer als in Deutschland. Der EGMR ist durch die stete Gewährung einer *margin of appreciation* noch recht zurückhaltend in seiner Einflussnahme auf das Religionsverfassungsrecht der Signatarstaaten und nach seinem Austritt gilt das Recht der Europäischen Union für das Vereinigte Königreich nicht mehr. Auch ohne den *Brexit* wären die Spannungen zwischen dem Recht der Europäischen Union und dem englischen Religionsverfassungsrecht aber wohl überschaubar. Die Urteile des EuGH, die in Deutschland für so viel Aufsehen gesorgt haben, weil sie von einer vorrangig individuellen Konzeption der Religionsfreiheit ausgehen und das in Deutschland so bedeutende korporative Selbstbestimmungsrecht der Religionsgemeinschaften zurückstellen, sind aus englischer Perspektive kaum bemerkenswert. Denn auch in England wird die Religionsfreiheit weniger als korporatives, denn als individuelles und kollektives Recht verstanden. Anders als in Deutschland sind mit der Einordnung als Religionsgemeinschaft auch keine besonderen Rechte verbunden, die nur Religionsgemeinschaften zustehen und insbesondere die Kooperation mit dem Staat in Religionsunterricht und Anstaltsseelsorge ermöglichen. In England sind Religionsgemeinschaften nur eine Bündelung von Einzelpersonen mit individuellen Rechten. Es gibt schon keinen feststehenden Rechtsbegriff für Religionsgemeinschaften, geschweige denn ein so klar wie im deutschen Recht umrissenes, durch höchstrichterliche Rechtsprechung und die Rechtswissenschaft gefestigtes Bild dessen, was eine Religionsgemeinschaft ausmacht. Religionsgemeinschaften als solchen steht in England auch keine besondere Rechtsform zu. Sie werden als zivilrechtliche Vereinigungen verstanden und wie diese behandelt. Nehmen sie keine Rechtsform an, können sie als uneingetragener Verein gelten, ansonsten stehen ihnen viele Rechtsformen des Zivilrechts offen.

Ein eigenständiges Selbstbestimmungsrecht der Religionsgemeinschaften existiert im englischen Recht – vor diesem Hintergrund wenig überraschend – nicht. Zwar wird der Begriff der *religious group autonomy* oder *church autonomy* durchaus in der englischen Rechtswissenschaft verwendet, er meint aber etwas anderes als das deutsche Selbstbestimmungsrecht und hat gänzlich andere Wirkungen. Erstens handelt es sich dabei um kein Selbstbestimmungs*recht*. *Religious group autonomy* ist kein subjektives Recht der Religionsgemeinschaften, sondern ein Zustand, der weder subjektiv- noch objektivrechtlich besonders geschützt wird. Zweitens steht die *religious group autonomy* den Religionsgemeinschaften nicht originär zu, wie es das deutsche Selbstbestimmungsrecht tut. Vielmehr leitet sie sich aus der Vereinigungsfreiheit der individuellen Personen ab, aus denen sich die Religionsgemeinschaft zusammensetzt. Drittens bedeutet sie auch inhaltlich etwas anderes, denn sie dient nicht der Trennung einer religionsgemeinschaftlich-internen von einer staatlichen Sphäre. Stattdessen besteht *religious group autonomy* dann, wenn die Gemeinschaft ihre inneren Angelegenheiten nach außen rechtswirksam regeln kann. Es gibt insofern zwar Parallelen zum deutschen Selbstbestimmungsrecht, die Stoßrichtung ist aber eine andere. Die *religious group autonomy* wirkt nicht als Abwehrrecht gegen Einmischung des Staates, sondern resultiert zum Beispiel daraus, dass ein Gericht der bei Gründung der Gemeinschaft beschlossenen auch religiösen Regeln Geltung verschafft, indem es das gegenwärtige Handeln der Gemeinschaft an ihnen misst. Bestimmungen über die Besetzung von religiösen Ämtern können etwa als Teil der Satzung des fingierten Vereins gedeutet werden, den die Religionsgemeinschaft darstellt. Interessanterweise spricht auch der EGMR nicht von einem Selbstbestimmungsrecht, sondern nur von einer Selbstbestimmung der Religionsgemeinschaften und leitet diese aus der Religionsfreiheit und Vereinigungsfreiheit her. Wenn der EGMR die Bedeutung der Selbstbestimmung der Religionsgemeinschaften hervorhebt, begründet er diese mit dem Schutz der individuellen Religionsfreiheit, der nur gewährleistet sei, wenn die Gemeinschaft einen gewissen Grad an Selbstbestimmung habe. Es gibt also Parallelen zwischen dem englischen Begriff der religionsgemeinschaftlichen Selbstbestimmung und der Rechtsprechung des EGMR. Objektivrechtlich wird der englische Staat durch kein Neutralitätsgebot gehindert, zu religiösen Fragen Stellung zu nehmen. Er hält sich aber selbst in diesem Bereich für nicht kompetent und übt eine freiwillige Selbstbeschränkung, die vor allem im Gedanken der *non-justiciability* zum Tragen kommt. Grundsätzlich mischen sich staatliche Gerichte nicht in die internen Angelegenheiten der Religionsgemeinschaften ein. Dies gilt allerdings nicht, wenn staatliches Recht berührt ist. Da interne Fragen beispielsweise zur Ämtervergabe oft Regeln betreffen, die Teil der „Satzung" des fingierten uneingetragenen Vereins sind, den eine Religionsgemeinschaft aus staatlicher Sicht darstellt, ist das Zivilrecht recht schnell betroffen. Auf jegliche Einmischung verzichtet der Staat aber, wenn er die Wertigkeit religiöser Aussagen beurteilen muss.

Die freiwillige Selbstbeschränkung des Staates hilft bei der Besetzung der Komitees zur Erarbeitung der Lehrpläne für den Religionsunterricht und der Einstellung von Anstaltsseelsorgern nicht weiter, denn hier geht nach dem bereichsspezifischen Recht die Initiative vom Staat aus. Anders als in Deutschland werden Religionsunterricht und Anstaltsseelsorge nämlich nicht durch korporative Rechte der Religionsgemeinschaften gesichert. Ohne deren Mitwirkung ist Religionsunterricht in Deutschland undenkbar, weil er als Bekenntnisunterricht konzipiert ist und der Staat aufgrund seiner religiös-weltanschaulichen Neutralität nicht selbst die Inhalte bestimmen kann. Voraussetzung für das Anbieten von Religionsunterricht nach dem Grundgesetz ist daher immer, dass eine Religionsgemeinschaft im verfassungsrechtlichen Sinne die inhaltliche Verantwortung übernimmt. Selbst wenn der Religionsunterricht religionskundlich ausgestaltet wäre, Religion also aus der Außenperspektive lehren würde, wäre eine inhaltliche Verantwortung des Staates eine Anfrage an dessen Neutralität, nicht zuletzt, weil die Erarbeitung des Lehrplans bereits eine Auswahl und Gewichtung voraussetzt. Entsprechenden Versuchen, die vor allem mit islamischer Religionskunde gemacht werden, kann man daher durchaus mit Skepsis begegnen. In England trägt aber der Staat die volle inhaltliche und organisatorische Verantwortung für den religionskundlichen Religionsunterricht. Er wird konfessionsübergreifend erteilt und ist wie in Deutschland ein Pflichtfach. Obwohl der englische Staat die inhaltliche Verantwortung trägt, bindet er religiöse Vertreter mit ein, denn er erkennt durchaus an, dass er in religiösen Fragen keine fachliche Expertise hat. Auch die Auswahl dieser religiösen Vertreter übernimmt aber der Staat. Sie werden nicht etwa durch die Religionsgemeinschaften benannt (mit Ausnahme der *Church of England*). Schon hierin zeigt sich das Fehlen eines Selbstbestimmungsrechts sehr deutlich. Die Mitwirkungsmöglichkeiten sind bereits dadurch begrenzt, dass die Vertreter bis auf die der *Church of England* alle in einem Komitee zusammengefasst sind, das nur eine einheitliche Entscheidung fällen kann. Das System, in dem Lehrpläne für den

Religionsunterricht entwickelt werden, ist bewusst auf Kompromisse aus, um den gesellschaftlichen Zusammenhal zu fördern. In Deutschland hingegen hat die Sicherstellung der Übereinstimmung zwischen den Inhalten des Religionsunterrichts und den Lehren des Religionsunterrichts größte Priorität. Art. 7 Abs. 3 GG, der dies vorschreibt, ist auch insofern eine besondere Ausprägung des Selbstbestimmungsrechts der Religionsgemeinschaften und des Neutralitätsgebots. In England läge selbst in gravierenden Abweichungen mangels Selbstbestimmungsrechts und Neutralitätsgebot kein juristisches Problem. Einzig das religiöse Erziehungsrecht der Eltern wirkt sich so aus, dass eine gewisse Pluralität bei den Inhalten des Religionsunterrichts gewährleistet sein muss.

Die Religionsgemeinschaften in Deutschland haben ein Grundrecht auf die Einführung von Religionsunterricht ihrer Konfession an öffentlichen Schulen, ein Recht, das nur durch verfassungsimmanente Schranken begrenzt ist. In England werden die Religionsgemeinschaften im bereichsspezifischen Recht noch nicht einmal erwähnt. Es ist nur von Vertretern der vor Ort vorhandenen Religionen die Rede. Ein Recht dieser Vertreter oder gar der Gemeinschaften, für die sie stehen, auf Mitwirkung in den den Religionsunterricht gestaltenden Gremien besteht nicht. Weder lässt es sich aus dem bereichsspezifischen Recht ableiten noch aus der Religionsfreiheit, denn die Mitwirkung in einem staatlichen Komitee ist kein Teil der Religionsausübung. Ein Selbstbestimmungsrecht der Religionsgemeinschaften existiert nicht. Rechtlicher Kontrolle kann deshalb allenfalls das Verfahren unterzogen werden, in dem die Schulbehörde eine Besetzungsentscheidung getroffen hat. Nur in gravierenden Fällen von Willkür dürfte einer Klage aber Erfolg beschieden sein.

Auch in der Anstaltsseelsorge erkennt der englische Staat an, dass ihm die nötige Fachkenntnis fehlt, um Fragen mit Bezug zu Glaubensüberzeugungen zu beantworten. Dementsprechend bedient er sich sogenannter *Faith Advisers,* die ihn in solchen Fragen beraten. Weder über die Person des *Faith Adviser* noch über die der Anstaltsseelsorger muss ein Einvernehmen mit den Religionsgemeinschaften hergestellt werden. Die korporative Ebene ist wie im Religionsunterricht fast vollkommen unsichtbar. Lediglich in einigen untergesetzlichen Vorschriften wird darauf hingewiesen, dass Anstaltsseelsorger der Beauftragung durch ihre Kirche bedürfen können, wobei hierin keine rechtlich bindende Regelung zu sehen ist. Dementsprechend bestehen vertragliche Beziehungen auch nur zwischen dem individuellen Seelsorger und der ihn einstellenden Behörde. In Deutschland ist die Anstaltsseelsorge hingegen wieder von einem subjektiven Recht der Religionsgemeinschaften bestimmt, das ihnen Zutritt zu öffentlichen Anstalten gewährt. Stets muss ein Einvernehmen der Religionsgemeinschaften mit der Person des Seelsorgers bestehen. Zwar sind die Seelsorger aufgrund der Gegebenheiten im Militär und Strafvollzug stark in die staatliche Organisationsstruktur eingegliedert, dies ist aber nur zulässig, soweit die im Grundgesetz nicht vorgesehene Durchbrechung des Neutralitätsgebots durch Güter von Verfassungsrang geboten ist. Entsprechende Erwägungen gibt es in England nicht.

Das deutsche Religionsverfassungsrecht verpflichtet den Staat einerseits durch die subjektiven Rechte der Religionsgemeinschaften auf Religionsunterricht an öffentlichen Schulen bzw. Zulassung in die öffentlichen Anstalten zur Seelsorge und das Selbstbestimmungsrecht der Religionsgemeinschaften und andererseits durch das objektiv-rechtliche Neutralitätsgebot zur arbeitsteiligen Kooperation mit den Religionsgemeinschaften. Die Aufgabenbereiche beider müssen dabei stets getrennt und unterscheidbar bleiben, zugleich müssen beide aufeinander Rücksicht nehmen. In England findet Kooperation zwar auch statt, sie ist aber keine Notwendigkeit. Religionsgemeinschaften sind keine formellen Kooperationspartner. Allenfalls religiöse Vertreter werden in Fragen mit Bezug zu religiösen Inhalten miteinbezogen, wobei nicht die Religionsgemeinschaften darüber bestimmen, wer Vertreter ihrer Konfession sein soll. Da kein Selbstbestimmungsrecht exisitiert, die Mitwirkung in staatlichen Gremien nicht der Religionsfreiheit zuzurechnen ist und der Staat an kein Neutralitätsgebot gebunden ist, regen sich gegen diese in Deutschland unvorstellbare Praxis kaum je rechtliche Bedenken.

Insgesamt hat sich deutlich gezeigt, dass die Einbettung der *Church of England* in den Staat bei weitem nicht die einzige Besonderheit des englischen Religionsverfassungsrechts ist. Die Betitelung als *established church* sagt ein wenig für die staatliche Zusammenarbeit mit der *Church of England* aus, aber kaum etwas für die Kooperation mit den anderen Religionsgemeinschaften. Überraschenderweise deckt sich der Rechtsstatus von Religionsgemeinschaften jenseits der *Church of England* als privaten Vereinigungen mit dem, was eher aus laizistischen Ländern bekannt ist. Korporative Rechte spielen in der Kooperation zwischen dem englischen Staat und religiösen Vereinigungen und auch sonst im englischen Religionsverfassungsrecht kaum eine Rolle. Überhaupt sind die untersuchten Bereiche des Religionsunterrichts und der Anstaltsseelsorge kaum von subjektiven Rechten, sondern eher von objektiven Pflichten dominiert, wobei auch letztere deutlich weniger stark ausgeprägt sind als in Deutschland. Während in Deutschland mit der grundgesetzlichen Religionsgemeinschaft ein Kooperationspartner vorgesehen ist, ohne den Religionsunterricht und

Anstaltsseelsorge undenkbar sind, bleiben die Religionsgemeinschaften in England in Religionsunterricht und Anstaltsseelsorge wie auch im Religionsverfassungsrecht generell unsichtbar. Das englische Religionsrecht legt den Schwerpunkt eindeutig auf die individuelle Ebene der Religionsfreiheit. Nur einige objektiv-rechtliche Pflichten in bereichsspezifischen Gesetzen und allgemeine verfahrensrechtliche Grundsätze sichern die Zusammenarbeit mit religiösen Vertretern in Religionsunterricht und Anstaltsseelsorge. Die bestehenden Kooperationsformen folgen eher Zweckmäßigkeitserwägungen, als dass sie verfassungsrechtlich geboten wären. Die ohnehin unbedeutendere Kooperation zwischen staatlichen und religiösen Organisationen oder eher Einzelvertretern ist damit deutlich schwächer gesichert als in Deutschland, das sowohl spezielle korporative Rechte für Religionsunterricht und Anstaltsseelsorge kennt als auch das Selbstbestimmungsrecht, eigenständige Rechte der Religionsgemeinschaften, die verfassungsrechtlichen Rang haben.

Literaturverzeichnis

Ahdar, Rex: Religious Group Autonomy, Gay Ordination, and Human Rights Law, in: Richard O'Dair/Andrew Lewis (Hrsg.), Law and Religion, Oxford 2001, S. 275–297.

Ahdar, Rex/Leigh, Ian: Religious Freedom in the Liberal Age, 2. Aufl. Oxford 2013.

Allan, Trevor R. S.: The Sovereignty of Law. Freedom, Constitution and Common Law, Oxford 2013.

Anger, Thorsten: Islam in der Schule. Rechtliche Wirkungen der Religionsfreiheit und der Gewissensfreiheit sowie des Staatskirchenrechts im öffentlichen Schulwesen, 2003.

Anschütz, Gerhard: Die Verfassung des Deutschen Reichs vom 11. August 1919. Ein Kommentar für Wissenschaft und Praxis, 14. Aufl. 1933.

Arden, Mary: Human Rights and European Law. Building New Legal Orders, Oxford 2015.

Beckford, James: Prison Chaplaincy in England and Wales – from Anglican Brokerage to a Multi-faith Approach, in: Matthias Koenig/Paul de Guchteneire (Hrsg.), Democracy and Human Rights in Multicultural Societies, Farnham 2007, S. 267–282.

Beckford, James/Cairns, Ilona: Muslim prison chaplains in Canada and Britain, in: The Sociological Review 63 (2015), S. 36–56.

Beckford, James/Gilliat, Sophie: Religion in Prison. Equal Rites in a Multi-Faith Society, Cambridge 1998.

Bielitz, Klaus: Kurzbegriffe zur Kennzeichnung des Verhältnisses von Staat und Kirche nach dem Grundgesetz, in: ZevKR 29 (1984), S. 103–111.

Bloss, Lasia: Cuius religio – EU ius regio? Komparative Betrachtung europäischer staatskirchenrechtlicher Systeme, status quo und Perspektiven eines europäischen Religionsverfassungsrechts, 2008.

Bock, Wolfgang: Islamischer Religionsunterricht oder Religionskunde? Zu ihren verfassungsrechtlichen Rahmenbedingungen, in: ders. (Hrsg.), Islamischer Religionsunterricht? Rechtsfragen, Länderberichte, Hintergründe, 2. Aufl. 2007, S. 3–32.

Bogdanor, Vernon: The Monarchy and the Constitution, Oxford 1997.

Bornemann, Elias: Die religiös-weltanschauliche Neutralität des Staates, 2020.

Borowski, Martin: Die Glaubens- und Gewissensfreiheit des Grundgesetzes, 2006.

Bradney, Anthony: Law and Faith in a Sceptical Age, Abingdon 2009.

Bradney, Anthony: Religion and Law in Great Britain at the End of the Second Christian Millenium, in: Peter Edge (Hrsg.), Law and Religion in Contemporary Society. Communities, Individualism and the State, Aldershot 2002, S. 17–30.

v. Busse, Franz-Georg: Gemeinsame Angelegenheiten von Staat und Kirche – Religionsunterricht – Kirchensteuer – Anstaltsseelsorge – Friedhofswesen – Theologische Fakultäten/Fachbereiche nach der Bayerischen Verfassung, 1978.

Calliess, Christian/Ruffert, Matthias (Hrsg.): EUV/AEUV. Das Verfassungsrecht der Europäischen Union mit Europäischer Grundrechtecharta. Kommentar, 5. Aufl. 2016.

v. Campenhausen, Axel Freiherr/de Wall, Heinrich: Staatskirchenrecht. Eine systematische Darstellung des Religionsverfassungsrechts in Deutschland und Europa, 4. Aufl. 2006.

Classen, Claus Dieter: Europarecht und Staatskirchenrecht, in: Dietrich Pirson/Wolfgang Rüfner/Michael Germann/Stefan Muckel (Hrsg.), Handbuch des Staatskirchenrechts der Bundesrepublik Deutschland, Bd. I, 3. Aufl. 2020, § 11 (S. 483–511).

Classen, Claus Dieter: Religionsrecht, 2. Aufl. 2015.

Corlazzoli, Claudia Maria: Religionsunterricht von kleineren Religionsgemeinschaften an öffentlichen Schulen in Deutschland, 2009.

Cranmer, Frank: Can church members have contractual rights? Aga v. Ethiopian Orthodox Church of Canada, Blogpost vom 16.3.2020 zu finden unter https://www.lawandreligionuk.com/2020/03/16/can-church-members-have-contractual-rights-aga-v-ethiopian-orthodox-church-of-canada/ (zuletzt eingesehen am 17.8.2021).

Cumper, Peter: The Participation of Religious Communities in Public Life. The British Perspective, in: C. Walter/A. v. Ungern-Sternberg (Hrsg.), Transformation of State and Church Relations in Great Britain and Germany, 2013, S. 189–207.

Cumper, Peter.: Religious Organisations and the Human Rights Act 1998, in: Peter Edge (Hrsg.), Law and Religion in Contemporary Society. Communities, Individualism and the State, Aldershot 2002.

Cumper, Peter: The Protection of Religious Rights under Section 13 of the Human Rights Act 1998, in Public Law 2000, Sum, S. 254–265.

Cumper, Peter: School Worship. Praying for Guidance, in: European Human Rights Law Review 3 (1998), S. 45–60.

Cumper, Peter/Ipgrave, Julia: Collective Worship in England, in: Peter Cumper/Alison Mawhinney (Hrsg.), Collective Worship and Religious Observance in Schools, Oxford 2018, S. 17–41.

Cumper, Peter/Mawhinney, Alison: Introduction: Collective Worship and Religious Observance in Context, in: ders./dies. (Hrsg.), Collective Worship and Religious Observance in Schools, Oxford 2018, S. 1–13.

Czermak, Gerhard/Hilgendorf, Eric: Religions- und Weltanschauungsrecht. Eine Einführung, 2. Aufl. 2018.

Dicey, Albert: Lecture V. The Rule of Law: Its Nature, in: ders. (Hrsg.), Lectures Introductory to the Study of the Law of the Constitution, London 1885, S. 167–216.

Dickson, Brice: Human Rights and the United Kingdom Supreme Court, Oxford 2013.

Doe, Norman: Law and Religion in Europe. A Comparative Introduction, Oxford 2011.

Doe, Norman: The Legal Framework of the Church of England. A Critical Study in a Comparative Context, Oxford 1996.

Doe, Norman/Nicholson, Joanne: Das Verhältnis von Gesellschaft, Staat und Kirche in Großbritannien, in: Burkhard Kämper/Michael Schlagheck (Hrsg.), Zwischen nationaler Identität und europäischer Harmonisierung. Zur Grundspannung des zukünftigen Verhältnisses von Gesellschaft, Staat und Kirche in Europa, 2002, S. 59–84.

Dreier, Horst: Staat ohne Gott, 2. Aufl. 2018.

Dreier, Horst: Religionsverfassung in 70 Jahren Grundgesetz – Rückblick und Ausblick, in: JZ 2019, S. 1005–1015.

Dreier, Horst (Hrsg.): Grundgesetz. Kommentar, 3 Bände; Bd. I: 3. Aufl. 2013; Bd. III: 3. Aufl. 2018.

Edge, Peter: Hard Law and Soft Power. Counter-Terrorism, the Power of Sacred Places, and the Establishment of an Anglican Islam, in: Rutgers Journal of Law and Religion 12 (2010), S. 358–382.

Edge, Peter: Legal Responses to Religious Difference, Den Haag 2002.

Edge, Peter: Religious Remnants in the Composition of the United Kingdom Parliament, in: Richard O'Dair/Andrew Lewis (Hrsg.), Law and Religion, Oxford 2001, S. 443–456.

Ehlers, Dirk: Problemstellungen des Vertragsstaatskirchenrechts, in: ZevKR 46 (2001), S. 286–318.

Eick-Wildgans, Susanne: Anstaltsseelsorge. Möglichkeiten und Grenzen des Zusammenwirkens von Staat und Kirche im Strafvollzug, 1993.

Elliott, Mark: The Principle of Parliamentary Sovereignty in Legal, Constitutional, and Political Perspective, in: Jeffrey Jowell/ Dawn Oliver/Colm O'Cinneide (Hrsg.), The Changing Constitution, Oxford 8. Aufl. 2015, S. 38–66.

Ennuschat, Jörg: Seelsorge in der Bundeswehr, in: Dietrich Pirson/Wolfgang Rüfner/Michael Germann/Stefan Muckel (Hrsg.), Handbuch des Staatskirchenrechts der Bundesrepublik Deutschland, Bd. II, 3. Aufl. 2020, § 54 (S. 2295–2327).

Ennuschat, Jörg: Militärseelsorge in Deutschland: Verfassungsrechtliche und rechtspolitische Perspektiven, in: ZevKR 64 (2019), S. 107–124.

Ennuschat, Jörg: Militärseelsorge. Verfassungs- und beamtenrechtliche Fragen der Kooperation von Staat und Kirche, 1996.

Epping, Volker/Hillgruber, Christian (Hrsg.): BeckOK Grundgesetz, 45. Edition, 15.11.2020

Ewing, Keith: The Futility of the Human Rights Act, in: Public Law 2004, Winter, S. 829–852.

Ewing, Keith./Tham, Joo-Cheong: The Continuing Futility of the Human Rights Act, in: Public Law 2008, Winter, S. 668–693.

Feldman, David: The Human Rights Act 1998 and Constitutional Principles, in: Legal Studies 19 (1999), S. 165–206.

Fischer, Erwin: Volkskirche ade! Trennung von Staat und Kirche. Die Gefährdung der Religions- und Weltanschauungsfreiheit in der Bundesrepublik Deutschland, 4. Aufl. 1993.

Foster, Steve: Human Rights & Civil Liberties, Harlow 2008.

Friedner, Lars: Staat und Kirche in Schweden, in: Gerhard Robbers (Hrsg.), Staat und Kirche in der Europäischen Union, 2. Aufl. 2005, S. 585–601.

Friedrich, Lutz: Vom Recht zur Berechtigung. Subjektivierung des Rechts und Überindividualisierung des Rechtsschutzes am Beispiel des „Grundrechts auf Sonntag", 2020.

Fröhlich, Almut: Von der Parlamentssouveränität zur Verfassungssouveränität. Der britische Verfassungswandel am Beispiel des Human Rights Act 1998, 2009.

Gartner, Barbara: Der religionsrechtliche Status islamischer und islamistischer Gemeinschaften, 2011.

Germann, Michael: Das System des Staatskirchenrechts in Deutschland, in: Dietrich Pirson/Wolfgang Rüfner/ders./Stefan Muckel (Hrsg.), Handbuch des Staatskirchenrechts der Bundesrepublik Deutschland, Bd. I, 3. Aufl. 2020, § 7 (S. 261–329).

Grabenwarter, Christoph/Pabel, Katharina: Europäische Menschenrechtskonvention. Ein Studienbuch, 6. Aufl. 2016.

Grabitz, Eberhard/Hilf, Meinhard/Nettesheim, Martin (Hrsg.): Das Recht der Europäischen Union, 3 Bände, Bd. I (Stand: August 2018).

Greiner, Stefan: Neuausrichtung des Kirchenarbeitsrechts durch den EuGH? Die Rechtssache Egenberger, in: jM 2018, S. 233–238.

Grzeszick, Bernd: Islamischer Religionsunterricht an öffentlichen Schulen. Ein paradigmatischer Testfall für die Zukunftsfähigkeit des organisatorischen Staatskirchenrechts, in: ZevKR 62 (2017), S. 362–388.

Grzeszick, Bernd: Verfassungstheoretische Grundlagen des Verhältnisses von Staat und Religion, in: Hans Michael Heinig/Christian Walter (Hrsg.), Staatskirchenrecht oder Religionsverfassungsrecht? Ein begriffspolitischer Grundsatzstreit, 2007, S. 131–152.

Hale, Brenda: UK Constitutionalism on the March?, in: Judicial Review 19 (2014), S. 201–209.

Harris, Neville: Education, Law and Diversity, Oxford 2007.

Harris, Neville: Equal Rights in Education in the UK (England), in: International Journal of Education Law and Policy 4 (2008), S. 4–15.

Harte, David: Defining the Legal Boundaries of Orthodoxy for Public and Private Religion in England, in: Richard O'Dair/Andrew Lewis (Hrsg.), Law and Religion, Oxford 2001, S. 471–495.

Harte, David: The Religious Dimension of the Educational Reform Act 1988, in: Ecclesiastical Law Journal 1 (1989), S. 32–52.

Häußler, Ulf: Rahmenbedingungen und Gestaltungsmöglichkeiten für die Einrichtung islamischen Religionsunterrichts, in: ZAR 2000, S. 255–264.

Heckel, Martin: Zur Zukunftsfähigkeit des deutschen Staatskirchenrechts oder Religionsverfassungsrechts, in: AöR 134 (2009), S. 309–390.

Heckel, Martin: Religionsfreiheit und Staatskirchenrecht in der Rechtsprechung des Bundesverfassungsgerichts (2001), in: ders. (Hrsg.), Gesammelte Schriften. Staat – Kirche – Recht – Geschichte, Bd. V, 2004, S. 303–346.

Heckel, Martin: Religionsunterricht für Muslime? Kulturelle Integration unter Wahrung religiöser Identität. Ein Beispiel für die komplementäre Natur der Religionsfreiheit, in: JZ 1999, S. 741–758.

Heimann, Hans Markus: Inhaltliche Grenzen islamischen Religionsunterrichts, in: NVwZ 2002, S. 935–942.

Heinig, Hans Michael: „Religionsgemeinschaft/Religionsgesellschaft": Herkunft, aktuelle Bedeutung und Zukunft einer religionsverfassungsrechtlichen Zentralkategorie, in: ZevKR 64 (2019), S. 1–23.

Heinig, Hans Michael.: „Säkularismus" und „Laizismus" als Anfragen an das säkulare Religionrecht in Deutschland (2012), in: ders. (Hrsg.): Die Verfassung der Religion. Beiträge zum Religionsverfassungsrecht, 2014, S. 146–161.

Heinig, Hans Michael: Verschleierte Neutralität. Schlusswort, in: JZ 2010, S. 357–360.

Heinig, Hans Michael.: Verschärfung der oder Abschied von der Neutralität? Zwei verfehlte Alternativen in der Debatte um den herkömmlichen Grundsatz religiös-weltanschaulicher Neutralität, in: JZ 2009, S. 1136–1140.

Heinig, Hans Michael: Öffentlich-rechtliche Religionsgesellschaften. Studien zur Rechtsstellung der nach Art. 137 Abs. 5 WRV korporierten Religionsgesellschaften in Deutschland und in der Europäischen Union, 2003.

Heinig, Hans Michael: Zwischen Tradition und Transformation. Das deutsche Staatskirchenrecht auf der Schwelle zum Europäischen Religionsverfassungsrecht, in: Zeitschrift für Evangelische Ethik 43 (1999), S. 294–312.

Heinig, Hans Michael/Munsonius, Hendrik (Hrsg.), 100 Begriffe aus dem Staatskirchenrecht, 2. Aufl. 2015.

Hennig, Wiebke: Muslimische Gemeinschaften im Religionsverfassungsrecht. Die Kooperation des Staates mit muslimischen Gemeinschaften im Lichte der Religionsfreiheit, der Gleichheitssätze und des Verbots der Staatskirche, 2010.

Heun, Werner: Organisation von Religionsgemeinschaften aus juristischer Perspektive, in: Jan Hermelink/Stefan Grotefeld (Hrsg.), Religion und Ethik als Organisationen – eine Quadratur des Kreises? 2008, S. 23 ff. = ZevKR 64 (2019), S. 24–46.

Hildebrandt, Uta: Das Grundrecht auf Religionsunterricht. Eine Untersuchung zum subjektiven Rechtsgehalt des Art. 7 Abs. 3 GG, 2000.

Hill, Mark: Ecclesiastical Law, 4. Aufl. Oxford 2018.

Hill, Mark: Church Autonomy in the United Kingdom, in: Gerhard Robbers (Hrsg.), Church Autonomy: A Comparative Survey, 2001, S. 267–283.

Hill, Mark: Judicial Approaches to Religious Disputes, in: Richard O'Dair/Andrew Lewis, Law and Religion, Oxford 2001, S. 409–420.

Hill, Mark/ Sandberg, Russell/Doe, Norman: Religion and Law in the United Kingdom, Alphen an de Rijn 2011.

Hillgruber, Christian: Völkerrecht und Staatskirchenrecht, in: Dietrich Pirson/Wolfgang Rüfner/Michael Germann/Stefan Muckel (Hrsg.), Handbuch des Staatskirchenrechts der Bundesrepublik Deutschland, Bd. I, 3. Aufl. 2020, § 12 (S. 513–541).

Hillgruber, Christian: Staat und Religion, in: DVBl. 1999, S. 1155–1178.

Hillgruber, Christian: Der deutsche Kulturstaat und der muslimische Kulturimport. Die Antwort des Grundgesetzes auf eine religiöse Herausforderung, in: JZ 1999, S. 538–547.

zu Hohenlohe, Diana: Islamische Dachverbände als Religionsgesellschaften – ein Zwischenbericht, in: ZevKR 64 (2019), S. 79–97.

Hollerbach, Alexander: Die Kirchen unter dem Grundgesetz, in: VVDStRL 26 (1968), S. 57–101.

Hollerbach, Alexander: Grundlagen des Staatskirchenrechts, in: Josef Isensee/Paul Kirchhof (Hrsg.), Handbuch des Staatsrechts der Bundesrepublik Deutschland, Bd. VI, 2. Aufl. 2001, § 138 (S. 471–555).

Hötte, Franziska: Religiöse Schiedsgerichtsbarkeit. Angloamerikanische Rechtspraxis, Perspektive für Deutschland, 2013.

Hull, John: The School Worship. An Obituary, London 1975.

Huster, Stefan: Neutralität ohne Inhalt? Erwiderung, in: JZ 2010, S. 354–357.

Isak, Axel: Das Selbstverständnis der Kirchen und Religionsgemeinschaften und seine Bedeutung für die Auslegung staatlichen Rechts, 1994.

Isensee, Josef: Wer definiert die Freiheitsrechte? Selbstverständnis der Grundrechtsträger und Grundrechtsauslegung des Staates, 1980.

Jackson, Robert: Foreword, in: Peter Cumper/Alison Mawhinney (Hrsg.), Collective Worship and Religious Observance in Schools, Oxford 2018, S. ix-xiii.

Jahangir, Asma: A/HRC/7/10/Add.3., Bericht vom 7.2.2008, zu finden unter https://documents-dds-ny.un.org/doc/UNDOC/GEN/G08/105/17/PDF/G0810517.pdf?OpenElement (zuletzt eingesehen am 17.8.2021).

Jarass, Hans D.: Charta der Grundrechte der Europäischen Union. Kommentar, 3. Aufl. 2016.

Jarass, Hans D./Pieroth, Bodo (Begr.): Grundgesetz für die Bundesrepublik Deutschland. Kommentar, 16. Aufl. 2020.

Jeand'Heur, Bernd/Korioth, Stefan: Grundzüge des Staatskirchenrechts, 2000.

Jowell, Jeffrey: The Rule of Law, in: ders./Dawn Oliver/Colm O'Cinneide (Hrsg.), The Changing Constitution, Oxford, 8. Aufl. 2015, S. 13–37.

Kästner, Karl-Hermann: Religionsfreiheit in Zeiten des religiösen Pluralismus, in: ZevKR 60 (2015), S. 1–26.

Kahl, Wolfgang: Die Integrationsfestigkeit des deutschen Staatskirchenrechts – am Beispiel des irchlichen Individualarbeitsrechts, in: ZevKR 65 (2020), S. 107–145.

Kahl, Wolfgang/Waldhoff, Christian/Walter, Christian (Hrsg.): Bonner Kommentar zum Grundgesetz (Stand 2021).

Karpenstein, Ulrich/Mayer, Franz: EMRK. Konvention zum Schutz der Menschenrechte und Grundfreiheiten. Kommentar, 2012

Kavanagh, Aileen: Constitutional Review under the UK Human Rights Act, Cambridge 2009.

Keller, Johanna/Konrad Hesse/Krampen, Ingo: Genehmigungsvorraussetzungen der Ersatzschule, in: Johanna Keller/Ingo Krampen/Anja Surwehme (Hrsg.), Das Recht der Schulen in freier Trägerschaft. Handbuch für Praxis und Wissenschaft, 2. Aufl. 2021, S. 84–92.

Khan, Anwar: Daily Collective Worship and Religious Education in British Schools, in: Journal of Law and Education 24 (1995), S. 601–612.

King, Anthony: The British Constitution, Oxford 2007.

Kleine, Markus: Institutionalisierte Verfassungswidrigkeiten im Verhältnis von Staat und Kirche unter dem Grundgesetz. Ein Beitrag zur juristischen Methodik im Staatskirchenrecht, 1993.

Knights, Samantha: Freedom of Religion, Minorities and the Law, Oxford 2007.

Koenig, Matthias: Islamischer Religionsunterricht an öffentlichen Schulen. Kommentar zu Bernd Grzeszick, in: ZevKR 62 (2017), S. 389–394.

Koenig, Matthias: Dynamiken institutioneller Säkularisierung. Die Rechtsprechung des EGMR in Fragen religiöser Diversität, in: Hans Michael Heinig/Christian Walter (Hrsg.), Religionsverfassungsrechtliche Spannungsfelder, 2015, S. 147–170.

Korioth, Stefan: Das Selbstbestimmungsrecht der Religionsgemeinschaften, in: Dietrich Pirson/Wolfgang Rüfner/Michael Germann/Stefan Muckel (Hrsg.), Handbuch des Staatskirchenrechts der Bundesrepublik Deutschland, Bd. I, 3. Aufl. 2020, § 16 (S. 651–705).

Korioth, Stefan: Deutsches Staatskirchenrecht im langen Schatten des deutschen Bikonfessionalismus, in: ZevKR 63 (2018), S. 14–29.

Korioth, Stefan: Islamischer Religionsunterricht und Art. 7 Abs. 3 GG, in: Wolfgang Bock (Hrsg.), Islamischer Religionsunterricht?, 2. Aufl. 2007, S. 33–54.

Korioth, Stefan: Islamischer Religionsunterricht und Art. 7 Abs. 3 GG. Zu den Voraussetzungen religiöser Vielfalt in der öffentlichen Pflichtschule, in: NVwZ 1997, S. 1041–1049.

Krimphove, Dieter: Europäisches Religions- und Weltanschauungsrecht, in EuR 44 (2009), S. 330–348.

Landes, Katharina: Ein neuer Kulturkampf? Eine verfassungsrechtliche Untersuchung zum schulrechtlichen Sonderweg Brandenburgs mit Schwerpunkt auf der Auslegung des Art. 141 GG; zugleich ein Beitrag zur Verortung des Art. 7 Abs. 3 Satz 1 im staatskirchenrechtlichen System des Grundgesetzes, 2006.

Leisner, Walter: Die Staatswahrheit. Macht zwischen Willen und Erkenntnis, 1999.

Lester, Anthony/Beattie, Kate: Human Rights and the British Constitution, in: Jeffrey Jowell/Dawn Oliver (Hrsg.), The Changing Constitution, 6. Aufl. Oxford 2007, S. 59–83.

Link, Christoph: Konfessioneller Religionsunterricht in einer gewandelten sozialen Wirklichkeit? Zur Verfassungskonformität des Hamburger Religionsunterrichts für alle, in: ZevKR 46 (2001), S. 257–285.

Link, Christoph/Pahlke, Armin: Religionsunterricht und Bekenntniszugehörigkeit, in: J. Listl (Hrsg.), Der Religionsunterricht als bekenntnisgebundendes Lehrfach, 1983, S. 13–48.

Listl, Joseph (Hrsg.): Die Konkordate und Kirchenverträge in der Bundesrepublik Deutschland, Bd. I, 1987.

v. Mangoldt, Hermann/Klein, Friedrich/Starck, Christian (Hrsg.): Grundgesetz. Kommentar, 3 Bände, Bd. I, 7. Aufl. 2018; Bd. III, 7. Aufl 2018.

Maunz, Theodor/Dürig, Günter u.a. (Hrsg.): Grundgesetz. Kommentar, 7 Bände, Bd. VII (Stand: April 2020).

Maurer, Hartmut: Die verfassungsrechtliche Grundlage des Religionsunterrichts, in: Franz Ruland/Bernd v. Maydell/Hans-Jürgen Papier (Hrsg.), Verfassung, Theorie und Praxis des Sozialstaats. Festschrift für Hans F. Zacher zum 70. Geburtstag, 1998, S. 577–590.

Mawhinney, Alison: The Law on Collective School Worship: The Rationale Then and Now, in: Peter Cumper/dies. (Hrsg.), Collective Worship and Religious Observance in Schools, Oxford 2018, S. 117–145.

McClean, David: The Changing Legal Framework of Establishment, in: Ecclesiastical Law Journal 7 (2004), S. 292–303.

Meredith, Paul: Religious education and collective worship in state schools: England and Wales, in: José Luis Martínez López-Muñiz/Jan De Groof/Gracienne Lauwers (Hrsg.), Religious Education in Public Schools: Study of Comparative Law, Dordrecht 2006, S. 155–169.

Mertesdorf, Christine: Weltanschauungsgemeinschaften. Eine verfassungsrechtliche Betrachtung mit Darstellung einzelner Gemeinschaften, 2008.

Meyer-Ladewig, Jens/Nettesheim, Martin/v. Raumer, Stefan (Hrsg.): EMRK. Handkommentar, 4. Aufl. 2017.

Monsma, Stephen/den Dulk, Kevin/Soper, Christopher, The Challenge of Pluralism. Church and State in Six Democracies, Lanham u.a., 3. Aufl. 2017.

Moyn, Samuel: Too much Secularism? Religious Freedom in European History and the European Court of Human Rights, in: Nehal Bhuta (Hrsg.), Freedom of Religion, Secularism and Human Rights, Oxford 2019, S. 95–123.

Muckel, Stefan: Islamischer Religionsunterricht und Islamkunde an öffentlichen Schulen in Deutschland, in: JZ 2001, S. 58–64.

Muckel, Stefan: Muslimische Gemeinschaften als Körperschaften des öffentlichen Rechts, in: DÖV 1995, S. 311–317.

Mückl, Stefan: Europäisierung des Staatskirchenrechts, 2005.

Mückl, Stefan: Grundlagen des Staatskirchenrechts, in: Josef Isensee/Paul Kirchhof (Hrsg.), Handbuch des Staatsrechts der Bundesrepublik Deutschland, Bd. VII, 3. Aufl. 2009, § 159 (S. 711–789).

Mückl, Stefan: Freiheit Kirchlichen Wirkens, in: Isensee, Josef/Kirchhof, Paul, Handbuch des Staatsrechts, Bd. VII, 3. Aufl. 2009, § 161 (S. 831–873).

Mückl, Stefan.: Trennung und Kooperation – das gegenwärtige Staat-Kirche-Verhältnis in der Bundesrepublik Deutschland, in: Essener Gespräche 40 (2007), S. 41–80.

v. Münch, Ingo/Kunig, Philip (Begr.): Grundgesetz. Kommentar. Bd. I, 7. Aufl. 2021; Bd. II, 7. Aufl. 2021.

Munro, Colin: Does Scotland Have an Established Church?, in: Ecclesiastical Law Journal 4 (1997), S. 639–645.

Nettesheim, Martin: Kompetenzen, in: Armin v. Bogdandy/Jürgen Bast (Hrsg.), Europäisches Verfassungsrecht. Theoretische und dogmatische Grundzüge, 2. Aufl. 2009, S. 389–439.

Neureither, Georg: Erwiderung. Zu Bernhard Schlink JZ 2013, 209–219, in: JZ 2013, S. 1089–1093.

Norton, Philip: Parliament: A New Assertiveness? in: Jeffrey Jowell/Dawn Oliver/Colm O'Cinneide (Hrsg.), The Changing Constitution, Oxford, 8. Aufl. 2015, S. 171–193.

O'Cinneide: Human Rights and the UK Constitution, in: Jeffrey Jowell/ Dawn Oliver/ders. (Hrsg.), The Changing Constitution, Oxford, 8. Aufl. 2015, S. 67–103.

O'Dair, Richard/Lewis, Andrew (Hrsg.): Law and Religion, Oxford 2001.

Oebbecke, Janbernd: Die rechtliche Ordnung des islamischen Religionsunterrichts – Stand und Perspektiven, in: Essener Gespräche 49 (2015), S. 153–178.

Oebbecke, Janbernd: Islamische Theologie an deutschen Universitäten. Rechtspolitische Aspekte, in: ZevKR 56 (2011), S. 262–278.

Ogorek, Markus: Religionsunterricht, in: Dietrich Pirson/Wolfgang Rüfner/Michael Germann/Stefan Muckel (Hrsg.), Handbuch des Staatskirchenrechts der Bundesrepublik Deutschland, Bd. II, 3. Aufl. 2020, § 44 (S. 1799–1862).

Papastathis, Charalambos: Staat und Kirche in Griechenland, in: Gerhard Robbers (Hrsg.), Staat und Kirche in der Europäischen Union, 2. Aufl. 2005, S. 126–150.

Pearce, Augur: Religious Denomination or Public Religion? The Legal Status of the Church of England, in: Richard O'Dair/Andrew Lewis (Hrsg.), Law and Religion, Oxford 2001, S. 457–470.

Pieroth, Bodo/Görisch, Christoph: Was ist eine „Religionsgemeinschaft“? in: JuS 2002, S. 937–941.

Pirson, Dietrich: Die Seelsorge in staatlichen Einrichtungen als Gegenstand des Staatskirchenrechts, in: Essener Gespräche 23 (1989), S. 4–29.

Podmore, Colin: Self-Government without Disestablishment. From the Enabling Act to the General Synod, in: Ecclesiastical Law Journal 21 (2009), S. 312–328.

Poscher, Ralf: Totalität – Homogenität – Zentralität – Konsistenz. Zum verfassungsrechtlichen Begriff der Religionsgemeinschaft, in: Der Staat 39 (2000), S. 47–67.

Reuter, Astrid/Hans G. Kippenberg (Hrsg.), Religionskonflikte im Verfassungsstaat, 2010.

Rivers, Julian: The Secularisation of the British Constitution, in: Ecclesiastical Law Journal 14 (2012), S. 371–399.

Rivers, Julian: The Law of Organized Religions: Between Establishment and Secularism, Oxford 2010.

Rivers, Julian: Counter-Extremism, Fundamental Values and the Betrayal of Liberal Democratic Constitutionalism, in: German Law Journal 19 (2008), S. 267–299.

Rivers, Julian: The Legal Status of Islam in Great Britain, in: Derecho y Religión 1 (2006), S. 144–164.

Rivers, Julian: Religious Liberty as a Collective Right, in: Richard O'Dair/Andrew Lewis (Hrsg.), Law and Religion, Oxford 2001, S. 227–246.

Robbers, Gerhard: Staat und Kirche in der Europäischen Union, in: ders. (Hrsg.), Staat und Kirche in der Europäischen Union, 2. Aufl. 2005, S. 629–641.

Sachs, Michael (Hrsg.): Grundgesetz. Kommentar, 9. Aufl. 2021.

Sandberg, Russell: Law and Religion, Cambridge 2011.

Sandberg, Russell/Buchanan, Anna: Religion, Regionalism and Education in the United Kingdom: Tales from Wales, in: Myriam Hunter-Hénin (Hrsg.), Law, Religious Freedoms and Education in Europe, Farnham 2011, S. 107–132.

Schäfer, Karl: Religionsausübung, in: Hans-Dieter Schwind/Alexander Böhm/Jörg-Martin Jehle/Klaus Laubenthal (Hrsg.), Strafvollzugsgesetze – Bund und Länder. Kommentar, 7. Aufl. 2020, S. 743–775.

Scharffs, Brett: The (not so) Exceptional Establishment Clause of the United States Constitution, in: Journal of Law and Religion 33 (2018), S. 137–154.

Schilberg, Arno: Krankenhausseelsorge, Seelsorge im Strafvollzug und anderen Anstalten, in: Dietrich Pirson/Wolfgang Rüfner/Michael Germann/Stefan Muckel (Hrsg.), Handbuch des Staatskirchenrechts der Bundesrepublik Deutschland, Bd. II, 3. Aufl. 2020, § 56 (S. 2343–2371).

Schlink, Bernhard: Die Angelegenheiten der Religionsgemeinschaften, in: JZ 2013, S. 209–218.

Schmidt-Eichstaedt, Gerd: Kirchen als Körperschaften des öffentlichen Rechts?Eine Überprüfung des öffentlich-rechtlichen Status von Religions- und Weltanschauungsgemeinschaften, 1975.

Schmischke, Christoph: Das Beiratsmodell – Neue Wege für den islamischen Unterricht. Verfassungsrechtliche Untersuchungen zur Zulässigkeit alternativer Kooperationsformen zwischen Staat und religiösen Organisationen, 2018.

Schoch, Friedrich: Die Grundrechtsdogmatik vor den Herausforderungen einer multikonfessionellen Gesellschaft, in: Joachim Bohnert u.a. (Hrsg.), Verfassung – Philosophie – Kirche. Festschrift für Alexander Hollerbach zum 70. Geburtstag, 2001, S. 150–167.

Schulten, Markus: Anstaltsseelsorge für Muslime. Eine verfassungsrechtliche Problemanzeige, in: KuR 20 (2014), S. 50–66.

Schwind/Hans-Dieter/Böhm, Alexander/Jehle, Jörg-Martin/Laubenthal, Karl (Hrsg.), Strafvollzugsgesetze – Bund und Länder. Kommentar, 7. Aufl. 2020.

Smend, Rudolf: Staat und Kirche nach dem Bonner Grundgesetz, in: ZevKR 1 (1951), S. 4–14.

Smith, Paul: The Problem of Non-justiciability of Religious Defamations, in: Ecclesiastical Law Journal 18 (2016) S. 36–52.

Stern, Klaus/Sachs, Michael/Dietlein, Johannes: Das Staatsrecht der Bundesrepublik Deutschland. Die einzelnen Grundrechte. Bd. IV/2, 2011.

Stichs, Anja/Haug, Sonja/Müssig, Stephanie: Muslimische Verbände in Deutschland aus der Sicht der muslimischen Bevölkerung, in: ZAR 2010, S. 127–133.

Streinz, Rudolf (Hrsg.): EUV/AEUV, 3. Aufl. 2018.

Stutz, Ulrich: Die päpstliche Diplomatie unter Leo XIII. nach den Denkwürdigkeiten des Kardinals Domenico Ferrata, 1926.

Sydow, Gernot: Moderator im Glaubensstreit: Der neutrale Staat in ungewohnter Rolle, in: JZ 2009, S. 1141–1148.

Sydow, Gernot: Parlamentssuprematie und *Rule of Law*. Britische Verfassungsreformen im Spannungsfeld von *Westminster Parliament*, *Common-Law*-Gerichten und europäischen Einflüssen, 2005.

Sydow, Gernot (Hrsg.): Europäische Datenschutzgrundverordnung, 2. Aufl. 2018.

Tomkins, Adam: The Struggle to Delimit Executive Power in Britain, in: P. Craig/ders. (Hrsg.), The Executive and Public Law. Power and Accountability in a Comparative Perspective, Oxford 2005, S. 16–51.

v. Ungern-Sternberg, Antje: Zwischen Sicherheitsnetz und Wertegemeinschaft. Nationale religionsrechtliche Ordnungen unter dem Einfluss der EMRK, in: Hans Michael Heinig/Christian Walter (Hrsg.), Religionsverfassungsrechtliche Spannungsfelder, 2015, S. 171–188.

v. Ungern-Sternberg, Antje.: Religionsfreiheit in Europa. Die Freiheit individueller Religionsausübung in Großbritannien, Frankreich und Deutschland – ein Vergleich, 2008.

Unruh, Peter: Religionsverfassungsrecht, 4. Aufl. 2018.

Waldhoff, Christian: Neue Religionskonflikte und staatliche Neutralität. Erfordern weltanschauliche und religiöse Entwicklungen Antworten des Staates? Gutachten D zum 68. Deutschen Juristentag, 2010.

de Wall, Heinrich: Rechtsgutachten über die Eigenschaft von „DITIB Landesverband Hamburg e. V.", „SCHURA – Rat der Islamischen Gemeinschaften in Hamburg e. V." und „Verband der Islamischen Kulturzentren e. V." Köln als Religionsgemeinschaften und weitere Aspekte ihrer Eignung als Kooperationspartner der Freien und Hansestadt Hamburg in religionsrechtlichen Angelegenheiten, in: Gritt Klinkhammer/ders. (Hrsg.), Staatsvertrag mit Muslimen in Hamburg. Die rechts- und religionswissenschaftlichen Gutachten, 2012, S. 1–62.

de Wall, Heinrich: Die Bindung der Kirchen an das Rechtstaatsprinzip – Zur Bedeutung von Vorrang und Vorbehalt des Gesetzes für die kirchliche Verwaltung, in: ZevKR 43 (1998), S. 441–460.

de Wall, Heinrich: Das Grundrecht auf Religionsunterricht: Zur Zulässigkeit der Verfassungsbeschwerden gegen das Brandenburgische Schulgesetz, in: NVwZ 1997, S. 465–467.

Walter, Christian: Die religiöse und weltanschauliche Neutralität des Staates, in: Dietrich Pirson/Wolfgang Rüfner/Michael Germann/Stefan Muckel (Hrsg.), Handbuch des Staatskirchenrechts der Bundesrepublik Deutschland, Bd. I, 3. Aufl. 2020, § 18 (S. 727–760).

Walter, Christian: Nationales, europäisches und internationales Religionsrecht in der Wechselwirkung, in: Hans Michael Heinig /ders., Religionsverfassungsrechtliche Spannungsfelder, 2015, S. 189–199.

Walter, Christian: Religionsverfassungsrecht in vergleichender und internationaler Perspektive, 2006.

Weber, Hermann.: Religionsrecht und Religionspolitik der EU, in: NVwZ 2011, S. 1485–1492.

Weber, Herrmann: Änderungsbedarf im deutschen Religionsrecht?, in: NJW 2010, S. 2475–2480.

Weber, Herrmann: Geltungsbereiche des primären und sekundären Europarechts für die Kirchen, in: ZevKR 47 (2002), S. 221–247.

Wissenschaftsrat: Empfehlungen zur Weiterentwicklung von Theologien und religionsbezogenen Wissenschaften an deutschen Hochschulen, 2010.

Wißmann, Hinnerk: Religionsunterricht für alle? Zum Beitrag des Religionsverfassungsrechts für die pluralistische Gesellschaft, 2019.

Wittreck, Fabian: Rechtsschutz der Religionsgemeinschaften durch staatliche Gerichte, in: Dietrich Pirson/Wolfgang Rüfner/Michael Germann/Stefan Muckel (Hrsg.), Handbuch des Staatskirchenrechts der Bundesrepublik Deutschland, Bd. III, 3. Aufl. 2020, § 77 (S. 3203–3266).

Wittreck, Fabian: Bonn ist doch Weimar. Die Religionsfreiheit im Grundgesetz als Resultat von Konflikt und Kontroverse, in: Astrid Reuter/Hans G. Kippenberg (Hrsg.), Religionskonflikte im Verfassungsstaat, 2010, S. 66–92.